工程制图

（第2版）

曾 红 主 编

北京理工大学出版社
BEIJING INSTITUTE OF TECHNOLOGY PRESS

内 容 简 介

本书是根据教育部工程图学教学指导委员会最新颁布的《普通高等院校工程图学课程教学基本要求》，结合作者多年的教学经验及近几年来教学改革成果编写而成的。

本书在内容上注重突出应用型特色，并兼顾科技发展的趋势。本书共 10 章，主要内容有制图的基本知识与技能、投影基础、立体的投影、组合体的视图、轴测投影图、机件常用的表达方法、标准件和常用件、零件图、装配图、计算机绘图基础。本书采用了最新的国家标准，另有 15 个附表以方便读者查用。

本书可作为普通高等院校非机类、近机类各专业的工程制图课程的教材，也可作为教师和相关工程技术人员的参考书。与本书配套的曾红主编的《工程制图习题集》（第 2 版）亦由北京理工大学出版社同时出版。

图书在版编目（CIP）数据

工程制图 / 曾红主编. -- 2 版. -- 北京：北京理

工大学出版社，2024. 8.

ISBN 978 - 7 - 5763 - 4449 - 3

Ⅰ. TB23

中国国家版本馆 CIP 数据核字第 2024ME4196 号

责任编辑： 陆世立		**文案编辑：** 李 硕	
责任校对： 刘亚男		**责任印制：** 李志强	

出版发行 / 北京理工大学出版社有限责任公司

社 址 / 北京市丰台区四合庄路 6 号

邮 编 / 100070

电 话 / （010）68914026（教材售后服务热线）

（010）63726648（课件资源服务热线）

网 址 / http://www.bitpress.com.cn

版 印 次 / 2024 年 8 月第 2 版第 1 次印刷

印 刷 / 河北盛世彩捷印刷有限公司

开 本 / 787 mm × 1092 mm 1/16

印 张 / 18.25

字 数 / 428 千字

定 价 / 86.00 元

图书出现印装质量问题，请拨打售后服务热线，负责调换

主编简介

　　曾红，教授，"辽宁省教学名师""辽宁省优秀教师"，教育部工程图学教学指导委员会东北地区工作委员会委员，辽宁省图学学会常务理事。

　　主持的"画法几何与机械制图"课程为教育部"拓金计划"示范课程、辽宁省精品课程和辽宁省一流本科课程。主持的"制图综合训练"课程为辽宁省虚拟仿真实验教学一流课程。担任机械设计制造及其自动化专业国家综合试点改革专业、辽宁省向应用型转型示范专业、辽宁省机械工程虚拟仿真实验示范中心负责人。

　　主持的"机械制图立体化教学模式的研究与实践""实施多维协同教学资源建设，构建工程图学'四混合'教学模式"等项目获辽宁省教学成果二等奖4项。主编的《画法几何及机械制图》获辽宁省优秀教材奖。主持的"工程制图网络虚拟实验室"项目获辽宁省教育软件竞赛一等奖；参与"机件常用表达方法综合应用讨论课"获辽宁省信息化教学课程案例二等奖和辽宁省创新教学竞赛三等奖。

　　主持《画法几何及机械制图》等18部专著、教材和教学资源的出版工作，发表学术和教改论文40余篇。

前　言

本书依照教育部工程图学教学指导委员会最新颁布的《普通高等院校工程图学课程教学基本要求》，以培养应用型人才为目标，通过编者多年的教学改革的探索，在总结和汲取教学经验的基础上编写而成。本书实践性强、语言通俗、重点突出，自 2021 年 5 月出版发行以来，被十余所院校采用。

为深入贯彻党的二十大精神，依据国家《"十四五"普通高等教育本科国家级规划教材建设实施方案》的文件精神，本着精益求精的原则，本修订版增加了课程思政的内容，强化了工程应用中零件表达的方案论证和尺寸标注的内容，扩展了数字化资源的深度和广度，形成了具有鲜明特色的新形态、立体化的教材。本书具有以下特点：

（1）为扎实推进习近平新时代中国特色社会主义思想进教材、进课堂，将价值塑造、知识传授和能力培养融为一体。本修订版在每章末增加了"素质拓展"的内容，让学生在学习机械制图知识的同时，能够领略图学的璀璨文化，了解国家重大科技的突破与创新，熟悉工程中真实的零件和部件，体会大国工匠的精神和品质，树立科技报国的意识与自信。

（2）采用最新颁布的《技术制图》《机械制图》等有关标准，根据需要选择并分别编排在正文或附录中，以培养学生贯彻最新国家标准的意识和查阅国家标准的能力。

（3）强调"以学生为主体，以教师为主导"的教学理念，大部分例题既有解题分析，又有分步的解题方法和画图方法；各章的结尾均有小结，总结本章的内容的重点与教学要求，便于学生掌握。全书采用双色印刷，重点突出，可读性强。图例中对一些重点、难点或需提示的内容进行了必要的文字说明，既方便教师讲课辅导，又便于学生自学。

（4）根据应用型人才的培养需求，强化了典型零件表达方案的综合分析内容，作业练习强化了尺寸标注、零件图读图、装配图的读图与绘图的训练项目。

（5）与本书配套的习题集为曾红主编的《工程制图习题集》（第 2 版），该书为各章的学习配备了大量的练习题，并对每章学习的内容、题目的类型进行了归纳和总结，配合典型例题对解题的方法和思路进行了详细的解答。同时，所有的例题、习题都配备了三维零件模型和三维装配模型，有助于学习者了解模型的结构及装配件的工作原理，克服学习过程中空间想象的困难，弥补低年级学生结构工艺知识的不足。此外，增加了部分习题微课和手机版零件模型，使学生课下学习更加灵活方便。

（6）具有丰富的数字化的教学资源。建立了工程图学投影展开仿真模块，可形象展示正投影的基本原理、投影面的空间展开方法。围绕课程知识点、课程重点难点录制了二维码微课视频。增加了机加工的视频和微课的数量，强化了微课的系统性和知识覆盖面。学生可通过手机微信扫码随时随地学习。形成了新形态、立体化的教学体系，增强了学生学习的兴趣与自主性。

此外，本书数字化教学资源还包括教师授课课件、教师备课的习题答案、教材例题的三维电子模型，这部分资源可在北京理工大学出版社官网下载。

本书由曾红主编，参加本书编写的人员有：曾红（绪论，第1、8章，附录）、晋伶俐（第2、5章）、姚芳萍（第3章）、陈鸿飞（第4章）、高秀艳（第6、10章）、杨红梅（第9章），孙志莹（第7章）。

本书配套的二维码微课资源由高秀艳、曾红、刘淑芬、王元昊设计制作，刘淑芬、吕吉、王元昊、王全玉、邢驰、孙旭滨、逢思炜参加了教材部分图形绘制和立体化教学资源的制作工作。

胡建生教授审阅了全书，并提出了很多宝贵的意见，在此表示感谢。

限于编者水平，书中不当之处在所难免，欢迎读者批评指正。作者联系方式：zeng-hong316@126.com。

编　者

2024 年 3 月

目　　录

绪　论

0.1　课程的地位、性质和任务

根据投影原理、标准或有关规定，表示工程对象的形状、大小及技术要求的图，称为工程图样。在现代工业生产和科学技术中，无论是制造机械设备、电气设备、仪器仪表，还是土木建筑工程，都离不开工程图样。工程图样和文字、数字一样，也是人类借以表达、构思、分析和进行技术交流的不可缺少的工具之一。例如，设计者通过图样描述设计对象，表达其设计意图；制造者通过图样组织制造和施工；使用者通过图样了解使用对象的结构和性能，进行保养和维修。因此，工程图样被认为是工程界共同的技术语言，工程技术人员必须熟练地掌握这种语言。

本课程主要研究应用正投影法绘制和阅读机械工程图样的原理和方法，是高等工科院校理工科各专业重要的技术基础课。本课程的主要任务是：

(1) 使学生掌握正投影法的基本原理及应用，培养其空间想象能力和思维能力；

(2) 培养学生徒手绘图、尺规绘图、计算机绘图的基本技能；

(3) 培养学生绘制和阅读常见的、较为简单的零件图和装配图的能力；

(4) 使学生了解有关工程制图的国家标准，培养其查阅和使用有关标准和手册的能力。

0.2　本课程的学习方法

本课程是一门既重视系统理论，又有较强工程实践性的课程。基本学习方法如下。

(1) 上课认真听讲、积极思考，课后独立完成作业。只有通过大量的作业练习和绘图练习，才能深入理解投影理论和图学思维方法，逐步掌握解决实际问题的正确方法。

(2) 注意画图和看图相结合、实物与图样相结合，可借助实物模型、电子模型、仿真动画，通过不断"由物画图、由图想物"的练习，多看、多画、多想，逐步培养空间想象力和空间构思能力，提高画图和读图的能力。

(3) 在学习过程中，可通过机械设计基础和制造基础认知，了解设计和加工的一些工程背景基础知识，有意识地培养自己的工程意识、标准意识，有意识地培养自己的自学能力和创新能力。

0.3　我国工程图学发展简史

中国是世界文明古国之一，在工程图学方面有悠久的历史。在春秋时代的一部技术著作

《周礼·考工记》中就有画图工具"规、矩、绳、墨、悬、水"的记载。宋代李诫所著《营造法式》，全书 36 卷，其中有 6 卷的内容是图样（包括平面图、轴测图、透视图）。明代宋应星所著《天工开物》中用图形表达了纺织、煤炭开采、冶炼等制造工艺。明代徐光启所著《农政全书》中画出了许多农具图样。明代程大位所著《算法统宗》中有丈量步车的装配图和零件图等。

中华人民共和国成立后，建立了自己的工业体系。1956 年，中华人民共和国第一机械工业部颁布了第一个部颁标准《机械制图》。1959 年，中华人民共和国科学技术委员会（现中华人民共和国科学技术部）颁布了第一个国家标准《机械制图》，随后又颁布了国家标准《建筑制图》，使全国工程图样的标准得到了统一。这些标准随着科学技术的不断发展也在不断地修订或增版。

我国从 1967 年开始计算机绘图技术的研制工作，该技术目前已广泛应用于机械、船舶、建筑、电子、服装、地理等各个领域。与传统手工绘图相比，计算机绘图具有绘图精确、修改保存方便、效率高等特点，但是绘制图样时仍需设计者依照图学理论及绘图方法来指导绘图。

经过多年的建设与积累，我国已建设完整的工业体系，已建成世界最大的高速铁路网、高速公路网和机场港口，水利、能源、信息等基础设施建设取得重大成就。战略性新兴产业发展壮大，载人航天、深海深地探测、超级计算机、量子信息、大飞机制造等取得重大成果。未来中国的科技和工业的发展需要更多德才兼备的工程师。2024 年 1 月 19 日，习近平总书记在"国家工程师奖"首次评选表彰之际作出重要指示："工程师是推动工程科技、造福人类、创造未来的重要力量，是国家战略人才力量的重要组成部分。"

工程图纸是工程设计的表达方式，是把工程师的思维想象转化为实物的媒介，因此工程制图是我们从事工程设计制造活动的重要基础。作为未来的工程师，我们要努力学习专业知识，坚持民族自信和文化自信，担负起科技强国的重任。

探索　创新　突破　　　　追求卓越　功成有我

第1章 制图的基本知识与技能

✓ 学习提示

本章主要介绍国家标准《技术制图》与《机械制图》中的一些基本规定，介绍常见的绘图方式和几何作图方法。通过对本章的学习，应达到以下基本要求：

（1）熟悉国家标准中有关图纸幅面及格式、比例、字体、图线及尺寸标注等基本规定，并能正确地贯彻执行；

（2）能正确使用绘图工具与仪器，熟悉常用的几何作图方法与技巧；

（3）能够根据平面图形尺寸分析、线段分析的方法与步骤，熟练绘制平面图形，合理地进行尺寸标注。

1.1 制图国家标准简介

技术图样是表达工程技术，使产品调研、论证、设计、制造及维修得以顺利进行的必备技术文件。为了适应现代化生产、管理的需要，便于技术交流，国家制定并颁布了一系列国家标准，简称"国标"，它包含3种标准：强制性国家标准（代号为"GB"）、推荐性国家标准（代号为"GB/T"）、指导性国家标准（代号为"GB/Z"），其后的数字为标准顺序号和发布的年代号，如《技术制图 图纸幅面和格式》的标准编号为 GB/T 14689—2008。

许多行业都有自己的制图标准，如机械制图、土建制图、船舶制图等，虽然其技术的内容是专业和具体的，但都不能与国家标准《技术制图》的内容相矛盾，只能按照专业的要求进行补充。

1.1.1 图纸幅面和格式（GB/T 14689—2008）

1. 图纸幅面

图纸的幅面是指图纸宽度与长度组成的图面。绘制技术图样时，应优先采用表1-1所规定的基本幅面。基本幅面共有5种，分别以A0、A1、A2、A3、A4作为幅面代号。

图1-1中粗实线所示为基本幅面。必要时，可以按规定加长图纸的幅面，加长幅面的尺寸由基本幅面的短边成整数倍增加后得出。

2. 图框格式

图纸上限定绘图区域的线框称为图框。图框在图纸上必须用粗实线画出，其格式分为不留装订边和留装订边，分别如图1-2和图1-3所示。同一产品的图样只能采用同种图框格式。各种基本幅面图框的周边尺寸 a、e、c 按表1-1的规定绘制。

表 1-1　基本幅面（摘自 GB/T 14689—2008）　　　　　（单位：mm）

幅面代号	幅面尺寸	周边尺寸		
	$B \times L$	a	c	e
A0	841 × 1 189	25	10	20
A1	594 × 841	25	10	20
A2	420 × 594	25	10	20
A3	297 × 420	25	5	10
A4	210 × 297	25	5	10

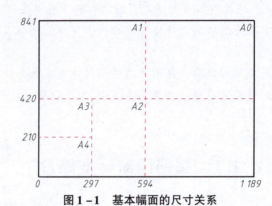

图 1-1　基本幅面的尺寸关系

（a）　　　　　　　　　　　　　　　　　　　（b）

图 1-2　不留装订边的图框格式

（a）X 型图纸；（b）Y 型图纸

对中符号：为了复制或缩微摄影的方便，应在图纸各边长的中点处绘制对中符号。对中符号是从周边画入图框内 5 mm 的一段粗实线，如图 1-2 和图 1-3 所示。

方向符号：采用 X 型图纸竖放（或 Y 型图纸横放）时，须在图纸下边对中符号处用细实线加画一个方向符号，以表明绘图和看图的方向，方向符号是等边三角形，其画法如图 1-4 所示。

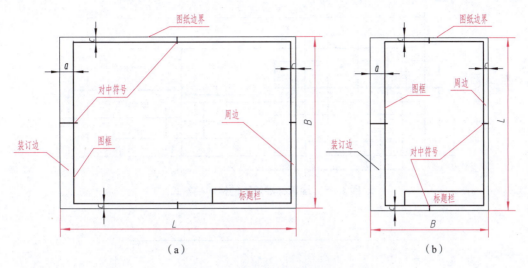

图1-3 留装订边的图框格式

(a) X型图纸；(b) Y型图纸

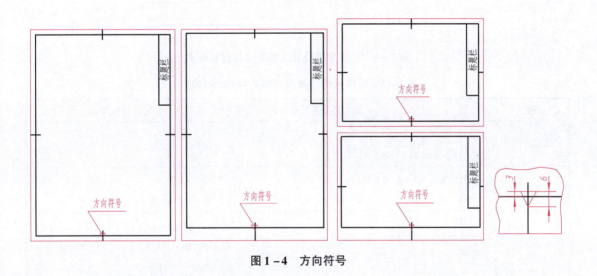

图1-4 方向符号

3. 标题栏（GB/T 10609.1—2008）

在机械图样中必须画出标题栏。标题栏一般位于图纸的右下角，其格式和尺寸由GB/T 10609.1—2008《技术制图 标题栏》规定，如图1-5所示。为了简化作图，在学校的制图作业中推荐使用简化的标题栏，如图1-6所示。填写标题栏时，小格的内容使用3.5号字，大格的内容使用7号字。

1.1.2 比例（GB/T 14690—1993）

比例为图样中图形与实物相应要素的线性尺寸之比。绘制技术图样时，一般应在表1-2中选取适当的绘图比例，并填写在标题栏中的"比例"栏内。

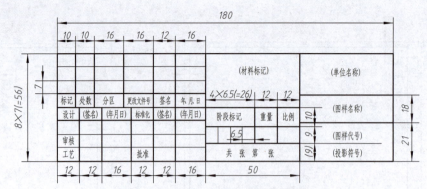

图1-5　国家标准规定的标题栏格式

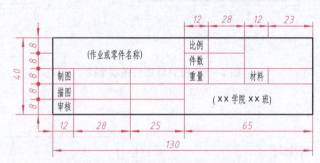

图1-6　教学中推荐使用的简化标题栏格式

表1-2　图样比例（摘自 GB/T 14690—1993）

种类	定义	优先选择系列	允许选择系列
原值比例	比值为1的比例	1:1	—
放大比例	比值大于1的比例	5:1　2:1 $5 \times 10^n:1$　$2 \times 10^n:1$　$1 \times 10^n:1$	2.5:1　4:1 $4 \times 10^n:1$　$2.5 \times 10^n:1$
缩小比例	比值小于1的比例	1:2　1:5　1:10 $1:2 \times 10^n$　$1:5 \times 10^n$　$1:1 \times 10^n$	1:1.5　1:2.5　1:3　1:4　1:6 $1:1.5 \times 10^n$　$1:2.5 \times 10^n$　$1:3 \times 10^n$ $1:4 \times 10^n$　$1:6 \times 10^n$

注：n 为正整数。

应注意，无论采用何种比例绘图，图样中标注的尺寸数字均是机件的实际尺寸大小，如图1-7所示。应尽量采用原值比例（1:1）画图，以便能直接从图样上看出机件的真实大小。

1.1.3　字体（GB/T 14691—1993）

字体指的是图中汉字、字母、数字的书写形式。

1. 一般规定

（1）字体的高度，用 h 表示，其公称尺寸系列为：1.8、2.5、3.5、5、7、10、14、20 mm。如需书写更大的字，其字体高度应按 $\sqrt{2}$ 的比率递增。

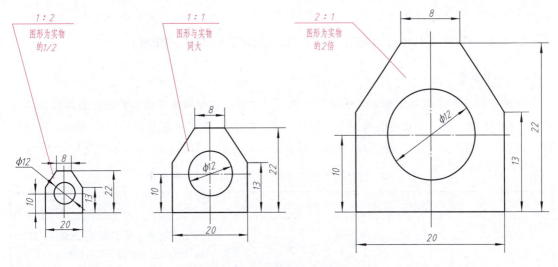

图 1-7　图形比例与尺寸数字

（2）汉字应写成长仿宋体，并应采用国家正式公布推行的简化汉字。汉字的高度不应小于 3.5 mm，其字宽一般为 $h/\sqrt{2}$。

（3）字母和数字分为 A 型（笔画宽度 $h/14$）和 B 型（笔画宽度 $h/10$），可写成正体和斜体（字头向右倾斜，与水平基准线成 75° 角），在同一图样上，只允许使用一种型式的字体。用作指数、分数、极限偏差、注脚的数字及字母，一般采用小一号字体。

字体书写必须做到：字体工整、笔画清楚、间隔均匀、排列整齐。

2. 字体示例

字体示例如表 1-3 所示。

表 1-3　字体示例

字体		示例
长仿宋体汉字	5 号	字体工整　笔画清楚　间隔均匀　排列整齐
	3.5 号	横平竖直　结构均匀　注意起落　填满方格
拉丁字母	大写斜体	*ABCDEFGHIJKLMNOPQRSTUVWXYZ*
	小写斜体	*abcdefghijklmnopqrstuvwxyz*
阿拉伯数字	斜体	*0123456789*
	正体	0123456789
字体应用		*10JS5(±0.003)　M24-6h　R8　10^3　S^{-1}　5%　D_1　T_d　380 kPa m/kg*
		$\phi50^{-0.010}_{-0.023}$　$\phi45^{H6}_{f5}$　$\sqrt{Ra6.3}$　360 r/min　220 V　l/mm　$\frac{II}{1:2}$　$\frac{3}{5}$　$\frac{A}{5:1}$

1.1.4 图线（GB/T 4457.4—2002、GB/T 17450—1998）

1. 图线线型

图线是起点和终点以任意方式连接的一种几何图形，它可以是直线、曲线、连续线或不连续线。GB/T 4457.4—2002《机械制图 图样画法 图线》规定了在机械图样中常用的 9 种图线，其代码、线型、名称、线宽及一般应用如表 1-4 所示。图线的应用示例如图 1-8 所示。

表 1-4　图线的代码、线型、名称、线宽及一般应用

代码	线型	名称	线宽	一般应用
01.1		细实线	约 $d/2$	表示尺寸线、尺寸界线、剖面线、过渡线、指引线、重合断面的轮廓线等
		波浪线	约 $d/2$	表示断裂处的边界线、局部剖视分界线
		双折线	约 $d/2$	表示断裂处的边界线
01.2		粗实线	d	表示可见轮廓线等
02.1		细虚线	约 $d/2$	表示不可见轮廓线
02.2		粗虚线	d	允许表面处理的表示线
04.1		细点画线	约 $d/2$	表示轴线、对称中心线、孔系分布的中心线、剖切线
04.2		粗点画线	d	表示限定范围表示线
05.1		细双点画线	约 $d/2$	表示相邻辅助零件的轮廓线、可动零件的极限位置的轮廓线等

2. 图线宽度

机械图样中线宽采用粗线和细线，它们之间的比例为 2∶1。图线的宽度（d）应根据图的大小和复杂程度，在下列宽度系列中选取：0.13、0.18、0.25、0.35、0.5、0.7、1、1.4、2 mm，考虑图样复制问题，应尽量避免采用 0.18 mm 的线宽。

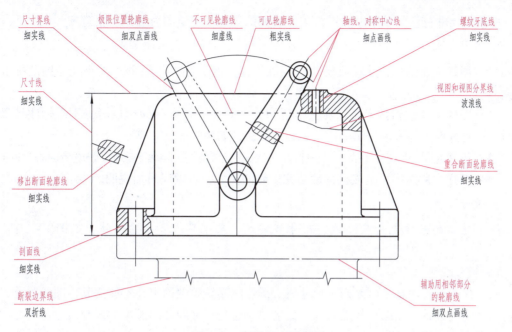

图 1 - 8　图线的应用示例

3. 图线画法

图线画法的注意事项如图 1 - 9 所示，具体内容如下。

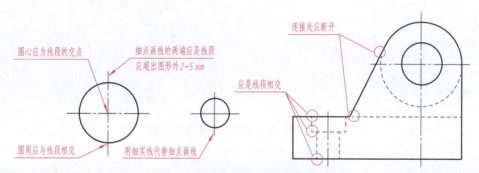

图 1 - 9　图线画法的注意事项

（1）同一图样中，同类型的图线宽度应一致。虚线、点画线及双点画线的画线的长度和间隔应各自大致相等，其长度可根据图形的大小决定。

（2）点画线、双点画线的首尾应为线段而不是点，且应超出图形外 2 ~ 5 mm。

（3）点画线、双点画线中的点是很短的一横，不能画成圆点，且应点、线一起绘制。

（4）在较小的图形上绘制细点画线或细双点画线有困难时，可用细实线代替。

（5）虚线、点画线、双点画线相交时，应是线段相交；当虚线是粗实线的延长线时，在连接处应断开，即从间隔开始绘制虚线。

（6）当各种线型重合时，应按粗实线、虚线、点画线的优先顺序画出。

1.1.5　尺寸注法（GB/T 4458.4—2003）

图样中除了表达零件的结构形状，还需标注尺寸，以确定零件的大小。为了便于交流，国家标准对尺寸标注的基本方法进行了一系列的规定，在绘图时必须严格遵守。

1. 基本规则

（1）图样上所注的尺寸数值反映的是机件真实的大小，与图形的大小及绘图的准确度无关。

（2）图样中（包括技术要求和其他说明）的尺寸，以 mm 为单位时，不需标注计量单位的代号或名称。若采用其他单位，则必须注明，如40 cm、38°等。

（3）机件的同一尺寸，在图样中只标注一次，并应标注在能最清晰地反映该结构的图形上。

（4）图样中所注尺寸是该机件最后完工时的尺寸，否则应另加说明。

2. 尺寸要素

一个完整的尺寸包含尺寸线、尺寸线终端、尺寸界线和尺寸数字，如图 1–10（a）所示。

1）尺寸线

尺寸线表示尺寸度量的方向。尺寸线必须用细实线单独画出，不能用其他图线代替，也不得与其他图线重合或画在其延长线上。应尽量避免尺寸线之间及尺寸线与尺寸界线之间相交，如图 1–10（b）所示。

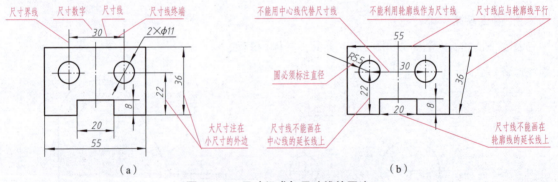

图 1–10　尺寸组成与尺寸线的画法
(a) 正确示例；(b) 错误示例

标注线性尺寸时，尺寸线必须与所标注的线段平行，相同方向的各尺寸线之间的距离要均匀，间隔应大于 7 mm。当有几条相互平行的尺寸线时，大尺寸要注在小尺寸外面，以免尺寸线与尺寸界线相交。

2）尺寸线终端

尺寸线终端表示尺寸的起止。尺寸线终端的形式有：箭头、斜线。箭头适用于各种类型的图形，箭头不能过长或过短，尖端要与尺寸界线接触，不得超出也不得离开。当尺寸线终端采用斜线形式时，尺寸线与尺寸界线必须相互垂直。尺寸线终端的形式和画法如图 1–11 所示。

同一图样中只能采用一种尺寸线终端形式。机械图样的尺寸线终端通常采用箭头形式。当采用箭头作为尺寸线终端时，若位置不够，允许用圆点或细实线代替箭头。

3）尺寸界线

尺寸界线表示尺寸度量的范围。尺寸界线用细实线绘制，一般从图形的轮廓线、轴线或对称中心线处引出，也可以直接用轮廓线、轴线或对称中心线作尺寸界线，如图 1–12 所示。

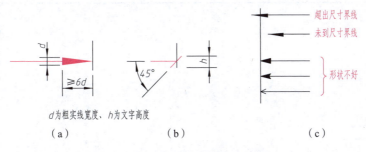

d 为粗实线宽度、h 为文字高度

（a）　　　　　　　　（b）　　　　　　　　（c）

图 1–11　尺寸线终端的形式和画法

（a）箭头的画法；（b）斜线的画法；（c）箭头的错误画法

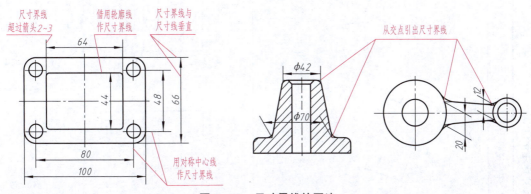

图 1–12　尺寸界线的画法

4）尺寸数字

尺寸数字表示尺寸度量的大小。尺寸数字一般应注写在尺寸线的上方或左方，也允许注写在尺寸线的中断处，在同一张图样中应采用同一种注写形式，并尽可能采用所述的第一种注写形式。

3. 标注示例

不同类型的尺寸符号如表 1–5 所示，常见的尺寸标注示例如表 1–6 所示。

表 1–5　不同类型的尺寸符号（摘自 GB/T 16675.2—2012）

含义	符号	曾用	含义	符号	曾用
直径	ϕ	（未变）	弧长	⌒	（仅变注法）
半径	R	（未变）	埋头孔	∨	沉孔
球直径	$S\phi$	球 ϕ	沉孔或锪平	⊔	沉孔、锪平
球半径	SR	球 R	深度	▽	深
板状零件厚度	t	厚	斜度	∠	（未变）
均布	EQS	均布	锥度	◁	（仅变注法）
45°倒角	C	1	展开	↻	（新增）
正方形	□	（未变）			

表 1-6　常见的尺寸标注示例

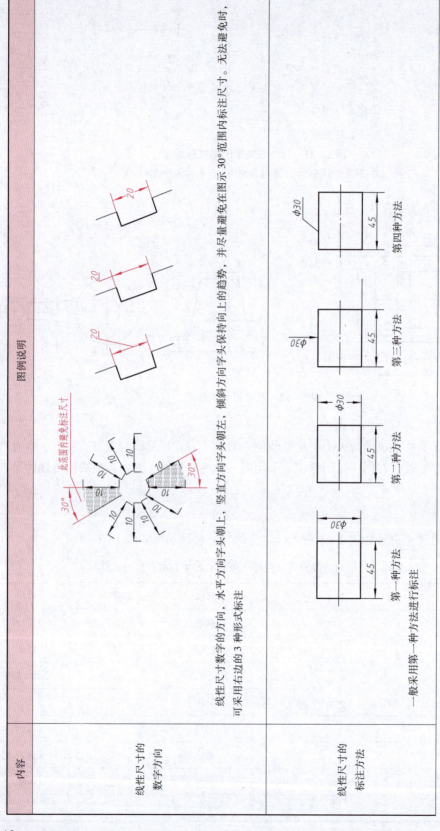

内容	图例说明
线性尺寸的数字方向	线性尺寸数字的方向，水平方向字头朝上，竖直方向字头朝左，倾斜方向字头保持向上的趋势，并尽量避免在图示30°范围内标注尺寸。无法避免时，可采用右边的3种形式标注
线性尺寸的标注方法	一般采用第一种方法进行标注

续表

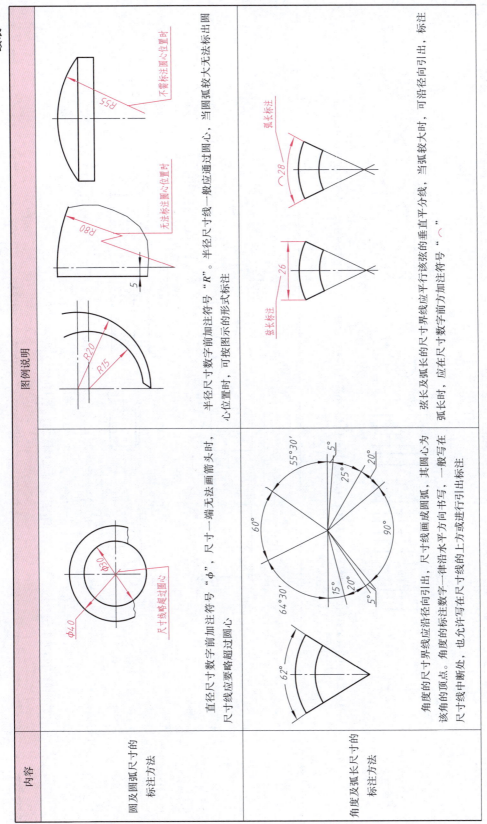

内容	图例	说明
圆及圆弧尺寸的标注方法		直径尺寸数字前加注符号"φ"，尺寸线一端无法画箭头时，尺寸线应要略超过圆心。半径尺寸数字前加注符号"R"。半径尺寸线一般应通过圆心，可按图示的形式标注。当圆弧较大无法标出圆心位置时
角度及弧长尺寸的标注方法		角度的尺寸界线应沿径向引出，尺寸线画成圆弧，其圆心为该角的顶点。角度的标注数字一律沿水平方向书写，一般写在尺寸线的中断处，也允许写在尺寸线的上方或外侧引出标注。弦长及弧长的尺寸界线应平行该弦的垂直平分线，当弧较大时，可沿径向引出，标注弧长时，应在尺寸数字前方加注符号"⌒"

续表

内容	图例说明
小尺寸的标注方法	 5　4　4　6　6　6　6　3 2 3 2 3　φ5　φ5　φ5　R5　R5 当尺寸较小没有足够的位置画箭头或注写数字时，箭头可外移或用小圆点、斜线代替；尺寸数字也可写在尺寸界线外或进行引出标注
尺寸符号的应用	 口12　表示正方形边长为12 mm t2　表示板厚2 mm ＞1：6　表示斜度1：6 1：5　表示锥度1：5 Sφ20　表示圆球直径φ20 mm C16　表示倒角1.6×45° φ4.5　⊔φ8▽3.2　表示沉孔φ8 mm，深3.2 mm φ4.5　φ9.6×90°　表示埋头孔φ9.6×90° 机械图样中可加注一些尺寸符号，以简化表达一些常见结构，尺寸符号的意义见表1-5

续表

内容	图例说明	
对称机件的尺寸注法	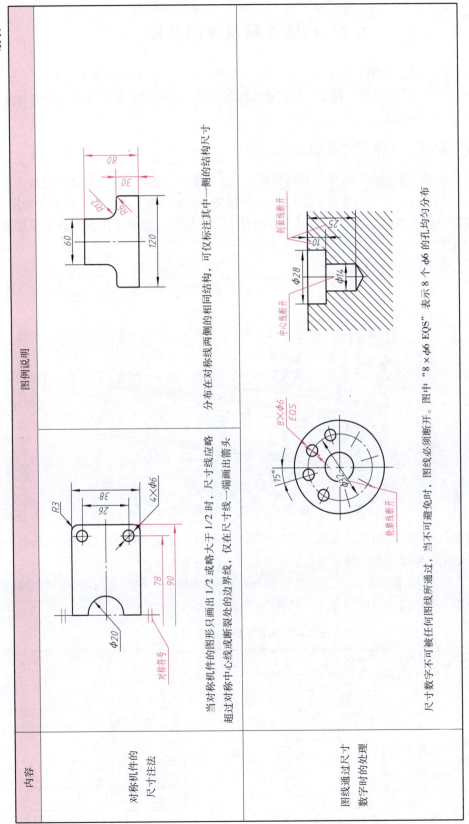 当对称机件的图形只画出 1/2 或略大于 1/2 时，尺寸线应略超过对称中心线或断裂处的边界线，仅在尺寸线一端画出箭头	分布在对称线两侧的相同结构，可仅标注其中一侧的结构尺寸
图线通过尺寸数字时的处理		尺寸数字不可被任何图线所通过，当不可避免时，图线必须断开。图中"8×φ6 EQS"表示 8 个 φ6 的孔均匀分布

1.2 绘图工具及使用方法

绘图时常用的普通绘图工具主要有：图板、丁字尺、三角板、绘图仪器（圆规、分规、直线笔等）。此外，还有铅笔、橡皮、胶带纸、削笔刀等。正确使用绘图工具是保证图面质量、提高绘图速度的前提。

1.2.1 图板、丁字尺和三角板

图板是用来固定图纸的。图板的左侧为导边，必须平直，如图1-13所示。图板的规格有0号（1 200×900）、1号（900×600）、2号（600×400）等，以适应不同幅面的图纸。绘图时宜用胶带将图纸贴于图板上，图板不用时应竖立保管，保护工作面，避免受潮或暴晒，以防止变形。

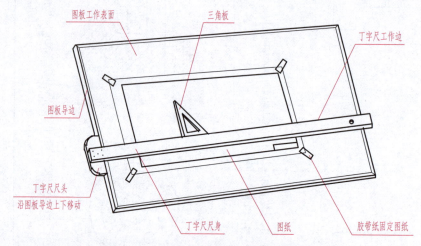

图1-13 图板、丁字尺、三角板与图纸

丁字尺由尺头和尺身组成，如图1-13所示。使用时，需左手扶住尺头并使尺头的内侧紧靠图板导边上下滑移，然后沿丁字尺的工作边自左向右画水平线。

一副三角板有45°的等腰直角三角板和30°的直角三角板各一块，常与丁字尺配合使用，可以方便地画出各种特殊角度的直线，如表1-7所示。

表1-7 绘图工具的用法

内容	图例
画水平线和竖直线	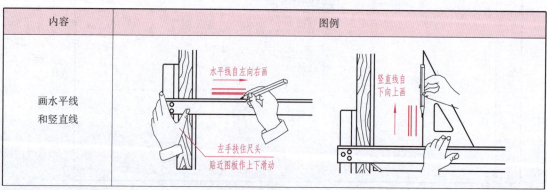

续表

内容	图例
画特殊角度直线	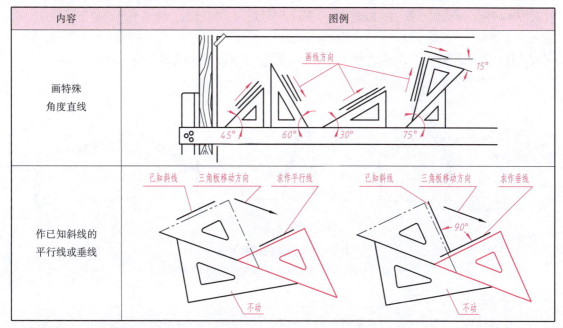
作已知斜线的平行线或垂线	

1.2.2　圆规和分规

圆规和分规的外形相近，但用途截然不同，应正确使用。

1. 圆规

圆规是画圆或圆弧的仪器，常用的有三用圆规、弹簧圆规和点圆规，如图 1-14 所示。弹簧圆规和点圆规是用来画小圆的，而三用圆规可以通过更换插脚来实现多种绘图功能。

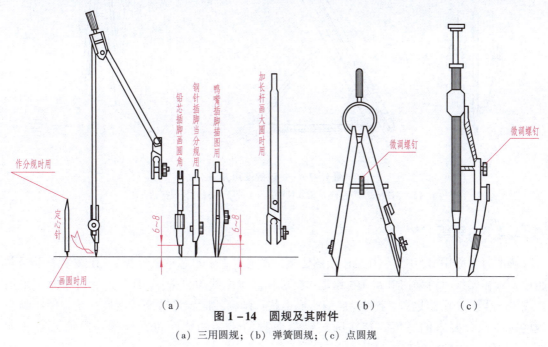

图 1-14　圆规及其附件

(a) 三用圆规；(b) 弹簧圆规；(c) 点圆规

圆规的钢针一端为圆锥形，另一端为带有肩台的针尖。画底稿时用普通的钢针；而描深粗实线时应换用带支承面的小针尖，以避免针尖插入图板过深。画圆时，针尖须准确放于圆心处，铅芯须尽可能垂直于纸面，顺一个方向均匀转动圆规，并使圆规向转动方向倾斜。画大圆时，须使用加长杆，并使圆规的钢尖和铅芯尽可能垂直于纸面。圆规的使用方法如图 1 – 15 所示。

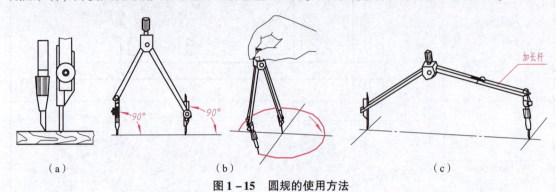

图 1 – 15　圆规的使用方法

（a）圆规头部；（b）画圆；（c）使用加长杆画大圆或弧

2. 分规

分规的结构与圆规相近，只是两头都是钢针。分规的用途是量取或截取长度、等分线段或圆弧。为了准确度量尺寸，分规的两针应平齐。分割线段时，先将分规的两针尖调整到所需距离，然后用右手拇指、食指捏住分规手柄，使分规的两针尖以线段分段点交替作为圆心旋转前进。分规的使用方法如图 1 – 16 所示。

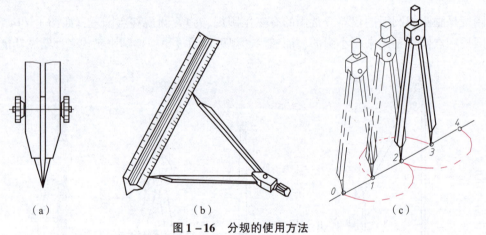

图 1 – 16　分规的使用方法

（a）两针尖平齐；（b）量取长度；（c）等分线段时分规摆动方法

1.2.3　铅笔

画图时常采用 B、HB、H、2H 绘图铅笔。B 越多表示铅芯越软（黑），H 越多表示铅芯越硬。画粗实线时可采用 B 或 HB 铅笔；打底稿或画细线时可采用 2H 铅笔；写字时可采用 B 或 HB 铅笔。画细线或写字时铅芯应磨成锥状；画粗线时铅芯应磨成四棱柱状，使所画粗线能达到符合要求的宽度。装在圆规铅笔插脚的铅芯的磨法也是这样。铅笔的磨法如图 1 – 17 所示。

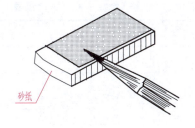

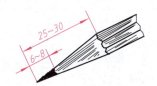

图 1-17　铅笔的磨法

1.3　几何作图

平面图形由直线和曲线（圆弧和非圆曲线）组成。机械图样中常见的有正多边形、矩形、直角三角形、等腰三角形、圆、椭圆和包含圆弧连接的图形。本节介绍一些平面图形作图的几何原理和方法，即几何作图的原理和方法。

1.3.1　等分圆周及作正多边形

等分圆周及作正多边形的方法如表 1-8 所示。

表 1-8　等分圆周及作正多边形的方法

类别	作图方法		
	第一步	第二步	第三步
用三角板三等分圆周和作正三角形	过 *B* 点画出斜边 *AB*	翻转三角板，过 *B* 点画斜边 *BC*	通过丁字尺连接 *AC*，即三等分圆周且得到正三角形
用圆规六等分圆周和作正六边形	以 *A* 为圆心、*R* 为半径画弧，得交点 *B*、*F*	以 *D* 为圆心、*R* 为半径画弧，得交点 *C*、*E*	依次连接各点，即六等分圆周且得到正六边形

续表

类别	作图方法		
	第一步	第二步	第三步
用三角板六等分圆周和作正六边形	分别过 A、D 点画 AB、DE	翻转三角板，分别过 A、D 点画 AF、DC	通过丁字尺连接 BC 和 FE，即六等分圆周且得到正六边形
用圆规五等分圆周和作正五边形	求半径 OM 的中点 F	以 F 为圆心、FA 为半径画弧，与 ON 交于 G 点，AG 即为正五边形的边长	取 AG 弦长，自 A 点在圆周上依次截取五等分点，连接即五等分圆周且得到正五边形

画正三角形

画正六边形——用圆规

画正六边形——用三角板

画五边形

1.3.2 斜度和锥度（GB/T 4458.4—2003）

1. 斜度

斜度是指一直线或平面相对另一直线或平面的倾斜程度。其大小用两者之间的夹角的正切值来表示，如图 1-18（a）所示，即

$$斜度 = \frac{H}{L} = \tan \alpha \quad (\alpha \text{ 为倾斜角})$$

斜度的作图方法如图 1-18（b）、（c）所示。斜度在图样上通常以 1：n 的形式标注，并在前面加注符号"∠"，斜度符号如图 1-18（d）所示，h 为符号的高度。标注时要注意符号的斜线方向应与斜度方向一致，如图 1-18（c）所示。

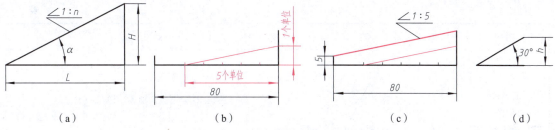

图 1 - 18　斜度的定义及作图方法

（a）斜度的定义；（b）斜度作图步骤一；（c）斜度作图步骤二；（d）斜度符号

2. 锥度

锥度是指正圆锥体底圆直径与圆锥高度之比，如图 1 - 19（a）所示，即

$$锥度 = \frac{H}{L} = 2\tan\frac{\alpha}{2}（\alpha 为圆锥角）$$

斜度的定义与画法

锥度的作图方法如图 1 - 19（b）、（c）所示。锥度在图样上通常
以 1 : n 的形式标注，并在前面加注符号"◁"，锥度符号如图 1 - 19（d）所示，h 为符号
的高度。标注时要注意符号的斜线方向应与锥度方向一致，如图 1 - 19（c）所示。

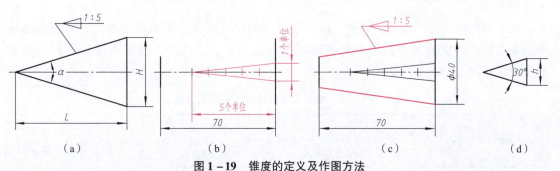

图 1 - 19　锥度的定义及作图方法

（a）锥度的定义；（b）锥度作图步骤一；（c）锥度作图步骤二；（d）锥度符号

1.3.3　椭圆画法

椭圆的画法如表 1 - 9 所示。

锥度的定义及画法

表 1 - 9　椭圆的画法

内容	图例	作图方法
同心圆法 （准确画法） 椭圆画法—— 同心圆法		（1）分别以长轴、短轴为直径作两同心圆 （2）过圆心 O 作一系列放射线，分别与大圆和小圆相交，得若干交点 （3）过大圆上的各交点引竖直线，过小圆上的各交点引水平线，对应同一条放射线的竖直线和水平线分别交于一点，如此可得一系列交点 （4）连接该系列交点及 A、B、C、D 各点即完成椭圆作图

续表

内容	图例	作图方法
四心圆法 （近似画法） 椭圆画法—— 四心圆法	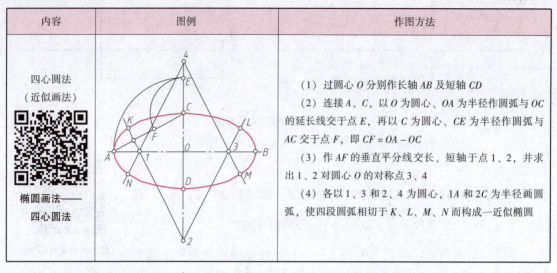	（1）过圆心 O 分别作长轴 AB 及短轴 CD （2）连接 A、C，以 O 为圆心、OA 为半径作圆弧与 OC 的延长线交于点 E，再以 C 为圆心、CE 为半径作圆弧与 AC 交于点 F，即 CF = OA - OC （3）作 AF 的垂直平分线交长、短轴于点 1、2，并求出 1、2 对圆心 O 的对称点 3、4 （4）各以 1、3 和 2、4 为圆心，1A 和 2C 为半径画圆弧，使四段圆弧相切于 K、L、M、N 而构成一近似椭圆

1.3.4　圆弧连接

画工程图样时，用圆弧或直线光滑连接另外的两线段（圆弧或直线段）的作图方法称为圆弧连接。圆弧的光滑连接就是平面几何中的相切。常见圆弧连接形式及作图方法如表 1 - 10 所示。

表 1 - 10　常见圆弧连接形式及作图方法

已知条件和作图要求	作图方法		
	第一步（求连接弧圆心 O）	第二步（求切点 M、N）	第三步（画连接圆弧）
圆弧连接两相交直线			
圆弧连接直线和圆弧			
圆弧外切连接两圆弧			

续表

已知条件和作图要求	作图方法		
	第一步（求连接弧圆心 O）	第二步（求切点 M、N）	第三步（画连接圆弧）
圆弧内切连接两圆弧			
圆弧内、外切连接两圆弧			

圆弧连接两直线

圆弧连接直线与圆弧

圆弧外切连接两圆弧

圆弧内切连接两圆弧

圆弧内外切连接两圆弧

1.4　平面图形分析及作图方法

平面图形是由许多线段连接而成的，这些线段之间的相对位置和连接关系，靠给定的尺寸来确定。画平面图形时，只有通过分析尺寸、确定线段性质、明确作图顺序，才能正确画出图形。

1.4.1　平面图形的尺寸分析

尺寸按其在平面图形中所起的作用不同，可分为定形尺寸和定位尺寸，而确定尺寸位置则需要尺寸基准。

1. 定形尺寸

确定平面图形上几何元素形状大小的尺寸称为定形尺寸。例如，线段的长度、圆及圆弧的直径和半径、角度大小等。图1-20中的 $\phi20$、$\phi6$、$\phi30$、$R15$、$R12$、$R50$、$R10$、16 均为定形尺寸。

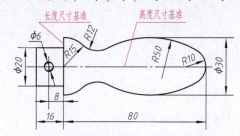

图1-20　平面图形的尺寸分析与线段分析

2. 定位尺寸

确定平面图形上几何元素相对位置的尺寸称为定位尺寸，图1-20中确定 $\phi6$ 小圆位置的尺寸8和确定 $R10$ 位置的尺寸80均为定位尺寸。

3. 尺寸基准

用于确定图形尺寸位置所依据的点、线、面称为尺寸基准。平面图形有长和高两个方向，每个方向至少应有一个尺寸基准。通常会选择图形的对称线、中心线、较长的底线或边线作为尺寸基准。例如，图1-20中的手柄是以水平的对称线和较长的竖直线作为图形的高度尺寸基准和长度尺寸基准。

1.4.2　平面图形的线段分析

平面图形中的线段按所给定的尺寸，分为已知线段、中间线段和连接线段。

（1）已知线段和已知弧：定形、定位尺寸齐全，可直接画出的线段或圆弧，如表1-11中的 $R15$、$R10$ 圆弧。

（2）中间线段和中间弧：只有定形尺寸和一个定位尺寸，需根据其他线段或圆弧的相切关系才能画出的线段或圆弧，如表1-11中的 $R50$ 圆弧。

（3）连接线段和连接弧：只有定形尺寸，其位置必须靠两端相邻的已知线段求出后，才能画出的线段或圆弧，如表1-11中的 $R12$ 圆弧。

画平面图形时，应该先画已知线段和已知弧，然后画中间线段和中间弧，最后画连接线段和连接弧。

1.4.3　平面图形的作图方法

平面图形的作图方法如下（图例如表1-11所示）：

（1）对平面图形进行尺寸分析及线段分析；

（2）选择适当的比例及图幅；

（3）固定图纸，画出基准线（对称线、中心线）；

（4）按已知线段、中间线段、连接线段的顺序依次画出各线段；

（5）描深图线；

（6）标注尺寸，填写标题栏，完成图纸。

表 1-11　平面图形的主要作图方法

作图方法	图例
（1）画基准线：画出长度和高度两个方向的基准线，根据 16、8、80 画出左端矩形、小圆、右端圆角的定位线	
（2）画已知线段或已知弧：绘制左端矩形和 $\phi6$ 小孔的已知线段；绘制左端 $R15$、右端 $R10$ 的已知圆弧	
（3）由已知线段画中间线段：绘制 $R50$ 中间弧与已知弧 $R10$ 光滑连接	
（4）根据已画出线段再画出连接线段：绘制 $R12$ 连接弧与已知弧 $R15$ 和中间弧 $R50$ 光滑连接	
（5）检查、描深	

1.5　徒手绘图的方法

　　徒手绘图是不用绘图工具，凭目测按大致比例绘图的方法。在机器测绘、讨论设计方案、技术交流、现场参观时，受现场条件和时间的限制，经常需要绘制草图，徒手绘图是工程技术人员必须掌握的一项重要的基本技能。常见的徒手绘图方法如表 1-12 所示。

表1-12 常见的徒手绘图方法

内容	图例	绘图方法
画水平线、竖直线		目视线段终点，手腕抬起，小手指微触纸面，笔向终点运动 画竖直线时，从上到下运笔；画水平线时，从左到右运笔
画特殊角度斜线		根据直角三角形两直角边的比例关系，在两直角边上定出两端点，然后连接而成
画小圆和大圆		先画出中心线，按半径的大小，目测定出四点，然后过四点分两半画出 画较大圆时，可通过圆心增画45°方向的斜线，截取更多的点，然后依次连点画出
画椭圆		可根据椭圆的长短轴，目测定出端点位置，过四点画矩形，然后作出与矩形相切的椭圆。也可利用外接的菱形画四段圆弧构成椭圆
画圆角		先目测角分线上圆心的位置，过圆心向两边引垂线定出圆弧与两边的切点，然后画弧

【本章内容小结】

内容		要点
制图国家标准简介		图纸幅面和格式、比例、字体、图线、尺寸标注
绘图工具及使用方法		图板、丁字尺、三角板、圆规和分规、铅笔
几何作图		等分圆周、作正多边形、斜度、锥度、椭圆画法、圆弧连接等
平面图形分析及作图方法	尺寸分析	尺寸基准、定形尺寸、定位尺寸
	线段分析	已知线段、中间线段、连接线段
	作图方法	正确进行尺寸分析和线段分析→正确选择基准（对称线、中心线）→掌握相连线段两圆心和切点共线的几何关系→准确求出切点及圆心→按照已知线段、中间线段、连接线段的顺序光滑连接
徒手绘图的方法		水平、竖直、特殊角度直线画法；圆、圆角及椭圆画法

【素质拓展】

　　工程图样是国际工程界通用的技术语言，是按国际上共同遵守的规定绘制的。这些规则可归纳为两个方面：一是规律性的投影作图，二是规范性的制图标准。

　　目前我国是国际标准化组织（International Organization for Standardization，ISO）的重要成员，并且我国的工程类标准体系已经达到了国际先进水平。例如，中国的高铁研发托起了国内数十个高端装备行业的自主创新，中国第一列标准动车组复兴号涉及的高速动车组254项重要标准中，中国的标准占到了84%。与德国、日本等高铁强国相比，今天中国之所以在高铁技术领域不逊色于任何一个竞争对手，是因为几十年来形成的庞大的制造体系。

　　在工程设计活动中，遵循标准是工程师最基本的工程素养。大家要从遵循图纸幅面、图线、字的写法、尺寸标注等基础的制图规范做起，逐步养成严谨细致、一丝不苟的工作习惯，为成为未来的工程师打下良好的基础。

中国标准动车组——复兴号

第2章　投影基础

本章主要介绍点、直线和平面在三投影面体系中的投影特性及作图方法。通过对本章的学习，应达到如下基本要求：

（1）能够理解投影法的概念及正投影的基本性质；

（2）能够理解三视图的形成及投影规律；

（3）熟悉点、直线和平面及相互之间的投影特性，能够根据其投影规律及作图方法，正确绘制三视图；

（4）具有一定的空间分析和想象能力。

2.1　投影法和视图的基本概念

2.1.1　投影法的基本知识

日常生活中常常见到物体经光线的照射后，在地面或墙壁上会产生影子。人们根据这一自然现象加以抽象研究，总结其中规律，进而提出了投影的方法。如图 2-1 所示，△ABC 经光源 S 的照射后，在平面 P 上产生影子△abc，则称光源 S 为投射中心，平面 P 为投影面，SA、SB、SC 为投射线，△abc 即为△ABC 在投影面 P 上的投影。这种使物体在投影面上产生图像的方法，称为投影法。工程上常用各种投影法绘制图样。

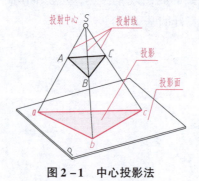

图 2-1　中心投影法

投影法的基础知识

1. 投影法分类

投影法分为中心投影法和平行投影法。

1）中心投影法

投射线汇交于一点的投影法，称为中心投影法，如图 2-1 所示。从图中可以看出，中心投影法绘制的图样虽然立体感较强，但不能反映物体的真实形状和大小，且度量性差，作图复杂，在机械图样中很少采用，常用于绘制建筑物或产品的富有逼真感的立体图。

2）平行投影法

将投射中心移向无限远处，则投射线相互平行，如图 2 - 2 所示。投射线相互平行的投影法，称为平行投影法。

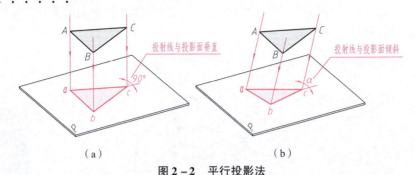

（a）　　　　　　　　　　　　（b）

图 2 - 2　平行投影法

（a）正投影法；（b）斜投影法

平行投影法又可根据投射线与投影面的位置关系不同，可分为正投影法和斜投影法。

（1）正投影法：投射线垂直于投影面的平行投影法，即为正投影法，如图 2 - 2（a）所示。

（2）斜投影法：投射线倾斜于投影面的平行投影法，即为斜投影法，如图 2 - 2（b）所示。

用正投影法绘制投影图，能正确地反映物体的真实形状和大小，而且作图比较方便。因此，在工程上都是用正投影法绘制机械图样，正投影法是机械制图的理论基础。

2. 正投影的基本性质

（1）积聚性。直线或平面垂直于投影面，其在该投影面上的投影重影为一个点或一条直线，这种性质称为积聚性，如图 2 - 3（a）所示。

（2）类似性。直线或平面倾斜于投影面，其在该投影面上的投影仍为直线或平面图形，但投影的长度变短或面积变小，这种性质称为类似性，如图 2 - 3（b）所示。

（3）真实性。直线或平面平行于投影面，其在该投影面上的投影反映直线的实长或平面的实形，这种性质称为真实性，如图 2 - 3（c）所示。

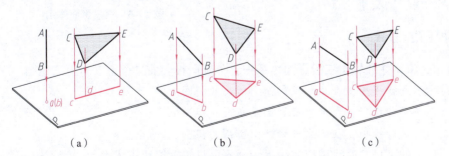

（a）　　　　　　　　　　（b）　　　　　　　　　（c）

图 2 - 3　正投影的基本性质

（a）积聚性；（b）类似性；（c）真实性

正投影的基本特性

2.1.2 视图的基本概念

将物体向投影面作正投影所得的图形称为视图。物体的一个视图如图 2 - 4 所示，该视图反映物体的长度和高度，不反映宽度，这样便会出现两个不同的物体，在同一投影面上的视图完全一样的情况。要完整清晰地表达物体的形状结构，就需要从几个不同方向进行投射，在多个投影面上得到物体不同方向的视图，来表达物体不同方向的形状。将这些视图综合起来即可反映物体的完整形状。

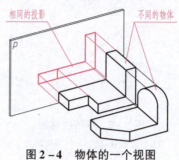

图 2 - 4　物体的一个视图

视图的基本概念

2.2　三视图的形成及投影规律

2.2.1 三投影面体系

工程上常用三个相互垂直的正立投影面（简称 V 面）、水平投影面（简称 H 面）和侧立投影面（简称 W 面）组成三投影面体系，如图 2 - 5 所示。投影面之间的交线称为投影轴，分别为：

V 面与 H 面的交线 OX 轴（简称 X 轴），其代表长度方向；

H 面与 W 面的交线 OY 轴（简称 Y 轴），其代表宽度方向；

V 面与 W 面的交线 OZ 轴（简称 Z 轴），其代表高度方向；

三条相互垂直的投影轴交于原点 O。

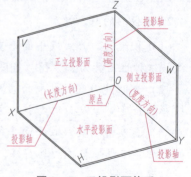

图 2 - 5　三投影面体系

2.2.2 三视图的形成

如图 2 - 6 所示，将物体放置于三投影面体系中，分别向投影面进行正投影得三视图。

主视图：由前向后进行投射，在正立投影面上所得的视图。

俯视图：由上向下进行投射，在水平投影面上所得的视图。

左视图：由左向右进行投射，在侧立投影面上所得的视图。

在投影图中，物体的可见轮廓线用粗实线表示，不可见轮廓线用虚线表示。为了把三个视图画在同一张图纸上，需要将三个投影面展开到同一平面上。

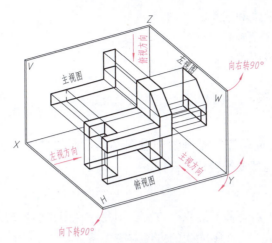

三视图的形成与投影规律

图 2－6 三视图的形成

国家标准规定：展开时，V 面保持不动，H 面绕 X 轴向下旋转 90°，W 面绕 Z 轴向右旋转 90°，如图 2－6 所示。这样，就得到展开后的三视图，如图 2－7（a）所示。视图主要用来表达物体的形状，没有必要表达物体和投影面间的距离，且为了简化作图、使图面清晰，在三面投影图中一般不画投影轴、投影连线及投影面的边框线，如图 2－7（b）所示。

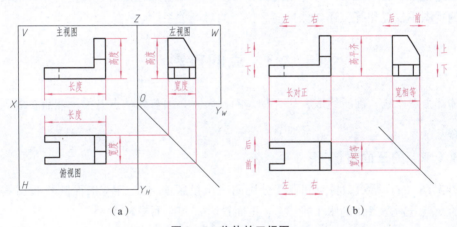

（a）   （b）

图 2－7 物体的三视图

2.2.3 三视图之间的对应关系及投影规律

1. 位置关系

由三视图的展开图可知，俯视图在主视图的正下方，左视图在主视图的右方，三视图这样配置，各个视图不需标注视图名称。

2. 投影规律

物体有长度、宽度、高度三个方向的尺寸，通常认为 X 轴方向反映物体的长度，Y 轴方向反映物体的宽度，Z 轴方向反映物体的高度。由图 2－7 可知，每个视图只反映物体两个方向的尺寸：

主视图反映物体的长度和高度；

俯视图反映物体的长度和宽度；

左视图反映物体的宽度和高度。

由此可得三视图的投影规律：

主、俯视图长对正；

主、左视图高平齐；

俯、左视图宽相等。

"长对正，高平齐，宽相等"是画图和看图必须遵循的基本投影规律，无论是整个物体，还是物体的局部结构都要符合这个规律。

3. 方位关系

物体有上、下、左、右、前、后六个方位，但每一视图只能反映物体两个方向的方位关系，如图2-7（b）所示。三视图之间的方位对应关系为：

主视图反映物体的左、右和上、下的方位关系；

俯视图反映物体的左、右和前、后的方位关系；

左视图反映物体的上、下和前、后的方位关系。

在画图和看图时，应特别注意俯视图和左视图的前、后对应关系。以主视图为中心来看俯视图和左视图，靠近主视图的一侧是物体的后面，远离主视图的一侧是物体的前面。物体的左、俯视图不仅宽相等，还应保持前后位置的对应关系。

2.3　点的投影

物体都由点、线、面所组成，研究物体的投影，必须首先从点开始，然后扩展到线、面和体。

2.3.1　点的三面投影

如图2-8（a）所示，将空间点 A 分别向三个投影面（H、V、W 面）作投射线，其与投影面的交点分别是点 A 的水平投影 a、正面投影 a' 和侧面投影 a''。

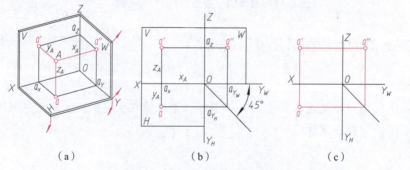

（a）　　　　　　（b）　　　　　　（c）

图2-8　点在三面体系中的投影

（a）点在三面体系中的投影；（b）展开后的投影图；（c）点的三面投影图

两点相对位置

机械制图规定：空间点用大写字母表示，其在 H 面、V 面、W 面上的投影，分别用其小写字母、小写字母加一撇、小写字母加两撇表示。

将图 2-8（a）中投影面展开得到点 A 的三面投影图，如图 2-8（b）所示。此时 Y 轴分为两部分，即 Y_H 轴和 Y_W 轴，为保证 $aa_X = a''a_Z = Oa_{Y_H} = Oa_{Y_W}$，可过点 O 作 45°辅助线。由于平面无限大，可以把三个投影面边界去掉，得到图 2-8（c）所示点的三面投影图。

2.3.2 点与直角坐标的关系及点的投影规律

如图 2-8 所示，可以把三投影面体系看作直角坐标系，则投影面、投影轴和投影原点就是直角坐标面、坐标轴和坐标原点。点 A 的空间位置由三个坐标（x_A，y_A，z_A）来确定，其与点 A 的三面投影 a、a' 和 a'' 关系为 a（x_A，y_A）、a'（x_A，z_A）和 a''（y_A，z_A）。

由此可知，空间点的直角坐标值与空间点的三面投影，两者是一一对应的，已知点的三个坐标值，可唯一确定点的三面投影；反之，已知点的三面投影，可以确定点的三个坐标值。

由图 2-8（a）可知 $Aa a_X a'$ 是个矩形，$a'a_X \perp X$ 轴，$a a_X \perp X$ 轴，投影面展开后，垂直关系不变，a、a_X、a' 三点共线，则 $aa' \perp X$ 轴。同理，$a'a'' \perp Z$ 轴，$a a_{Y_H} \perp Y_H$ 轴，$a''a_{Y_W} \perp Y_W$ 轴，如图 2-8（b）所示。

综上所述，点的三面投影规律如下。

（1）点的正面投影 a' 与水平投影 a 的连线垂直于 X 轴，两投影同时反映该点的 X 轴坐标，即 $aa' \perp X$ 轴，$a'a_Z = aa_{Y_H} = x_A$。

（2）点的正面投影 a' 与侧面投影 a'' 的连线垂直于 Z 轴，两投影同时反映该点的 Z 轴坐标，即 $a'a'' \perp Z$ 轴，$a'a_X = a''a_{Y_W} = z_A$。

（3）点的水平投影 a 到 X 轴的距离等于点的侧面投影 a'' 到 Z 轴的距离，两投影同时反映该点的 Y 轴坐标，即 $aa_{Y_H} \perp Y_H$ 轴，$a''a_{Y_W} \perp Y_W$ 轴，$aa_X = a''a_Z = y_A$。

【例 2-1】 如图 2-9（a）所示，已知点 A 的正面投影和水平投影，求其侧面投影。

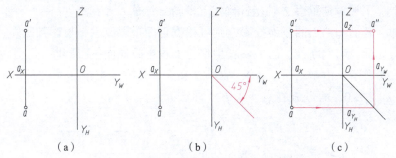

（a） （b） （c）

图 2-9 根据点的两面投影画出第三面投影

分析：

由点的投影规律可知 $a'a'' \perp Z$ 轴，$aa_{Y_H} \perp Y_H$ 轴，$a''a_{Y_W} \perp Y_W$ 轴，$aa_X = a''a_Z$，则可先作 45°辅助线，然后求得 a''。

解：

（1）如图 2-9（b）所示，作 45°辅助线。

（2）如图 2-9（c）所示，过 a' 作 Z 轴的垂线 $a'a_Z$ 并延长，过 a 作 Y_H 轴的垂线 aa_{Y_H} 并延长交 45°辅助线于一点，过该点作 Y_W 轴的垂线与 $a'a_Z$ 延长线交于一点，即为所求 a''。

【例 2-2】 已知空间点 $A(15，15，10)$，作出其三面投影。

分析：

由于 $a(x_A, y_A)$、$a'(x_A, z_A)$、$a''(y_A, z_A)$，现知 x_A、y_A、z_A，因此 a、a'、a''可求。

解：

（1）如图 2-10（a）所示，从点 O 沿 X 轴向左量取 15 得 a_X，过 a_X 作 X 轴的垂线，在 X 轴上方的垂线上量取 10，得点 A 的正面投影 a'。

（2）如图 2-10（b）所示，在 X 轴下方的垂线上量取 15，得点 A 的水平投影 a。

（3）如图 2-10（c）所示，利用正面投影 a' 和水平投影 a 及 45°辅助线作出点 A 的侧面投影 a''。

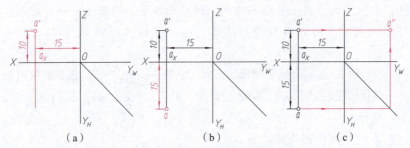

图 2-10 根据点的坐标求投影

2.3.3 两点的相对位置

1. 两点的相对位置确定

两点的相对位置是指空间两点的左右、前后、上下的方位关系，可由两点的坐标来确定：

两点的左、右相对位置由 X 轴坐标确定，X 轴坐标值大者在左；

两点的前、后相对位置由 Y 轴坐标确定，Y 轴坐标值大者在前；

两点的上、下相对位置由 Z 轴坐标确定，Z 轴坐标值大者在上。

由此可知，若已知两点的三面投影，则可根据正面投影或水平投影判断左、右关系；根据水平投影或侧面投影判断前、后关系；根据正面投影或侧面投影判断上、下关系。

如图 2-11 所示，由于 $x_B - x_A > 0$，故点 B 在点 A 左方；由于 $y_B - y_A > 0$，故点 B 在点 A 前方；由于 $z_B - z_A > 0$，故点 B 在点 A 上方，即点 B 在点 A 的左、前、上方。

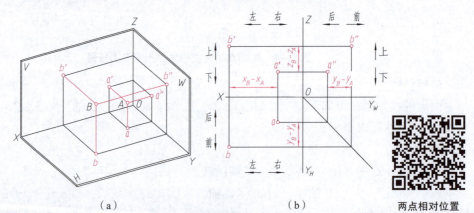

两点相对位置

图 2-11 两点的相对位置

（a）立体图；（b）投影图

2. 重影点

当空间两点的某两个坐标值相同时，该两点处于同一条投射线上，两点对该投影面的投影重合，称为对该投影面的重影点。

如图 2 – 12 所示，点 A 和点 B 的 X 轴坐标值和 Z 轴坐标值相等，但 Y 轴坐标值不等，点 A 和点 B 的正面投影重影为一点，则称点 A 和点 B 是对 V 面的重影点。由于 $y_A > y_B$，故点 A 在点 B 前面，点 A 的正面投影可见，点 B 的正面投影不可见，将点 B 的正面投影加括号表示不可见，即 $a'(b')$。

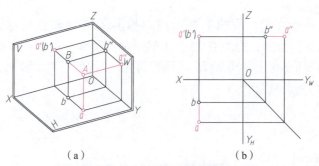

（a）　　　　　　　　　　（b）

图 2 – 12　重影点及可见性

（a）立体图；（b）投影图

由此可得重影点可见性判断方法如下。

方法一：相对投影面从方位上看，上遮下，左遮右，前遮后。

方法二：比较重影点的坐标值，不等的坐标值，大者为可见。

【例 2 – 3】　如图 2 – 13 所示，已知点 A 的三面投影，点 B 在点 A 右方 8 mm、前方 5 mm、上方 6 mm 处，点 C 与点 A 是水平投影面的重影点，点 C 在点 A 下方 5 mm 处，作出点 B、点 C 的三面投影。

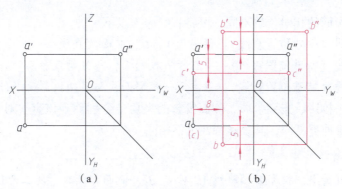

（a）　　　　　　　　　　（b）

图 2 – 13　两相对位置点、重影点投影

（a）已知条件；（b）投影图

分析：

根据点 B 与点 A 的相对位置，点 C 与点 A 的重影性，可求得点 B、点 C 的三面投影。

解：

（1）在 a 右方 8 mm、前方 5 mm 处，作出 b。

（2）在 a' 右方 8 mm、上方 6 mm 处，作出 b'。

（3）根据 b、b' 作出 b''。

（4）c 与 a 重合，c 不可见，用括号括起来。

（5）在 $a'a''$ 下方 5 mm 处作其平行线，求得 c'、c''。

2.4　直线的投影

2.4.1　直线的三面投影

空间两点确定一条直线，直线上两点同面投影的连线即直线在该面的投影。两点 A、B 如图 2-14（a）所示，分别作出点 A 的三面投影 a、a'、a'' 和点 B 的三面投影 b、b'、b''，如图 2-14（b）所示，同面投影连线即得 AB 直线的三面投影 ab、$a'b'$、$a''b''$，图 2-14（c）为直线 AB 的三面投影图。

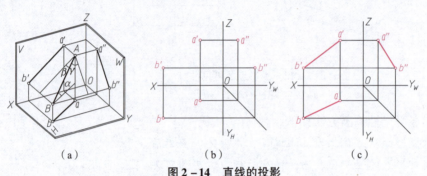

图 2-14　直线的投影

（a）立体图；（b）点的投影图；（c）直线的投影图

直线的投影

2.4.2　各种位置直线的投影特性

按直线与投影面的相对位置不同，可将直线分为以下三种。

投影面倾斜线（一般位置直线）：倾斜于 V、H、W 面的直线。

投影面平行线（特殊位置直线）：平行于一投影面，与另两投影面倾斜的直线。

投影面垂直线（特殊位置直线）：垂直于一投影面，与另两投影面平行的直线。

直线与其水平投影、正面投影、侧面投影的夹角，分别称为该直线对 H、V、W 面的倾角 α、β、γ。直线种类不同，其投影特性也不相同。

1. 投影面倾斜线

由图 2-14 可看出，投影面倾斜线 AB 对 V、H、W 面都倾斜，其三面投影都是与投影轴倾斜的直线，且长度小于实长。倾斜线的三面投影与投影轴的夹角，不反映直线对投影面的倾角。

2. 投影面平行线

投影面平行线分为三种：水平线（平行于 H 面，倾斜于 V、W 面），正平线（平行于 V 面，倾斜于 H、W 面）和侧平线（平行于 W 面，倾斜于 H、V 面）。它们的投影特性如表 2-1 所示。

表 2-1 投影面平行线的投影特性

项目	水平线 (//H面，倾斜于V、W面)	正平线 (//V面，倾斜于H、W面)	侧平线 (//W面，倾斜于H、V面)
实例			
轴测图			
投影图			
投影特性	（1）水平投影反映实长（$cb = CB$），其与 X、Y_H 轴的夹角，分别反映 β、γ （2）正面投影、侧面投影分别平行于 X、Y_W 轴，或同时垂直于 Z 轴，长度缩短	（1）正面投影反映实长（$a'b' = AB$），其与 X、Z 轴的夹角，分别反映 α、γ （2）水平投影、侧面投影分别平行于 X、Z 轴，或同时垂直于 Y 轴，长度缩短	（1）侧面投影反映实长（$c''a'' = CA$），其与 Y_W、Z 轴的夹角，分别反映 α、β （2）水平投影、正面投影分别平行于 Y_H、Z 轴，或同时垂直于 X 轴，长度缩短
	 水平线	 正平线	 侧平线

（1）平行线在其平行的投影面上的投影，反映实长；它与投影面上两投影轴的夹角，分别反映直线对另两投影面的真实倾角

（2）平行线在另两投影面上的投影，分别平行于相应的投影轴，长度缩短

3. 投影面垂直线

投影面垂直线分为三种：铅垂线（垂直于 H 面，平行于 V、W 面），正垂线（垂直于 V 面，平行于 H、W 面），侧垂线（垂直于 W 面，平行于 H、V 面）。它们的投影特性如表 2-2 所示。

表 2-2　投影面垂直线的投影特性

项目	铅垂线 （$\perp H$ 面，$/\!/V$ 面、$/\!/W$ 面）	正垂线 （$\perp V$ 面，$/\!/H$ 面、$/\!/W$ 面）	侧垂线 （$\perp W$ 面，$/\!/H$ 面、$/\!/V$ 面）
实例			
轴测图			
投影图			
投影特性	（1）水平投影积聚成一点 $a(d)$ （2）正面投影和侧面投影反映实长 $a'd' = a''d'' = AD$，分别垂直于 X 轴和 Y_W 轴，或同时平行于 Z 轴 **铅垂线**	（1）正面投影积聚成一点 $a'(b')$ （2）水平投影和侧面投影反映实长 $ab = a''b'' = AB$，分别垂直于 X 轴和 Z 轴，或同时平行于 Y 轴 **正垂线**	（1）侧面投影积聚成一点 c''（a''） （2）水平投影和正面投影反映实长 $ca = c'a' = CA$，分别垂直于 Y 轴和 Z 轴，或同时平行于 X 轴 **侧垂线**
	（1）在其垂直的投影面上的投影积聚成一点 （2）在另两投影面上的投影均反映实长，分别垂直于相应的投影轴或同时平行于同一投影轴		

【例 2 - 4】　如图 2 - 15 (a) 所示，已知点 A 的两面投影，作水平线 AB 的三面投影，实长为 15，$\beta = 30°$。

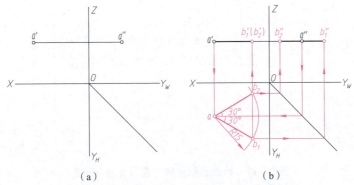

（a）　　　　　　　　（b）

图 2 - 15　根据已知条件作直线的投影

（a）已知条件；（b）作图过程

分析：

由投影 a'、a'' 可作出水平投影 a，因为 AB 为水平线，水平投影反映实长和倾角，利用 AB 实长和倾角 β 可作出水平投影 ab，然后求 $a'b'$、$a''b''$。

解：

（1）过 a' 作投影连线垂直于 X 轴，过 a'' 作投影连线垂直于 Y_W 轴，利用 45°辅助线作出 a，如图 2 - 15 (b) 所示。

（2）过 a 作与 X 轴成 30°角的线，向上倾斜（也可向下倾斜），与以 a 为圆心、15 为半径画的圆弧的交点，即为点 B 的水平投影 b_1 或 b_2。

（3）过 b_1、b_2 作 X 轴的垂线并延长，交 a'、a'' 的投影连线于一点 b_1'（b_2'）。

（4）过 b_1、b_2 作 Y_H 轴的垂线并延长，利用 45°辅助线及 b_1'、b_2' 作出 b_1''、b_2''。

（5）连接 ab_1、ab_2，$a'b_1'$、$a'b_2'$，$a''b_1''$、$a''b_2''$，即得到 AB 的三面投影。

2.4.3　直线上的点

如图 2 - 16 所示，直线上的点有如下特性。

（1）点在直线上，则点的各面投影必定在该直线的同面投影上。

（2）直线上的点将直线分为两线段，两线段长度之比等于它的同面投影长度之比，即

$$AC : CB = ac : cb = a'c' : c'b' = a''c'' : c''b''$$

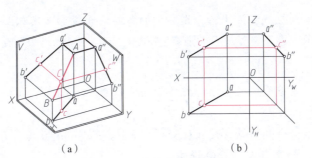

（a）　　　　　　　　（b）　　　　　　　直线上点的投影

图 2 - 16　直线上点的投影

（a）立体图；（b）投影图

【例2-5】 如图2-17（a）所示，已知点 S 在侧平线 AB 上，求作点 S 的正面投影 s'。

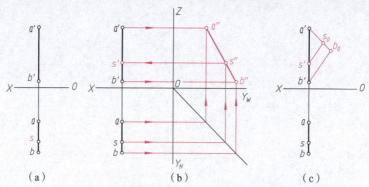

图2-17 根据已知条件作直线上点的投影

（a）已知条件；（b）方法一的作图过程；（c）方法二的作图过程

方法一：在三投影面体系作图。

分析：

由于点 S 位于直线 AB 上，其各个投影均在直线 AB 的同面投影上，利用 ab、$a'b'$ 作出 $a''b''$，由 s 作出 $a''b''$ 上的 s''，由 s'' 就可以作出正面投影 s'。

解：

（1）作出 AB 的侧面投影 $a''b''$，同时作出点 S 的侧面投影 s''，如图2-17（b）所示。

（2）根据点的投影规律，由 s、s'' 作出 s'。

方法二：在两投影面体系作图。

分析：

因为点 S 在直线 AB 上，由点分线段成定比可知 $as:sb = a's':s'b'$。

解：

（1）过点 a'（或点 b'）以任意角度作一条线，量取 $a's_0 = as$，$s_0b_0 = sb$，如图2-17（c）所示。

（2）连接 b_0b'，过 s_0 作 $s_0s'//b_0b'$ 交 $a'b'$ 于点 s'，则点 s' 为所求点 S 的正面投影。

2.4.4 两直线的相对位置

空间两直线的相对位置有三种：平行、相交和交叉（异面）。

1. 两直线平行

几何定理：空间两直线相互平行，则它们的各组同面投影必定相互平行。

如图2-18所示，由于 $AB//CD$，则有 $ab//cd$，$a'b'//c'd'$，$a''b''//c''d''$。

2. 两直线相交

几何定理：空间两直线相交，它们的各组同面投影必定相交，且投影交点满足空间一个点的投影规律。

如图2-19所示，空间直线 AB、CD 交于点 K，其投影 ab 与 cd、$a'b'$ 与 $c'd'$ 分别交于 k、k'，且 $kk' \perp X$ 轴，符合交点 K 的投影规律。

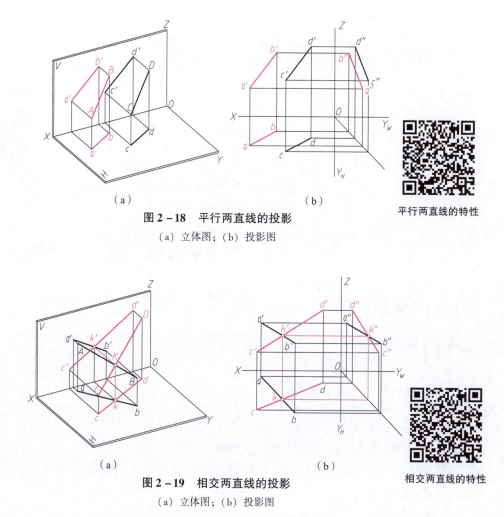

（a）　　　　　　　　　　　　　　（b）

图 2-18　平行两直线的投影

（a）立体图；（b）投影图

平行两直线的特性

（a）　　　　　　　　　　　　　　（b）

图 2-19　相交两直线的投影

（a）立体图；（b）投影图

相交两直线的特性

一般情况下，对于空间中的两条一般位置的直线，若它们的任意两组同面投影都相交，且投影的交点符合点的投影规律，则可以断定这两条直线相交。

3. 两直线交叉

既不平行又不相交的两条直线，称为交叉直线，亦称异面直线。

几何定理：如果两直线的投影既不符合平行两直线的投影规律，又不符合相交两直线的投影规律，则可判定这两条直线为空间两交叉直线。

如图 2-20 所示，由于直线 *AB*、*CD* 的水平投影 *ab* 与 *cd*、正面投影 *a′b′* 与 *c′d′* 都相交，但交点的连线不垂直于 *X* 轴，不符合同一点的投影规律，因此 *AB*、*CD* 是两交叉直线；*ab*、*cd* 的交点是直线 *AB* 上的 Ⅰ 点和直线 *CD* 上的 Ⅱ 点对水平投影面的重影点 1（2），*a′b′*、*c′d′* 的交点是直线 *AB* 上的 Ⅲ 点和直线 *CD* 上的 Ⅳ 点对正投影面的重影点 4′（3′）。

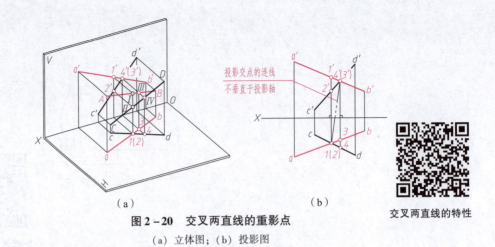

图 2-20　交叉两直线的重影点

（a）立体图；（b）投影图

交叉两直线的特性

2.5　平面的投影

2.5.1　平面表示法

由初等几何知识可知，空间一平面可由下列任意一组几何元素来确定。

（1）不在同一直线上的三点。

（2）一条直线和直线外的一点。

（3）两条相交直线。

（4）两条平行直线。

（5）任意平面图形，如平面多边形、圆等。

在投影图中，只要画出确定该平面的任意一组几何元素的投影，即可表示该平面的投影，如图 2-21 所示。

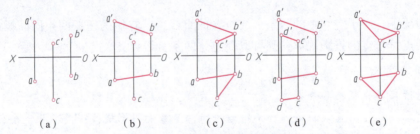

（a）　　　　　（b）　　　　　（c）　　　　　（d）　　　　　（e）

图 2-21　用几何元素表示平面

（a）不在同一直线上的三点；（b）一条直线和直线外的一点；（c）两条相交直线；

（d）两条平行直线；（e）任意平面图形

2.5.2　各种位置平面的投影特性

根据平面在三投影面体系中的位置不同，可将其分为以下三类。

投影面倾斜面（一般位置平面）：倾斜于 V、H、W 面的平面。

投影面垂直面（特殊位置平面）：垂直于一投影面，与另两投影面倾斜的平面。

投影面平行面（特殊位置平面）：平行于一投影面，与另两投影面垂直的平面。

平面与水平投影面（H 面）、正立投影面（V 面）、侧立投影面（W 面）的倾角分别为 α、β、γ。

1. 投影面倾斜面

如图 2-22 所示，投影面倾斜面的三面投影都是其类似形，不反映平面的实形；三面投影都不反映平面与投影面的倾角 α、β、γ。

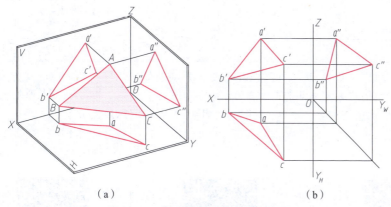

（a）   （b）

图 2-22　投影面倾斜面的投影特性

（a）立体图；（b）投影图

投影面的倾斜面的投影

2. 投影面垂直面

投影面垂直面分为三种：铅垂面（垂直于 H 面，倾斜于 V、W 面），正垂面（垂直于 V 面，倾斜于 H、W 面），侧垂面（垂直于 W 面，倾斜于 H、V 面）。它们的投影特性如表 2-3 所示。

表 2-3　投影面垂直面的投影特性

项目	铅垂面 （⊥H 面，倾斜于 V、W 面）	正垂面 （⊥V 面，倾斜于 H、W 面）	侧垂面 （⊥W 面，倾斜于 H、V 面）
实例			
轴测图			

续表

项目	铅垂面 (⊥H面，倾斜于V、W面)	正垂面 (⊥V面，倾斜于H、W面)	侧垂面 (⊥W面，倾斜于H、V面)
投影图	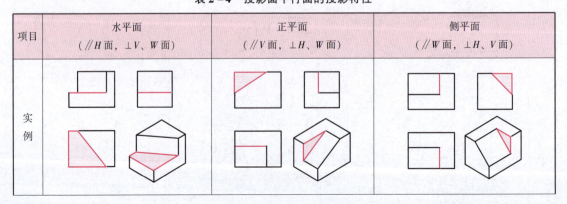		
投影特性	（1）水平投影积聚成一条直线，其与X、Y_H轴的夹角分别反映β、γ （2）正面投影、侧面投影是其类似形	（1）正面投影积聚成一条直线，其与X、Z轴的夹角分别反映α、γ （2）水平投影、侧面投影是其类似形	（1）侧面投影积聚成一条直线，其与Y_W、Z轴的夹角分别反映α、β （2）水平投影、正面投影是其类似形
	铅垂面	正垂面	侧垂面
	（1）垂直面在其垂直的投影面上的投影积聚成一条直线，该投影与投影面上两投影轴的夹角，分别反映平面与另两投影面真实的倾角 （2）垂直面在另两投影面上的投影是该平面的类似形		

3. 投影面平行面

投影面平行面分为三种：水平面（平行于H面，垂直于V、W面），正平面（平行于V面，垂直于H、W面），侧平面（平行于W面，垂直于H、V面）。它们的投影特性如表2-4所示。

表2-4　投影面平行面的投影特性

项目	水平面 (//H面，⊥V、W面)	正平面 (//V面，⊥H、W面)	侧平面 (//W面，⊥H、V面)
实例			

续表

项目	水平面 (∥H 面，⊥V、W 面)	正平面 (∥V 面，⊥H、W 面)	侧平面 (∥W 面，⊥H、V 面)
轴测图			
投影图			
投影特性	(1) 水平投影反映实形 (2) 正面投影和侧面投影分别积聚成一条直线，正面投影平行于 X 轴，侧面投影平行于 Y_W 轴，或两面投影同时垂直于 Z 轴 水平面	(1) 正面投影反映实形 (2) 水平投影和侧面投影分别积聚成一条直线，水平投影平行于 X 轴，侧面投影平行于 Z 轴，或两面投影同时垂直于 Y 轴 正平面	(1) 侧面投影反映实形 (2) 水平投影和正面投影分别积聚成一条直线，水平投影平行于 Y_H 轴，正面投影平行于 Z 轴，或两面投影同时垂直于 X 轴 侧平面
	(1) 平行面在其所平行的投影面上的投影反映实形 (2) 平行面在另两投影面上的投影分别积聚成直线，分别平行于相应的投影轴（同时垂直于同一投影轴）		

【例 2 - 6】　如图 2 - 23（a）所示，△ABC 是铅垂面，与 V 面的倾角 β = 30°，知其正面投影和点 A 的水平投影 a，且点 A 是平面上最后面的点，求 △ABC 的另两面投影。

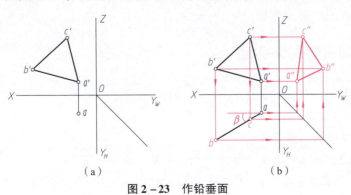

（a）　　　　　　　　　　　（b）

图 2 - 23　作铅垂面

（a）已知条件；（b）作图求解

分析：

△ABC 是铅垂面，$\beta = 30°$，则其水平投影是过 a 与 X 轴夹角为 30°的直线，点 A 是平面上最后面的点，确定△ABC 的水平投影的方向，可求得△ABC 的水平投影，由△ABC 正面投影、水平投影再求得其侧面投影，如图 2 - 23（b）所示。

解：

（1）过 a 作与 X 轴夹角为 30°的直线，即为△ABC 水平投影所在的直线。

（2）过 b′、c′作垂直于 X 轴的投影连线，与△ABC 水平投影所在的直线交于 b、c，即得△ABC 的水平投影 abc。

（3）由 a、b、c 作垂直于 Y_H 轴的投影连线，延长与 45°辅助线相交，过交点作垂直于 Y_W 轴的投影连线与过 a′、b′、c′所作的垂直于 Z 轴的投影连线相交于 a″、b″、c″，连接 a″b″、b″c″、c″a″，即得△ABC 的侧面投影。

【例 2 - 7】 如图 2 - 24 所示，分析并判断正三棱锥的三个面（阴影）与投影面的关系。

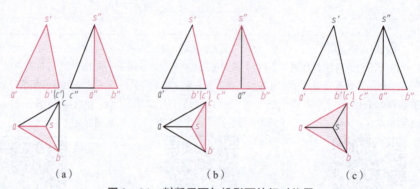

（a）　　　　　　　　　（b）　　　　　　　　　（c）

图 2 - 24　判断平面与投影面的相对位置

解：

（1）由图 2 - 24（a）可知，侧棱面 SAB 的三面投影都是类似形，则侧棱面 SAB 是一般位置平面。

（2）由图 2 - 24（b）可知，侧棱面 SBC 的正面投影积聚成一条直线，水平投影和侧面投影是类似形，则侧棱面 SBC 是正垂面。

（3）由图 2 - 24（c）可知，底面 ABC 的正面投影和侧面投影积聚成一条直线，水平投影是实形，则底面 ABC 是水平面。

2.5.3　平面内的直线和点

1. 平面内的直线

直线从属于平面的几何条件是：

（1）直线通过平面上的两点；

（2）直线通过平面上的一点，且平行于该平面上的另一直线。

【例 2 - 8】 如图 2 - 25（a）所示，在△ABC 平面上作正平线 DE，DE 距 V 面 15，求 DE 的水平投影和正面投影。

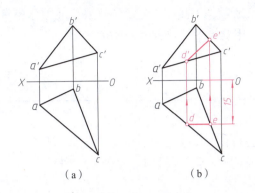

图 2 – 25　平面上取线

（a）已知条件；（b）求解作图

分析：

平面内的投影面平行线同时具有投影面平行线和平面内的直线的投影特性，则 DE 的水平投影平行于 X 轴，且与 X 轴的距离为 15，在 △ABC 平面内取线可求得 DE 的水平投影。

解：

（1）如图 2 – 25（b）所示，在 X 轴下方作辅助线 $// OX$，距 X 轴 15，交 ac、bc 于 d、e。

（2）过 d、e 作垂直于 X 轴的投影连线交 $a'c'$、$b'c'$ 于 d'、e'。

（3）连接 de、$d'e'$，即为所求。

2. 平面内的点

点从属于平面的几何条件是：若点在平面内的任一直线上，则点一定在该平面上。

【例 2 – 9】　如图 2 – 26（a）所示，有一平面 △ABC：

（1）点 D 在平面 △ABC 上，已知点 D 的正面投影，求其水平投影；

（2）已知 E 的两面投影，判断点 E 是否在平面 △ABC 上。

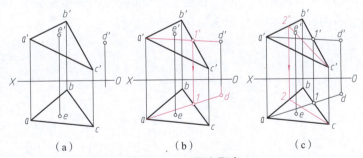

图 2 – 26　平面上取点

（a）已知条件；（b）求点 D 的水平投影；（c）判断点 E 是否在平面上

分析：

要在平面上取点，必须在平面上取直线。

解：

（1）如图 2 – 26（b）所示，连接 $a'd'$ 交 $b'c'$ 于 $1'$，过 $1'$ 作铅垂投影连线交 bc 于 1，连接 $a1$ 并延长，过 d' 作铅垂投影连线与 $a1$ 的延长线交于 d。

（2）如图 2－26（c）所示，连接 $c'e'$ 交 $a'b'$ 于 $2'$，过 $2'$ 作铅垂投影连线交 ab 于 2，连接 $c2$，由于 e 不在 $c2$ 上，因此点 E 不在平面 $\triangle ABC$ 上。

【本章内容小结】

内容	要点
投影法	中心投影法、平行投影法（正投影法、斜投影法） 正投影法的基本性质（真实性、积聚性、类似性）
三视图	三视图（主视图、俯视图、左视图） 三视图之间的对应关系（位置关系、投影规律、方位关系） 三视图之间的投影规律（长对正、高平齐、宽相等）
点的投影	点的投影特性，两点的相对位置判断，重影点可见性判断原则
直线的投影	直线的投影特性 直线上点的从属性、定比性及作图方法 两直线的相对位置（平行、相交、交叉）
平面的投影	平面表示法及平面的投影特性 平面上点、直线的投影特性及作图方法

【素质拓展】

"长对正、高平齐、宽相等"是空间物体度量、方位的正投影规律，是工程绘图、看图都要遵循的基本规律，大家应理解其内涵，并在今后的学习中不断地运用。

扫描右侧二维码，看我国载人飞船、货运飞船如何与空间站实现前向、径向、后向的交汇对接，思考对接后的载人飞船、货运飞船与空间站呈现什么位置关系。

飞船空间对接

第3章 立体的投影

立体是由内、外表面确定的实体。立体表面主要由平面和曲面组成，绘制立体的投影图就是绘制组成立体的表面的投影图。根据立体的表面性质不同，可将其分为平面立体和曲面立体；根据立体的组成不同，可将其分为基本体和组合体。本章重点讨论基本体的投影及其表面交线的投影，通过对本章的学习，应达到如下基本要求：

（1）理解平面立体和曲面立体的投影特性，能够依据投影规律正确绘制基本体的投影；

（2）能够运用立体表面取点的基本理论，解决立体表面取点的相关问题；

（3）能够正确判断基本体截切和相贯的交线形状并掌握其投影的求法。

3.1 平面立体

表面均为平面的立体称为平面立体，相邻平面的交线称为棱线，棱线与棱线的交点称为顶点。平面立体分为棱柱和棱锥。

3.1.1 棱柱

棱柱由两个相互平行的底面（为全等的多边形）和若干个侧棱面组成。相邻两侧面的交线称为棱线，所有棱线均相互平行。底面为正多边形且棱线垂直于底面的棱柱称为正棱柱。

1. 棱柱的投影

【例 3–1】 图 3–1（a）为一正六棱柱的投影图。正六棱柱的顶面和底面为平行于 H 面的正六边形，有六个棱面均为矩形，其中前、后棱面为正平面，其余棱面为铅垂面。求作其三面投影。

分析：

（1）水平投影。顶面和底面的水平投影重合，且反映其实形，为正六边形；六个棱面的投影积聚成直线且与底面对应边的投影重合。

（2）正面投影。顶面和底面的正面投影积聚成直线；前后棱面平行于 V 面，其正面投影反映实形；其他四个棱面均与 V 面倾斜，其正面投影为类似形。

（3）侧面投影。顶面、底面和前后棱面的侧面投影均具有积聚性，其他四个棱面的侧面投影为其类似形，且两两重合。

解：

作棱柱的投影时，先画出反映形状特征的水平投影即正六边形，然后根据投影关系作出其余两面投影，如图3-1（b）所示。

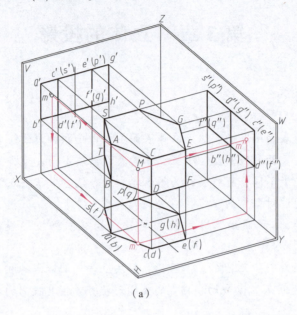

（a）

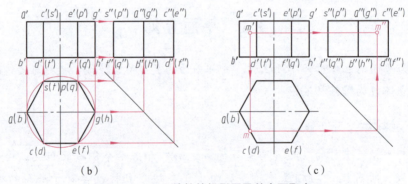

（b）　　　　　　　　　　　　（c）

图3-1　正六棱柱的投影图及其表面取点

（a）投影图；（b）三面投影；（c）表面取点

棱柱的投影

棱柱上点

2. **棱柱表面取点**

正六棱柱的各个表面都具有积聚性投影，所以其表面上点的投影可利用平面投影的积聚性求得。

在判别可见性时，若平面处于可见位置，则该面上点的同面投影也可见；反之，为不可见。位于平面的积聚性投影上的点的投影，不必判别其可见性。

【例 3 - 2】　如图 3 - 1（c）所示，已知正六棱柱表面点 M 的正面投影 m'，求作其水平投影和侧面投影。

解：

由于点 M 的正面投影可见，所以该点必在左前方的棱面上，而该棱面为铅垂面，因此点 M 的水平投影 m 必在该棱面有积聚性的水平投影直线上，再根据投影关系由 m' 和 m 求出 m"，如图 3 - 1（c）所示。由于点 M 所在棱面处于左前方，所以其侧面投影可见。

3.1.2　棱锥

棱锥的表面包括棱面和底面，所有的侧棱都交于一点（顶点）。用底面多边形的边数区别不同的棱锥，如底面为四边形，则为四棱锥。顶点在底面的投影是底面中心的棱锥称为直棱锥。当直棱锥底面为正多边形时，称为正棱锥。

1. 棱锥的投影

【例 3 - 3】　图 3 - 2（a）为一正三棱锥的投影图。该正三棱锥的底面为等边三角形，三个侧棱面为全等的等腰三角形，将其正放于三面投影体系中，即底面平行于 H 面，并有一侧棱面垂直于 W 面。求作其三面投影。

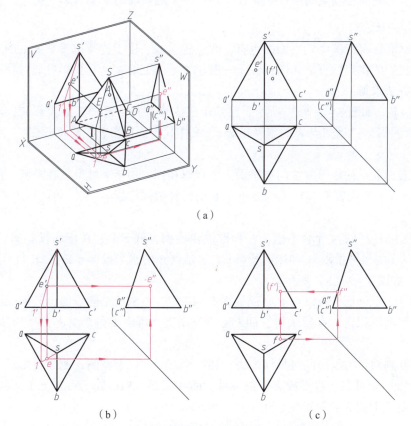

（a）

（b）　　　　　　　　　　　（c）

图 3 - 2　正三棱锥的投影图及其表面上点投影的作法

（a）投影图；（b）过锥顶作辅助线法求点 E 的另两面投影；

（c）利用垂直面投影积聚性求点 F 的另两面投影

正三棱锥投影

棱锥表面取点（过锥顶辅助线法）

棱锥表面取点（平行底面辅助线法）

分析：

（1）水平投影。底面为水平面，投影反映实形，为△abc；三个侧棱面△SAB、△SAC 和△SBC 均与水平面倾斜，水平投影为其类似形，分别为△sab、△sac 和△sbc。

（2）正面投影。底面的正面投影积聚成平行于 X 轴的直线 a'b'c'；三个侧棱面都为一般位置平面，正面投影为其类似形，分别是△s'a'b'、△s'a'c'和△s'b'c'。

（3）侧面投影。底面的侧面投影积聚成平行于 Y 轴的直线 a" (c") b"；侧棱面△SAC 为侧垂面，侧面投影积聚成直线 s"a" (c")，其余两个侧棱面的侧面投影均为其类似形且重影在一起。

解：

作正三棱锥的三面投影时，先作底面的投影；然后作锥顶 S 的三面投影 s'、s 和 s"；最后将 s'、s、s"与底面各顶点同面投影相连，即得各个侧棱面的三面投影。

2. 棱锥表面取点

正三棱锥表面有特殊位置平面，也有一般位置平面。位于特殊位置平面上的点，其投影可利用该面投影的积聚性直接作图；位于一般位置平面上的点，其投影可通过在对应平面上作辅助线的方法求得。

【例 3－4】 如图 3－2（a）所示，已知正三棱锥表面点 E 的正面投影 e'，求作其水平投影 e、侧面投影 e"；已知点 F 的水平投影 f，求作其正面投影 f'、侧面投影 f"。

分析：

在棱锥表面取点的作图方法与在平面上取点时相同。由于 e 可见且在左侧，所以点 E 在侧棱面△SAB（一般位置平面）上。欲求点 E 的另外两面投影 e、e"，必须利用辅助线作图。

解：

（1）如图 3－2（a）所示，过点 E 和锥顶作辅助直线 S Ⅰ，其正面投影 s'1'必通过 e'；求出辅助线 S Ⅰ 的水平投影 s1 和侧面投影 s"1"，则点 E 的水平投影 e 必在 s1 上，侧面投影也必在 s"1"上，如图 3－2（b）所示。

（2）由于 f 不可见，所以点 F 在侧棱面△SAC 上。△SAC 是侧垂面，其侧面投影具有积聚性，故 f"可利用积聚性直接求得，即 f"必在 s"a"上，再由 f 和 f"求出 f'，如图 3－2（c）所示。

最后还要判别点的投影的可见性。由于侧棱面△SAB 位于左侧，侧面投影可见，故其上点 E 的侧面投影 e"可见、水平投影 e 也可见。而侧棱面△SAC 处于后方，正面投影不可见，故其上点 F 的正面投影 f'不可见，用（f'）表示。

3.2　曲面立体

由曲面或曲面与平面围成的立体称为曲面立体。最常见的曲面立体为回转体，回转体可以看作由一动直线或曲线在空间回转所形成的立体，如圆柱、圆锥、球、圆环等。形成曲面的动线称为母线，母线在曲面上的任一位置，称为素线。母线绕固定轴线作回转运动形成的曲面，称为回转面。

绘制回转体的投影，就是绘制围成回转体的回转面和其他平面的投影。

3.2.1　圆柱

1. 圆柱面的形成

如图 3-3（a）所示，圆柱面可看作一直线 AB 绕与其平行的轴线 OO_1 回转形成。OO_1 称为回转轴，直线 AB 称为母线，母线转至任一位置时均称为素线。圆柱表面是由圆柱面和上、下底面围成的。

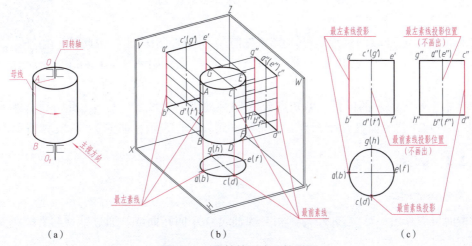

（a）　　　　　　　　　　（b）　　　　　　　　　　（c）

图 3-3　圆柱的形成及投影图

（a）圆柱的形成；（b）圆柱的投影过程；（c）圆柱的投影图

2. 圆柱的投影

图 3-3（c）为圆柱投影图。

（1）水平投影。圆柱的水平投影为圆，是圆柱上、下底面反映实形的投影，也是圆柱面的积聚性投影。

圆柱投影

（2）正面投影。圆柱的正面投影为一矩形，上、下边线是圆柱上、下底面的积聚性投影；左、右边线为圆柱最左、最右素线的投影，也是圆柱正面投影可见与不可见的分界线。

（3）侧面投影。圆柱的侧面投影也为一矩形，上、下边线是圆柱上、下底面的积聚性投影；左、右边线为圆柱最后、最前素线的投影，是圆柱侧面投影可见与不可见的分界线。

作圆柱的投影时，先画其轴线和圆的中心线，再画出反映实形的水平投影，最后画其他面的投影（相同的两个矩形）。

3. 圆柱表面取点

圆柱表面上点的投影可根据投影积聚性及点的投影规律来求。

【例 3-5】　如图 3-4（a）所示，已知圆柱体表面点 M 和点 N 的正面投影 m' 及 n'，求其水平投影 m、n 和侧面投影 m''、n''。

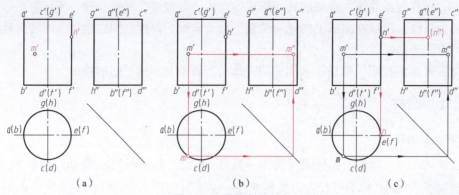

图 3 - 4　圆柱表面取点

（a）已知条件；（b）求点 M 的另两面投影；（c）求点 N 的另两面投影

圆柱表面取点
（积聚性法）

解：

（1）根据给定的 m' 的位置，可知点 M 在前左半圆柱 ABDC 上，由此可求得其水平投影 m，由 m' 和 m 可求得 m''，且 m'' 可见，如图 3 - 4（b）所示。

（2）根据给定的 n' 的位置，可知点 N 在圆柱的最右素线 EF 上，由此可得其水平投影 n，再由 n' 直接求得侧面投影 n''，且 n'' 不可见，用（n''）表示，如图 3 - 4（c）所示。

3.2.2　圆锥

1. 圆锥面的形成

圆锥面可看作由一母线 SA 绕与其相交的轴线 OO_1 回转而成。通过锥顶的直线都是圆锥的素线。

2. 圆锥的投影

轴线铅垂的圆锥的形成及投影图如图 3 - 5 所示。

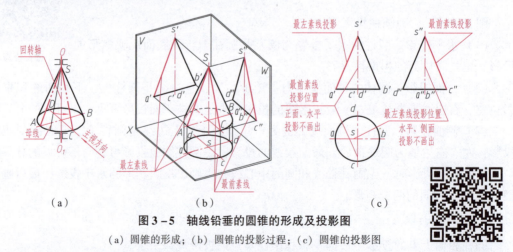

图 3 - 5　轴线铅垂的圆锥的形成及投影图

（a）圆锥的形成；（b）圆锥的投影过程；（c）圆锥的投影图

圆锥投影

（1）水平投影。圆锥的水平投影为圆，反映圆锥底面的实形。

（2）正面投影。圆锥的正面投影为等腰三角形，三角形的底边为圆锥底面的积聚性投影；

另外两条边 $s'a'$、$s'b'$ 为圆锥最左、最右素线的投影，是圆锥正面投影可见与不可见的分界线。

（3）侧面投影。圆锥的侧面投影为等腰三角形，三角形的底边为圆锥底面的积聚性投影；另外两条边 $s''c''$、$s''d''$ 为圆锥最前、最后素线的投影，是圆锥侧面投影可见与不可见的分界线。

作圆锥的投影时，先画出圆锥底面圆的各面投影，再画出锥顶的投影，然后分别画出特殊位置素线的投影。

3. 圆锥表面取点

【例 3 - 6】　如图 3 - 6 所示，已知圆锥表面点 M 的正面投影 m'，求其水平投影 m 和侧面投影 m''。

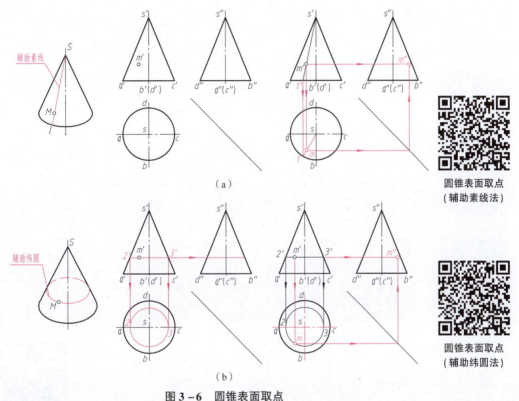

图 3 - 6　圆锥表面取点
（a）辅助素线法；（b）辅助纬圆法

解：

可采用 2 种方法来求解。

1）辅助素线法

如图 3 - 6（a）所示，过圆锥的锥顶作一辅助线 SI，根据已知投影确定 SI 的正面投影 $s'1'$，然后作出其水平投影 $s1$，根据点的投影的从属性可以确定点 M 的水平投影 m，再由 m' 和 m 即可确定 m''。根据给定的 m' 的位置可以判定点 M 在左前半圆锥面 SAB 上，所以其侧面投影 m'' 可见。

2）辅助纬圆法

如图 3 - 6（b）所示，过点 M 作一平行于圆锥底面的水平辅助圆，该圆的正面投影必定为过 m' 且平行于圆锥底面正面投影的直线 $2'3'$，其水平投影为一直径是 $2'3'$ 的圆，点 m 必定在此圆周上，由 m' 求出 m 后，再由 m' 和 m 求出 m''。

3.2.3 球

1. 球面的形成

球面可以看作一圆母线绕其直径回转而成，如图3-7（a）所示。

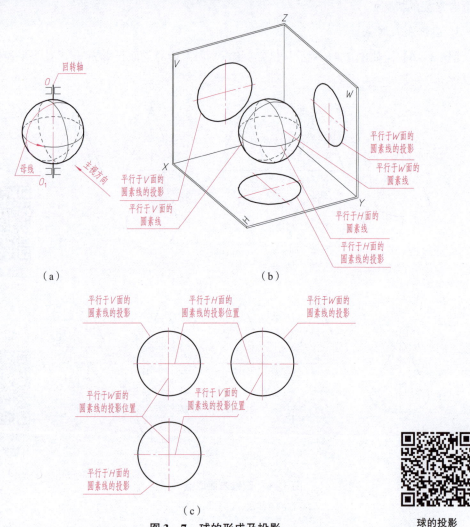

（a）

（b）

（c）

图3-7 球的形成及投影

（a）球的形成；（b）球的三面投影过程；（c）球的投影图

2. 球的投影

球的三面投影过程如图3-7（b）所示，投影图如图3-7（c）所示。

（1）水平投影。球的水平投影为圆，是平行于 *H* 面的圆素线的投影（上、下半球的分界线，球面在水平投影中可见与不可见的分界线）。

（2）正面投影。球的正面投影为圆，是平行于 *V* 面的圆素线的投影（前、后半球的分界线，球面在正面投影中可见与不可见的分界线）。

（3）侧面投影。球的侧面投影为圆，是平行于 *W* 面的圆素线的投影（左、右半球的分界线，球面在侧面投影中可见与不可见的分界线）。

作球的投影时，先画出中心线，以确定球心的位置，然后以相同的半径画出各个投影圆。

3. 球面上取点

因球面上不能取直线，所以只能用辅助纬圆法来确定球面上点的投影。当点位于球的最大圆上时，可直接利用最大圆的投影求出点的投影。

【例 3 - 7】 如图 3 - 8 (a) 所示，已知球面上点 M 和点 N 的正面投影 m' 和 n'，求其另两面投影。

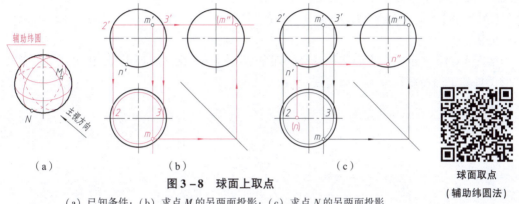

（a）　　　　　　　　　（b）　　　　　　　　　（c）

图 3 - 8　球面上取点

（a）已知条件；（b）求点 M 的另两面投影；（c）求点 N 的另两面投影

球面取点

（辅助纬圆法）

解:

求点 M 的另两面投影，可过点 M 作一平行于 H 面的辅助圆，其正面投影为 $2'3'$，水平投影为直径是线段 23 的圆，点 m 必定在该圆上，由 m' 可求得 m，再由 m' 和 m 求出 m''，由 m' 可知点 M 在上半球的右边，所以 m 可见，m'' 不可见，如图 3 - 8 (b) 所示。

对于点 N，由 n' 的位置可判定其位置是在球平行于 V 面的素线圆的下方，从而由 n' 直接求出 n，由于点 N 在左半球的下方，所以其水平投影 n 不可见，用 (n) 表示。再由 n' 直接求出 n''，如图 3 - 8 (c) 所示。

3.3　切割体

3.3.1　切割体与截交线的概念

基本体被平面截切后的部分称为切割体，截切基本体的平面称为截平面，基本体被截切后的断面称为截断面，截平面与立体表面的交线称为截交线，如图 3 - 9 所示。

研究切割体就是求截交线的投影以及截断面的实形。

截交线的形状与基本体表面性质及截平面的位置有关，但任何截交线都具有以下性质:

（1）任何基本体的截交线都是一封闭的平面图形（平面折线、平面曲线或者两者的组合）；

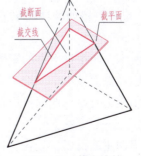

截交线的概念

图 3 - 9　截交线的

基本概念

（2）截交线是截平面与立体表面的共有线；

（3）求截交线的实质是求平面和立体的共有点。

3.3.2 平面切割体的投影

平面立体被平面截切后的截交线，是由若干直线段围成的平面多边形，多边形的顶点是截平面与平面立体的棱线或底边的交点，交点的数量就是多边形的边数。求平面切割体的截交线，核心是求出平面多边形各个顶点的投影，然后依次连接即可。

【例3-8】 求四棱锥被正垂面截切后的投影。

分析：

如图3-10所示，正垂面与四棱锥的四条棱各有一个交点，所以截交线的形状为平面四边形，且其正面投影积聚为一条直线。

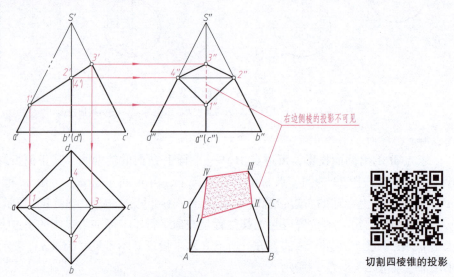

右边侧棱的投影不可见

切割四棱锥的投影

图3-10 四棱锥切割体的投影

解：

（1）直接作出四边形四个顶点的正面投影，即1′、2′、3′、4′；

（2）利用点的从属性及点的投影规律直接作出四个顶点的侧面投影和水平投影；

（3）将四个点顺次连线，并整理轮廓线：即描深可见的棱线，左视图中不可见的棱线投影1″3″用虚线画出。

【例3-9】 完成开槽四棱柱的水平投影和侧面投影。

分析：

如图3-11所示，四棱柱上方的矩形通槽是由3个特殊位置平面切割而成的。槽底为水平面，其正面投影和侧面投影都积聚为直线，水平投影反映实形。两侧面为侧平面，正面投影和水平投影都积聚为直线，侧面投影重影且反映实形。

解：

首先根据给定的正面投影，先在水平投影中作出两侧面的积聚性投影；再按照投影规律作出槽的侧面投影；最后擦去作图线，整理切割后的图形轮廓。

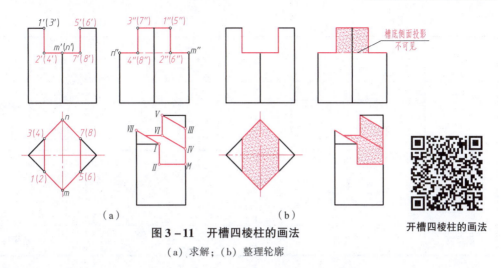

槽底侧面投影
不可见

（a）　　　　　　　　（b）

图 3 - 11　开槽四棱柱的画法

（a）求解；（b）整理轮廓

开槽四棱柱的画法

注意：

（1）因四棱柱前、后两条侧棱在开槽部位被切掉，所以侧面投影中的外形轮廓线在开槽部位向内"收缩"；

（2）槽底的侧面投影积聚为直线，中间一段不可见，应用细虚线画出。

3.3.3　回转切割体的投影

平面切割回转体产生的截交线一般为封闭的平面曲线，也可能是平面曲线与直线围成的平面图形。截交线的形状取决于回转体的形状以及截平面与回转体轴线的相对位置。求截交线的投影就是求截平面与回转体表面一系列共有点的投影。作图方法为：

（1）先找特殊点，如截平面的最高、最低、最前、最后、最左、最右点等，确定截交线范围；

（2）为了能较为准确地作出截交线的投影，还应在特殊点之间作出一定数量的一般点，确定截交线的准确形状；

（3）判断可见性。

1. 圆柱切割体

如表 3 - 1 所示，用平面截切圆柱时，根据平面与圆柱轴线相对位置的不同，可将截交线分为三种。当截平面与圆柱轴线平行时，截交线为矩形；截平面与圆柱轴线垂直时，截交线为圆；截平面与圆柱轴线斜交时，截交线为椭圆。

圆柱表面截交线

表 3 - 1　圆柱表面截交线

项目	截平面位置		
	平行于轴线	垂直于轴线	倾斜于轴线
立体图			

项目	截平面位置		
	平行于轴线	垂直于轴线	倾斜于轴线
投影图	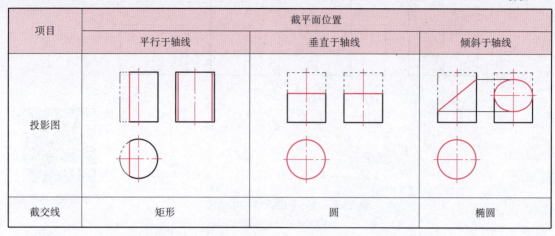		
截交线	矩形	圆	椭圆

【例3－10】 求圆柱被正垂面截切时截交线的投影。

分析：

如图3－12所示，圆柱被正垂面截切，由于截平面与圆柱轴线倾斜，故截交线形状为椭圆。椭圆的正面投影积聚为一条斜线，水平投影与圆柱面重合，只需求出侧面投影。

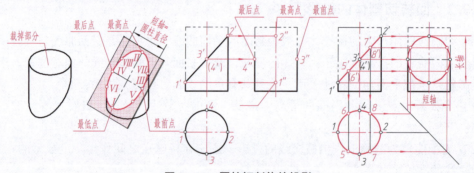

图3－12　圆柱切割体的投影

解：

（1）作特殊点。截交线上的特殊点即椭圆长短轴的端点，标记为Ⅰ、Ⅱ、Ⅲ、Ⅳ，其正面投影和水平投影可直接作出，并根据点的投影规律作出其侧面投影。

切割圆柱体的投影

（2）求一般点。为了保证截交线的准确性，还需在特殊点之间求出适当数量的一般点，即Ⅴ、Ⅵ、Ⅶ、Ⅷ点。先在截交线的水平投影上对称地作出点5、6、7、8，再按照投影规律作出其正面和侧面投影。

（3）将侧面投影上的各点依次平滑连接，即为截交线的侧面投影。

【例3－11】 试完成开槽圆柱的水平投影和侧面投影。

分析：

如图3－13（a）所示，切口是由两个侧平面和一个水平面截切而成的，圆柱面上的截交线分别位于被切出的各个平面上。由于这些面均为投影面的平行面，所以其投影具有积聚性或真实性，截交线的投影应依附于这些投影，不需另行求出。

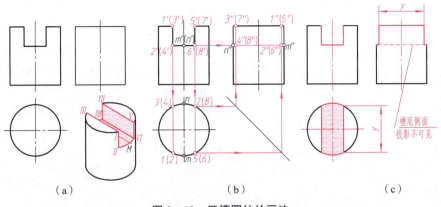

（a）　　　　　　　　　　（b）　　　　　　　　　　（c）

图 3 – 13　开槽圆柱的画法

（a）已知条件；（b）求解；（c）整理轮廓

开槽圆柱的画法

解：

（1）如图 3 – 13（b）所示，根据开槽圆柱的正面投影，先在水平投影中作出槽两侧面的积聚性投影；再按"高平齐、宽相等"的投影规律，作出槽的侧面投影。

（2）如图 3 – 13（c）所示，擦去作图线，校核切割后的圆柱轮廓，描深，并判断可见性。

2. 圆锥切割体

如表 3 – 2 所示，平面与圆锥相交时，根据截平面与圆锥轴线相对位置的不同，可将截交线分为 5 种形状——圆、椭圆、抛物线、双曲线和两相交直线。

圆锥表面截交线

表 3 – 2　圆锥表面截交线

项目	截平面位置				
	垂直于轴线	倾斜于轴线 $\alpha < \theta$	倾斜于轴线 $\alpha = \theta$	平行或倾斜于轴线 $\alpha > \theta$	过锥顶
立体图					
投影图					
截交线	圆	椭圆	抛物线	双曲线	两相交直线

【例 3 – 12】　如图 3 – 14（a）所示，圆锥被正垂面截切，求作截交线的水平投影和侧面投影。

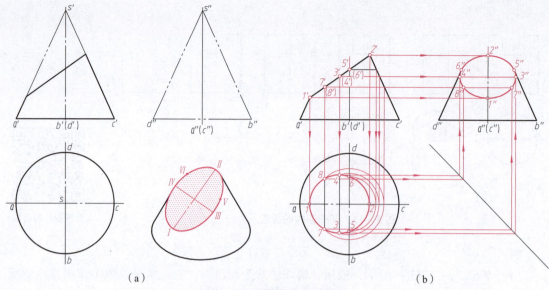

图 3－14　圆锥切割体的投影

（a）已知条件；（b）求解

分析：

从图 3－14（a）中的截切位置看，截交线应为椭圆，椭圆的长轴为正平线Ⅰ Ⅱ，短轴为正垂线Ⅲ Ⅳ，二者相互垂直平分。截交线的正面投影为直线，也正好是长轴的正面投影，水平投影和侧面投影皆为椭圆。点Ⅰ和Ⅱ是椭圆长轴的端点，也是圆锥最左、最右素线上的点；Ⅲ、Ⅳ为椭圆短轴的端点；Ⅴ、Ⅵ为圆锥最前、最后素线上的点。这6个点都是截交线上的特殊点。

辅助纬圆法求
圆锥的截交线

解：

（1）作特殊点。特殊点为椭圆长、短轴的端点Ⅰ、Ⅱ、Ⅲ、Ⅳ，以及圆锥最前、最后素线上的点Ⅴ、Ⅵ。如图 3－14（a）所示，点Ⅰ、Ⅱ既是椭圆长轴端点，也是圆锥最左、最右素线上的点，其水平投影和正面投影可直接作出，短轴端点Ⅲ、Ⅳ因为是圆锥表面的一般点，所以需按照圆锥表面取点的方法即辅助纬圆法求得。圆锥前、后素线上的点也是特殊点，其正面投影和侧面投影可直接作出，如图中 5′、（6′）和 5″、6″，再根据点的投影规律作出其水平投影 5、6。

（2）利用辅助纬圆法作一般点。如图 3－14（b）所示，为了准确地画出截交线，还需在前、后两半椭圆上对称地作适当数量的一般点。可先在截交线的正面投影上取 7′、（8′），再作辅助水平圆，求出 7、8，再由 7′、（8′）和 7、8 求得 7″、8″。

（3）连点成线。去掉多余图线，将各点依次连成平滑的曲线，即为截交线的投影。

3．球切割体

如表 3－3 所示，平面与圆球的交线一定是圆，由于截平面的位置不同，其截交线的投影可能是直线、圆或椭圆。当截平面平行于投影面时，可利用辅助纬圆法求截交线的投影；当截平面倾斜于投影面时，截交线的投影为椭圆，可利用辅助纬圆法在球面上取点，然后求其投影。

圆球表面截交线

表3-3 球的截交线

项目	截平面位置			
	平行于W面	平行于H面	平行于V面	垂直于V面
立体图				
投影图				
截交线	圆			椭圆

【例3-13】 求球被正垂面截切后的水平投影。

分析：

正垂面与球的截交线为圆，其正面投影与截平面的正面投影重合；因截平面倾斜于水平面，因此截交线的水平投影为椭圆。要作出该投影，必须求出投影上的特殊点和适量一般点，然后连线即可。

解：

（1）求特殊点。如图3-15（a）所示，特殊点包括椭圆长短轴的端点Ⅰ、Ⅱ、Ⅲ、Ⅳ，以及位于最大水平圆上的点Ⅴ、Ⅵ。在截交线的正面投影上可直接作出点Ⅰ、Ⅱ的正面投影1′、2′，由于点Ⅰ、Ⅱ也在球面的最大正平圆上，因此由1′、2′即可求出1、2。

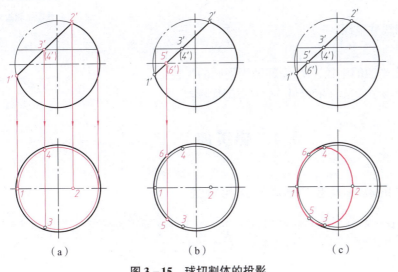

（a） （b） （c）

图3-15 球切割体的投影

（a）求椭圆长、短轴端点；（b）求最大水平圆上的点；（c）光滑连线

正垂面切割球

在1′2′中点作出点3′、（4′），即为点Ⅲ、Ⅳ的正面投影，过点Ⅲ、Ⅳ在球面上作辅助水平圆，即可求得其水平投影3、4；如图3-15（b）所示，点Ⅴ、Ⅵ的正面投影5′、（6′）可直接作出，由5′、（6′）即可求出5、6。

（2）再作适当数量的一般点。为保证作图的准确性，可再增加若干一般点，具体参见球面取点的方法。

（3）如图3-15（c）所示，依次平滑地连接各点的水平投影，即为切割球的截交线的水平投影椭圆。

【例3-14】 试完成开槽半球的水平投影和侧面投影。

分析：

如图3-16所示，半球被两个对称的侧平面 P 和一个水平面 Q 截切，侧平面与球面的截交线为平行于侧面的圆弧，水平面与球面的截交线为两段水平圆弧。

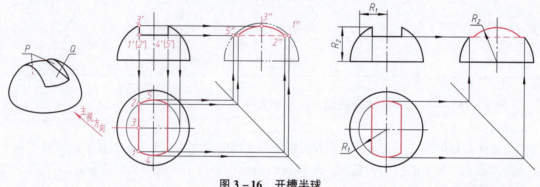

图3-16 开槽半球

解：

（1）先作槽底的水平投影。沿槽底作一辅助平面，确定辅助圆弧半径 R_1，画出辅助圆弧的水平投影，再根据槽宽确定槽底的水平投影。

（2）沿槽侧面作一辅助平面，确定辅助圆弧半径 R_2，作出其侧面投影。

（3）去掉多余图线并描深。

开槽半球投影

注意：

（1） R_1 为辅助水平圆的半径，R_2 为辅助侧平圆的半径；

（2）槽底侧面投影中间部分不可见，1′2′应画成虚线。

3.4 相贯体

3.4.1 相贯线的基本概念、基本形式与特性

两形体相交组合在一起得到的形体称为相贯体，相贯体表面形成的交线称为相贯线。本节重点介绍两回转体相贯线（图3-17）的性质和作图方法。

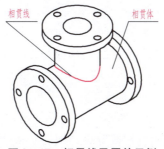

相贯线的概念

图 3-17　相贯线及零件示例

相贯线具有下列性质。

（1）由于相交两立体总有一定大小的限制，所以相贯线一般为封闭的空间曲线，如图 3-18（a）所示，也可能是不封闭的空间曲线，如图 3-18（b）所示，还可能是平面曲线或直线，如图 3-18（c）、（d）所示。

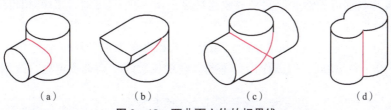

（a）　　　　　（b）　　　　　（c）　　　　　（d）

图 3-18　两曲面立体的相贯线

（a）封闭的空间曲线；（b）不封闭的空间曲线；（c）封闭的平面曲线；（d）直线

（2）由于相贯线是两立体表面的交线，故相贯线也是两立体表面的共有线，相贯线上的点是两立体表面的共有点。求相贯线的实质，就是要求出两立体表面一系列的共有点。常用的方法有：表面取点法、辅助平面法和辅助球面法，这里只介绍前两种。

3.4.2　用表面取点法求相贯线

当相贯线的投影具有积聚性时，可用表面取点法来求其未知投影。

【例 3-15】　如图 3-19 所示，一铅垂圆柱和一水平圆柱相交，且其轴线在同一正平面内垂直正交，求其相贯线的投影。

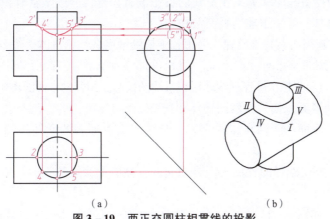

两个正交圆柱
相贯线的投影

（a）　　　　　　　　　　　　（b）

图 3-19　两正交圆柱相贯线的投影

（a）圆柱与圆柱正交相贯线作图；（b）圆柱与圆柱正交立体图

分析：

其相贯线为一条前后、左右对称的封闭空间曲线。相贯线的水平投影积聚在铅垂圆柱的水平投影圆上，侧面投影积聚在水平圆柱的侧面投影上，现已知相贯线的水平和侧面投影，可采用表面取点法求其正面投影。

解：

（1）作特殊点。如图3－19（a）所示，点Ⅰ既是铅垂圆柱面最前素线与水平圆柱面的交点，也是两圆柱面相贯线的最前点和最低点，根据其水平投影1与侧面投影1″可直接求出其正面投影1′；点Ⅱ、Ⅲ既是铅垂圆柱面最左、最右素线与水平圆柱面的交点，也是相贯线的最高点，其三面投影均可在图上直接作出。

（2）作一般点。如图3－19（a）所示，在铅垂圆柱面的水平投影圆上取点4、5，这两点是相贯线上点Ⅳ、Ⅴ的水平投影，其侧面投影4″、（5″）重影在水平圆柱的侧面投影上，可根据投影规律作出，再由4、5和4″、（5″）作出其正面投影4′、5′。

（3）连线并判别可见性。依次平滑地连接2′、4′、1′、5′、3′，即得相贯线前半部分的正面投影，是可见的。相贯线的后半部分和2′4′1′5′3′重影且不可见。

图3－20为一铅垂圆柱孔与水平圆柱相交，其相贯线为水平圆柱面上的孔口曲线。作图方法与图3－19（a）相同，但需作出铅垂圆柱孔的轮廓线，因其不可见，故用虚线表示。

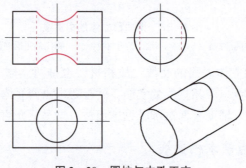

图3－20　圆柱与内孔正交

3.4.3　用辅助平面法求相贯线

求两回转体的相贯线时，如果相贯线的投影没有积聚性，或虽具有积聚性特征但仅靠表面取点法难以作出时，可采用辅助平面法作图。

辅助平面法是利用三面共点原理，采用若干辅助平面截切相贯体，每截切一次即得两条截交线，这两条截交线即为三面（截平面、两相贯体表面）的共有点，同时是相贯线上的点，当得出一系列共有点后，依次顺序连线即得相贯线的投影。用辅助平面法作相贯线的步骤如下：

（1）作一辅助平面，使其与两回转体相交；

（2）作出辅助平面与两回转体的交线，交线的交点即为两回转体的共有点，也就是相贯线上的点。

实际作图时，要使选择的辅助平面与相交两立体表面交线的投影简单易画。辅助平面一般取投影面的平行面。

【例3－16】　如图3－21所示，水平圆柱与半球相贯，已知相贯线的侧面投影，求作其正面投影和水平投影。

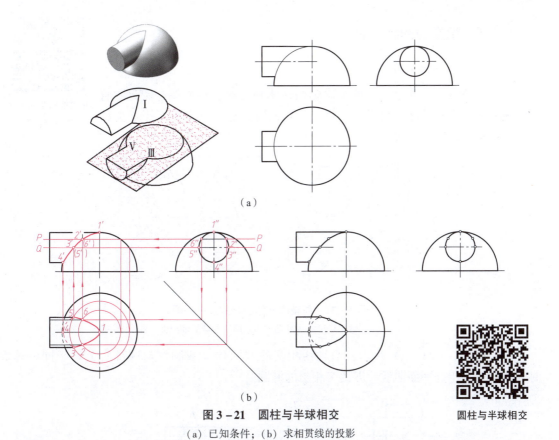

（a）

（b）

图 3 - 21　圆柱与半球相交

（a）已知条件；（b）求相贯线的投影

圆柱与半球相交

分析：

相贯线为一前后对称的封闭空间曲线。侧面投影积聚在水平圆柱的侧面投影上，正面投影和水平投影需通过作图求出。相贯体前后对称，其辅助平面可以选择与圆柱轴线平行的水平面，辅助平面与圆柱面的截交线为两条平行直线，与球面的截交线为圆。

解：

（1）先作特殊点。如图 3 - 21（b）所示，点 I、Ⅳ为相贯线的最高点和最低点，也是最左点和最右点，同时是圆柱体最上与最下素线上的点，其三面投影可直接作出；过圆柱上下对称面作辅助平面 Q，它与圆柱面的截交线为其最前、最后素线，与球面的截交线为圆，两组截交线的交点为点Ⅲ、Ⅴ，这两点的水平投影为点 3、5，也是相贯线水平投影曲线的可见部分与不可见部分的分界点，可由点 3、5 直接作出其正面投影 3′、（5′）。

（2）再作一般点。如图 3 - 21（b）所示，作辅助平面 P，它与圆柱面的截交线为两条平行直线，与球面的截交线为圆，直线与圆的交点Ⅱ、Ⅵ即为辅助平面 P、圆柱面、球面的共有点，亦即相贯线上的点，其水平投影为点 2、6，由此可求出其正面投影 2′、（6′）。

（3）依照相贯线在侧面投影中所显示的各点顺序，依次连接各点的水平投影和正面投影，其连接顺序为 I→Ⅱ→Ⅲ→Ⅳ→Ⅴ→Ⅵ→I，如图 3 - 21（c）所示。

（4）判别可见性。相贯线可见性判别原则为：两曲面公共可见部分的交线才可见，否则为不可见。由于点Ⅲ、Ⅳ、Ⅴ在下半圆柱面，其水平投影不可见，故 345 为虚线，其余部分均可见，画成粗实线。

3.4.4 相贯线的特殊情况

1. 相贯线为平面曲线

（1）如图 3-22 所示，当两个同轴回转体相交时，相贯线一定是垂直于轴线的圆。当回转体轴线平行于某一投影面时，这个圆在该投影面上的投影为垂直于轴线的直线。

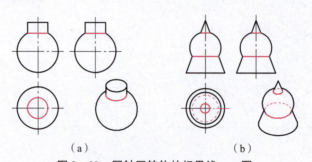

（a）　　　　　　　　　　（b）

图 3-22　同轴回转体的相贯线——圆

（a）圆柱与球同轴相交；（b）圆锥与球同轴相交

（2）如图 3-23（a）所示，当轴线相交的两圆柱（或圆柱与圆锥）公切于同一球面时，相贯线一定是平面曲线，即两个相交的椭圆。

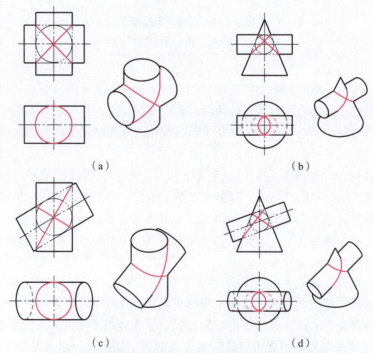

（a）　　　　　　　　　　　（b）

（c）　　　　　　　　　　　（d）

图 3-23　两回转体公切于同一球面的相贯线——椭圆

（a）圆柱与圆柱等径正交；（b）圆柱与圆锥正交；

（c）圆柱与圆柱等径斜交；（d）圆柱与圆锥斜交

2. 相贯线为直线

当相交两圆柱的轴线平行时，相贯线为直线，如图 3 - 24（a）所示；当两圆锥共顶时，相贯线也是直线，如图 3 - 24（b）所示。

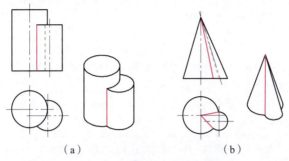

（a）　　　　　　　　　（b）

图 3 - 24　相贯线为直线的情况

（a）相交两圆柱的轴线平行；（b）两圆锥共顶

【本章内容小结】

内容		要点
平面立体	棱柱	组成：由顶面、底面和多个侧棱面等平面组成 投影：一面投影反映顶面和底面的实形；另两面投影为侧棱面的投影，为四边形的组合 表面取点：投影积聚性法
	棱锥	组成：由底面和多个侧棱面等平面组成 投影：一面投影反映底面的实形；另两面投影为各侧棱面的投影，为三角形的组合 表面取点：投影积聚性法、辅助线法
	表面取点的基本方法与步骤	步骤：与平面上取点相同，即判断点位于平面立体的哪个平面上→判断这个平面的性质（特殊平面、一般位置平面）→确定取点方法求投影 投影积聚性法：点在特殊平面（投影面平行面或垂直面）上，点的投影在相应平面的积聚投影上 辅助线法：点在一般位置平面上，过已知点的一个投影作辅助线（投影面的平行线）
曲面立体（回转体）	圆柱	组成：由圆柱面及顶圆面、底圆面组成 投影：垂直于轴线方向的投影为圆，另两面投影为矩形 表面取点：投影积聚性法
	圆锥	组成：由圆锥面、底圆面组成 投影：垂直于轴线方向的投影反映为圆，另两面投影为等腰三角形 表面取点：点在底面上（投影积聚性法）、点在圆锥面上（辅助素线法、辅助纬圆法）
	球	组成：由球面组成 投影：三面投影均为圆 表面取点：辅助纬圆法
	表面取点的基本方法与步骤	步骤：判断点位于回转体的哪个平面上→判断这个平面的性质→确定取点方法求投影 投影积聚性法：点在顶面、底面、圆柱面上，点的投影在相应面的同面积聚投影上 辅助素线法：点在圆锥面上，过点和锥顶连辅助素线，作辅助素线的另两面投影，点在辅助素线的相应的投影上 辅助纬圆法：点在圆锥面或球面上，过点作辅助面（为投影面的平行面），辅助面与圆锥面或球面相交为圆，求圆的三面投影，点在辅助圆的三面投影上

内容		要点
切割体	平面切割体	组成：平面立体（棱柱、棱锥）被平面截切 截交线：直线组成的封闭平面多边形，由截切平面与平面立体的棱边交点组成 作图法：投影积聚性法
	回转切割体	组成：曲面立体（圆柱、圆锥、球）被平面截切 截交线：可能是直线、圆、椭圆、抛物线或双曲线，取决于截平面与被截回转体轴线的相对位置 作图法：投影积聚性法（平面与圆柱相交）；辅助纬圆法和辅助平面法（平面与圆锥相交）；辅助纬圆法（平面与球相交）
	解题	分析截交线形状→确定截交线的投影特性→找特殊点（最前点、最后点、最左点、最右点、最上点、最下点或椭圆的长轴、短轴点等）→补充一般点→平滑连接
相贯体	平面立体与曲面立体相交	组成：某个平面立体（棱柱、棱锥）与某个曲面立体（圆柱、圆锥、球）相交 相贯线：平面立体的相关平面与曲面立体各表面交线的组合 作图法：投影积聚性法、辅助纬圆法
	两曲面立体相交	组成：某两个曲面立体（圆柱、圆锥、球）相交 相贯线：两个曲面立体的交线，一般为空间曲线或折线，特殊情况下为平面曲线或直线 作图法：投影积聚性法、辅助平面法
	解题	实质是求两曲面图相贯线上若干共有点的投影，然后判断各面投影的可见性并连线。解题步骤与求解截交线一致

【素质拓展】

构成工程零件的最小单元是基本体，基本体包括平面立体和曲面立体。但是，在实际应用中，机器中的零件极少使用单一的基本体，更多的是对基本体采用不同方式的切割或组合而形成。榫卯结构是中国古代的一项重大的技术发明，其原理就是巧妙地利用了圆柱、棱柱等切割后的各种形体的凸凹组合，该结构被很好地运用在建筑、家具、机械连接等领域。

如今由中国设计制造的超大射电望远镜——FAST，是由40多万块三角反射面板拼接而成的口径为500 m的球面射电望远镜，是目前世界上口径最大的超大射电望远镜，被称为"中国天眼"。在其设计和安装的过程中很好地运用了球面切割组合和古时"墨子圆规"的原理，充分体现了中国工程师的智慧和实力。

大国重器 中国天眼 FAST

第4章 组合体的视图

本章是本门课程的重点之一，主要介绍如何运用形体分析法和线面分析法，绘制组合体视图、标注尺寸及看懂组合体视图。通过对本章的学习，应达到如下基本要求：

（1）能够运用形体分析法的概念，针对不同组合体的组合形式进行分析；

（2）能够绘制组合体视图，并进行尺寸标注；

（3）具有看组合体视图的能力，能根据视图想象出组合体的空间形状。

4.1 组合体的构造及形体分析法

4.1.1 组合体和形体分析法的概念

在平时生活、工作中，遇到的物体或零件常常是由若干个基本体通过一定的方式（叠加、挖切或综合）组合而成的，这种立体被称为组合体。如图4－1（a）所示的支座，可看成由圆筒、底板、肋板、耳板和凸台组合而成，如图4－1（b）所示。在绘制组合体视图时，应将组合体分解成若干简单的基本体，并按各部分的位置关系和组合形式画出各基本体的投影，综合起来，即得到整个组合体视图。这种通过假想把复杂的组合体分解成若干个基本形体，分析它们的形状、组合形式、相对位置和表面连接关系，使复杂问题简单化的思维方法称为形体分析法。形体分析法是组合体的画图、尺寸标注和看图的基本方法。

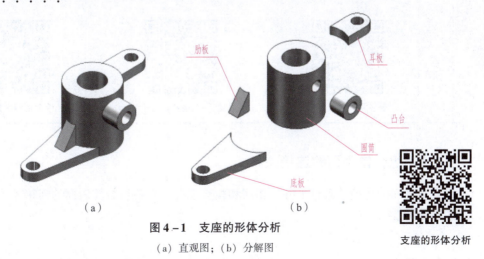

（a）   （b）

图4-1 支座的形体分析

（a）直观图；（b）分解图

支座的形体分析

4.1.2 组合体的组合形式

组合体可分为叠加和切割两种基本组合形式，或者是这两种组合形式的综合。常见的组合体大多数属于综合型。

叠加：实形体和实形体进行组合。

切割：从实形体中挖出或切出较小的实形体。

综合：既有叠加又有切割。

组合体的组合形式如表4-1所示。

表4-1　组合体的组合形式

组合形式		叠加	切割	综合
形体	组合体	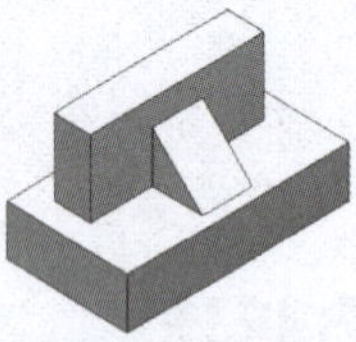		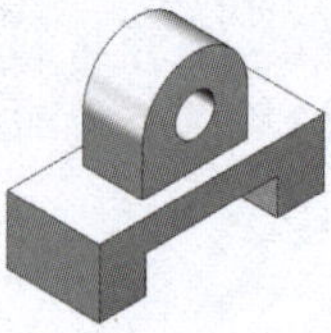
	组合过程	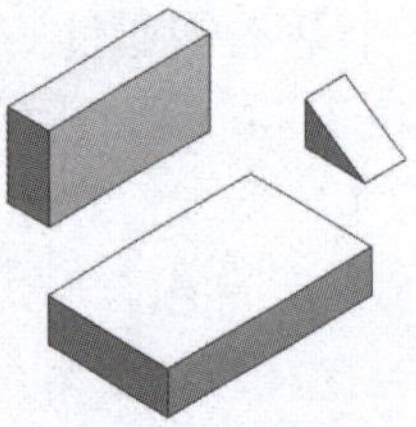 叠加型组合体分析	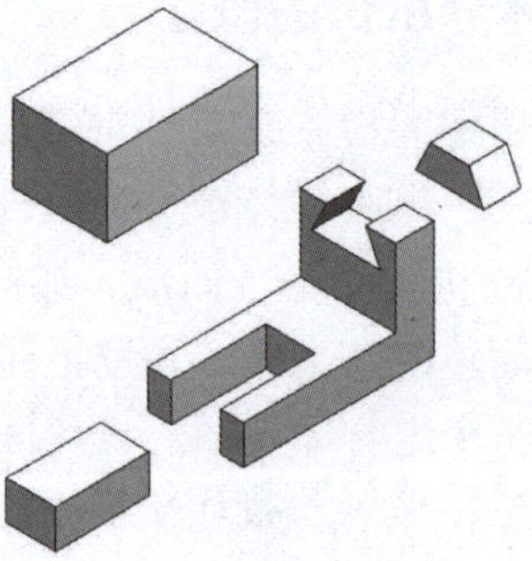 切割型组合体分析	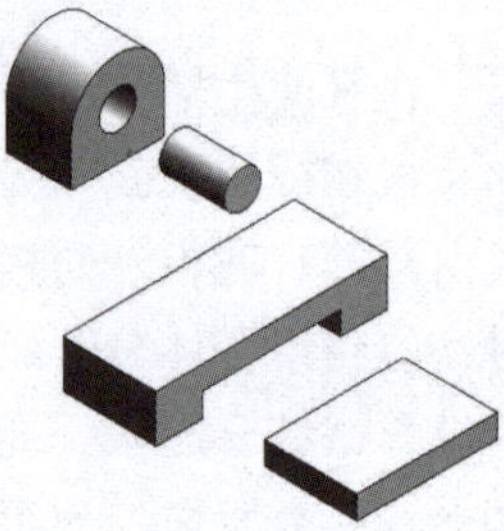 综合型组合体分析

4.1.3 组合体表面的连接关系

组合体表面的连接关系有平齐、相切和相交三种。弄清组合体表面的连接关系，对画图和看图都很重要。

1. 平齐

当组合体中两基本体表面平齐时，结合处不画分界线。当两基本体表面不平齐时，结合处应画出分界线。

如图 4 – 2（a）所示的组合体，其上、下表面平齐，在主视图上不画分界线。如图 4 – 2（b）所示的组合体，其上、下表面不平齐，在主视图上应画出分界线。

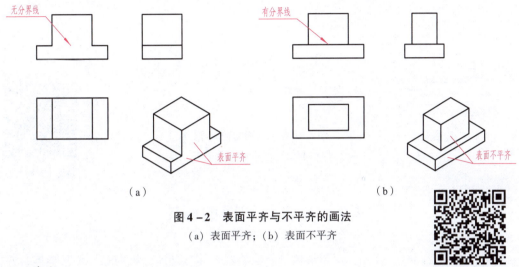

图 4 – 2　表面平齐与不平齐的画法

（a）表面平齐；（b）表面不平齐

表面平齐与不平齐的画法

2. 相切

当组合体中两基本体的表面相切时，在视图中的相切处不应画线。

如图 4 – 3（a）所示的组合体，它由底板和圆柱体组成，由于底板的侧面与圆柱面相切，在相切处形成光滑的过渡，因此主视图和左视图中相切处不应画线。图 4 – 3（b）是常见的错误画法。

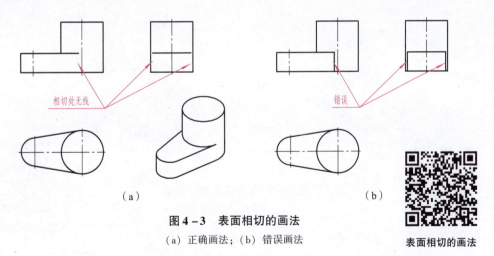

图 4 – 3　表面相切的画法

（a）正确画法；（b）错误画法

表面相切的画法

3. 相交

当两基本体表面相交时，在相交处应画出分界线。

如图 4 – 4（a）所示的组合体，它也由底板和圆柱体组成，由于底板的侧面与圆柱面是相交关系，故在主、左视图中相交处应画出交线。图 4 – 4（b）是常见的错误画法。

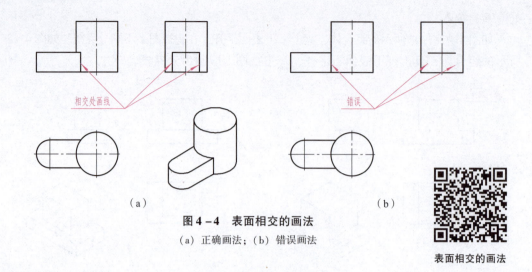

（a） （b）

图 4-4 表面相交的画法

（a）正确画法；（b）错误画法

相交处画线 错误

表面相交的画法

4.2 组合体视图的画法

画组合体的视图时，首先，运用形体分析法将组合体合理地分解为若干个基本体，并按照各基本体的形状、组合形式、形体间的相对位置和表面连接关系，逐个画出基本体的三视图；其次，根据各基本体间的邻接表面的位置关系，分析它们邻接表面的投影；最后，检查、描深、标注尺寸。

本节以图 4-5（a）所示的轴承座为例，介绍组合体视图的画图方法和步骤。

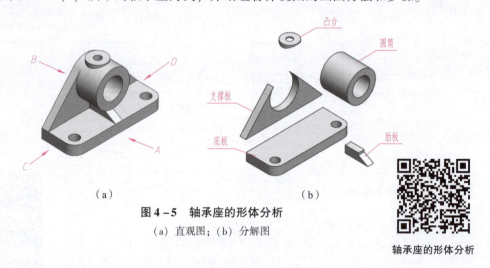

（a） （b）

图 4-5 轴承座的形体分析

（a）直观图；（b）分解图

凸台 圆筒 支撑板 底板 肋板

轴承座的形体分析

4.2.1 形体分析

如图 4-5（b）所示，轴承座可分解为 5 个基本体，支撑板位于底板的正上方，后面平齐；圆筒位于支撑板的上方，支撑板的两侧面与圆筒的外圆柱面相切；凸台位于圆筒的正上方，并与圆筒垂直相交，且两形体的内孔相互贯通；肋板位于支撑板的正前方、底板的正上方、圆筒的正下方，两侧面与圆筒的外圆柱面相交。轴承座的画图方法和步骤如图 4-6 所示。

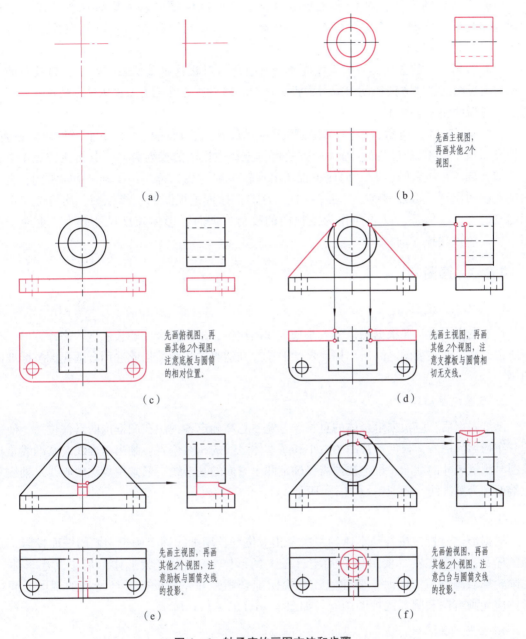

（a）　　　　　　　　　　　（b）

（c）　　　　　　　　　　　（d）

（e）　　　　　　　　　　　（f）

图 4-6　轴承座的画图方法和步骤

（a）画各视图的作图轴线及基准线，合理布局；（b）画圆筒的三视图；（c）画底板的三视图；
（d）画支撑板的三视图；（e）画肋板的三视图；（f）画凸台的三视图，检查、描深

4.2.2　视图选择

　　表达组合体形状的一组视图中，主视图是最主要的视图。在画三视图时，主视图的投影方向确定以后，其他视图的投影方向也就确定了。因此，主视图的选择是绘图中的重要环节，在选择主视图时要做到以下几点。

轴承座的画图
方法与步骤

（1）组合体的安放：主视图是表达组合体的一组视图中最主要的视图，选择主视图时通常应将组合体放正，即使其主要平面平行或垂直于投影面，以便在投影时得到实形。

（2）投射方向的选择：一般应该选择反映组合体形状特征最明显，位置特征最多的方向作为主视图的投射方向，同时应考虑投影作图时避免在其他视图上出现较多的虚线，影响图形的清晰性和标注尺寸。

如图 4 – 5（a）所示，该轴承座按稳定位置放置后，将底板平行于水平投影面放置，并使支撑板平行于正投影面。有 4 个方向可供选择主视图的投射方向。分析比较该 4 个方向可知 A 向、B 向雷同，但 B 向使主视图出现较多细虚线，舍去；C 向、D 向雷同，但 C 向使左视图出现较多细虚线，舍去；A 向、D 向都接近主视图的选择原则，均可选作主视图的投射方向。但是，以 A 向作为主视图的投射方向时，形体长度尺寸较大，更便于布图，所以应该选择 A 向。

4.2.3　画图

1. 选比例、定图幅

选定主视图后，要根据物体的大小选定作图比例，根据组合体的长、宽、高计算出三视图所占面积，并在视图之间留出标注尺寸的位置和适当的间距，据此选用合适比例及标准的图幅。

2. 布置视图

图纸固定后，应根据组合体的总长、总宽、总高确定各视图在图框内的具体位置，使视图分布均匀。然后，根据各视图的大小和基本体之间的相对位置，画出基准线。基准线是指画图时测量尺寸的基准，每个视图需要确定两个方向的基准线。通常用对称中心线、轴线和大端面作为基准线，如图 4 – 6（a）所示。

3. 画底稿

根据形体分析，按各基本体的主次及相对位置，用细线逐个画出它们的三面投影。画图顺序是：一般先实（实形体）后空（挖去的形体）；先大（大形体）后小（小形体）；先画轮廓后画细节。同时，要注意三个视图配合画，并先画反映形体特征的视图，同一形体应先画有圆和圆弧的视图画起，如图 4 – 6（b）~（f）所示。

4. 检查、描深

底稿完成后，要仔细检查全图，分析是否存在多线、漏线并改正错误。准确无误后，按国家标准规定的线型描深。描深时应先画圆或圆弧，后画直线。

轴承座的组合形式基本上可以看成叠加型。下面以图 4 – 7（a）所示的组合体为例，说明切割型组合体视图的画图过程。

形体分析如图 4 – 7（b）所示。该组合体的原始形体是一长方体，在此基础上用一个正垂面和一个水平面切去了形体 1（四棱柱）；用两个侧垂面切去了形体 2（三棱柱）；用两个正平面和一个侧平面切去了形体 3（四棱柱），最后形成了切割型组合体。

画图过程如图 4 – 8 所示。

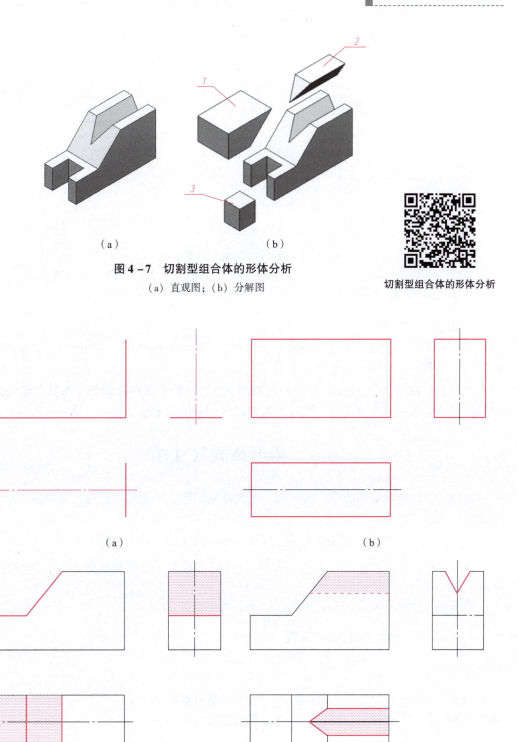

图 4 – 7　切割型组合体的形体分析

（a）直观图；（b）分解图

切割型组合体的形体分析

（a）

（b）

（c）

（d）

图 4 – 8　切割型组合体的画图过程

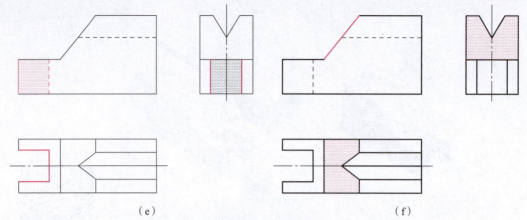

(e)   (f)

图 4 – 8　切割型组合体的画图过程（续）

(a) 画基准线、位置线；(b) 画原始形体的三视图；(c) 画切去形体 1 的三视图；

(d) 画切去形体 2 的三视图；(e) 画切去形体 3 的三视图；(f) 检查、描深

画图时应注意以下几点。

（1）画图时，应先画出反映形状特征的视图，再画其他视图，3 个视图应配合画出，各视图注意保持"长对正、高平齐、宽相等"。

（2）在作图过程中，每增加一组成部分，都要特别注意分析该部分与其他部分之间的相对位置关系和表面连接关系，同时注意被遮挡部分应随手改为虚线，避免画图时出错。

4.3　组合体的尺寸注法

视图只能表达组合体的形状和结构，要表示它们的大小则需要进行尺寸标注。尺寸标注的基本要求如下。

正确：标注尺寸数值应准确无误，标注方法要符合国家标准中有关尺寸注法的规定。

完整：标注尺寸必须能唯一确定组合体及各基本体的大小和相对位置，做到无遗漏，不重复。

清晰：尺寸的布局要整齐、清晰，便于查找和看图。

4.3.1　尺寸种类及尺寸基准

1. 尺寸种类

要使尺寸标注完整，既无遗漏，又不重复，最有效的办法是对组合体进行形体分析，根据各基本体形状及其相对位置分别标注以下几类尺寸。

1）定形尺寸

定形尺寸是确定各基本体形状大小的尺寸。如图 4 – 9（a）所示，组合体由竖板（圆头型，有圆形通孔）和底板（长方形带圆角，有两个圆柱通孔）两个形体构成。其中的 106、17、52、$R15$、$2 \times \phi14$ 等是底板的定形尺寸，而 $R24$、16、$\phi25$ 等是竖板的定形尺寸。

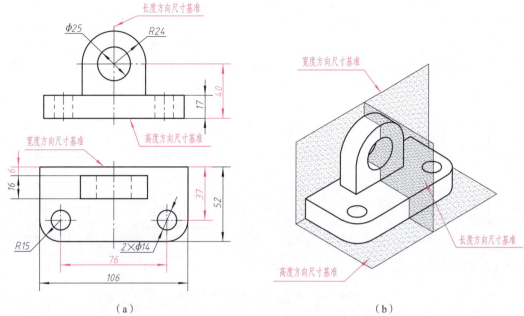

图 4 - 9　组合体的尺寸种类及尺寸基准

（a）尺寸种类；（b）尺寸基准

2）定位尺寸

定位尺寸是确定各基本体之间相对位置的尺寸。图 4 - 9（a）所示俯视图中的尺寸 6 确定竖板在宽度方向的位置，尺寸 76、37 确定 2×ϕ14 孔在长度、宽度方向的位置；主视图中尺寸 40 确定 ϕ25 孔在高度方向的位置。

3）总体尺寸

总体尺寸是确定组合体外形总长、总宽、总高的尺寸。总体尺寸有时和定形尺寸重合，如图 4 - 9（a）中的总长 106 和总宽 52 同时是底板的定形尺寸。当组合体的一端为回转体时，通常不以回转面的外形线为界标注总体尺寸，只注中心线位置尺寸，而不注总体尺寸。例如，图 4 - 9（a）中总高可由 40 和 R24 确定，此时就不再标注总高 64 了，但俯视图中的总长 106 是一种特例。当标注了总体尺寸后，有时可能会出现尺寸重复，这时可考虑省略某些定形尺寸。

2. 尺寸基准

每个尺寸都有起点和终点，标注尺寸的起点就是尺寸基准。在组合体的三视图中，需要在长度、宽度、高度方向上表达形体的尺寸，每个方向上至少有 1 个尺寸基准。常选取对称面、轴线和较重要的平面及端面等几何元素作为尺寸基准。

如图 4 - 9（b）所示，是用左、右对称面作为长度方向的尺寸基准；用竖板后端面作为宽度方向的尺寸基准；用底板的底面作为高度方向的尺寸基准。

4.3.2　基本体、截切体和相贯体的尺寸标注

1. 基本体的尺寸标注

要掌握组合体的尺寸标注，必须先熟悉和掌握基本体的尺寸标注。基本体一般应标出

长、宽、高方向的尺寸。

基本平面立体的尺寸标注如图 4-10 所示。棱柱、棱锥及棱台，除了标注确定其顶面和底面形状大小的尺寸，还要标注高度尺寸，这些尺寸都是基本体的定形尺寸。正方形的尺寸标注，要在边长尺寸数字前加注正方形符号"□"。

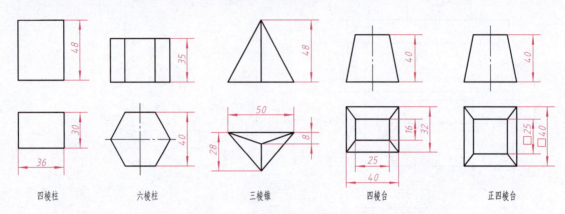

图 4-10　基本平面立体的尺寸标注

基本回转体的尺寸标注如图 4-11 所示。在圆柱、圆锥和圆台的非圆视图上直接注出直径"φ"，可以减少一个方向尺寸，还可省去一个视图，因为"φ"有双向尺寸功能；标注球的尺寸时，在直径数字前加注球的直径符号"Sφ"。

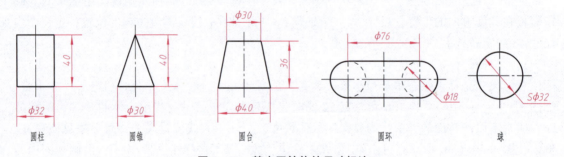

图 4-11　基本回转体的尺寸标注

2. 切割体的尺寸标注

对于切割体，一要标注基本体的定形尺寸，二要标注截切面的位置尺寸。由于截切面与基本体的相对位置确定后，截交线可以确定，因此不用标注表示截交线形状大小的尺寸。典型切割体的尺寸标注如图 4-12 所示。其中，红色的尺寸为截切面的位置尺寸，画"×"的尺寸为截交线尺寸（多余尺寸），不应标注。

3. 相贯体的尺寸标注

对于相贯体，一要标注参与相贯的基本体的定形尺寸，二要标注确定基本体之间相对位置的定位尺寸。由于这些尺寸确定后相贯线自然就确定了，因此相贯线上一律不标注尺寸。相贯体的尺寸标注如图 4-13 所示。其中，红色的尺寸为相贯基本体的位置尺寸，画"×"的尺寸为相贯线尺寸（多余尺寸），不应标注。

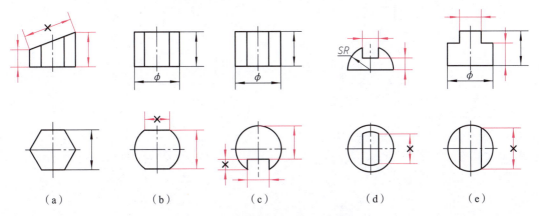

图 4 - 12　典型切割体的尺寸标注

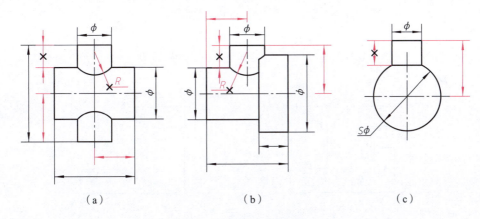

（a）　　　　　　　（b）　　　　　　　（c）

图 4 - 13　相贯体的尺寸标注

4.3.3　尺寸标注的注意点

1. 体的概念

标注尺寸必须在形体分析的基础上进行，所注尺寸应能准确确定立体各组成部分的形状和位置。各种尺寸标注方式如图 4 - 14（b）所示，切忌按视图中的线条、线框来标注尺寸，如图 4 - 14（a）所示。

尺寸尽量不标注在虚线上，为了布局需要和尺寸清晰例外。

2. 尽量避免尺寸线与尺寸线、尺寸界线、轮廓线相交

标注尺寸时应大尺寸在外，小尺寸在内。如图 4 - 15（a）所示，尺寸 50 在外，32 在内；尺寸 40 在外，28 在内。否则，尺寸线与尺寸界线相交会显得紊乱，如图 4 - 15（b）所示。

当图上有足够空间能清晰地注写尺寸数字，又不影响图形的清晰时，也可注在视图内，如图 4 - 15（a）中主视图上半圆头槽的圆心的长度方向的定位尺寸 12 要比图 4 - 15（b）中注在视图外好。

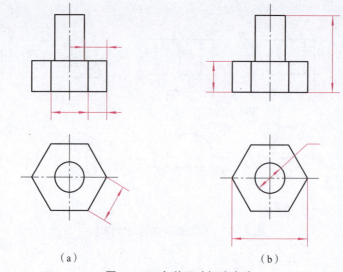

图 4 – 14　各种尺寸标注方式

（a）错误；（b）正确

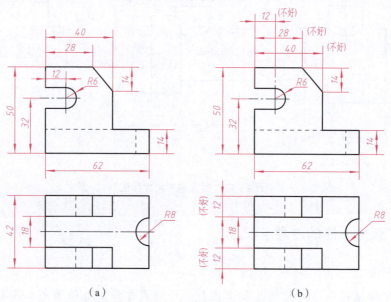

图 4 – 15　尺寸尽量集中标注在视图外边，且小尺寸在内、大尺寸在外

（a）清晰；（b）不好

标注圆柱、圆锥的直径尺寸时应尽量标注在非圆的视图（其轴线平行于投影面的视图）上，如图 4 – 16（a）所示，否则就不太合适，如图 4 – 16（b）所示。半圆以及小于半圆的圆弧的半径尺寸一定要标注在反映为圆弧的视图上，如图 4 – 15（a）中主视图的尺寸 R6 和俯视图的尺寸 R8。

在板状零件上有多孔分布时，其直径尺寸应标注在投影为圆的视图上。

3. 突出特征，相对集中

组合体上有关联的同一基本体的定形尺寸及其定位尺寸，尽可能集中标注在反映形状和位置特征明显的同一视图上，以便查找和看图。

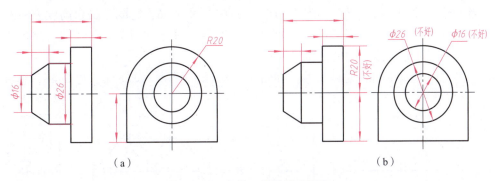

图 4 – 16　直径、半径尺寸标注

（a）清晰；（b）不好

以上注意点，并非标注尺寸的固定模式，在实际标注尺寸时，有时会出现不能完全兼顾的情况，此时应在保证尺寸标注正确、完整、清晰的基础上，根据尺寸布置的需要灵活运用和进行适当的调整。

4.3.4　组合体的尺寸标注

标注组合体的尺寸时，首先应运用形体分析法分析形体，找出该组合体长、宽、高 3 个方向的主要基准，分别注出各基本体之间的定位尺寸和各基本体的定形尺寸，再标注总体尺寸并进行调整，最后校对全部尺寸。

现以图 4 – 17 所示的轴承座为例，说明标注组合体尺寸的具体步骤。

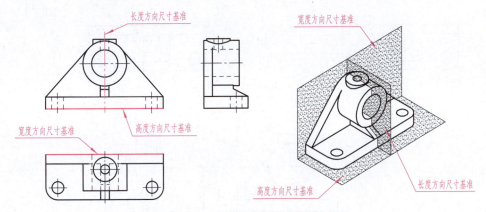

图 4 – 17　轴承座的尺寸基准

（1）对组合体进行形体分析，确定尺寸基准。如图 4 – 17 所示，依次确定支座长、宽、高 3 个方向的尺寸基准。轴承座左右对称面为长度方向尺寸基准，底板及支撑板共面的后端面为宽度方向尺寸基准，底板底面为高度方向尺寸基准。

（2）逐个标注各基本体的定形、定位尺寸，如图 4 – 18 所示。

如图 4 – 18（a）所示，轴承座底板的定形尺寸 80、30、$R8$、$2 \times \phi8$ 及定位尺寸 64、22，标注在反映底板形体特征最明显的俯视图上。

同一形体的尺寸应尽量集中标注，不应过于分散，以便查找，如图 4 – 18（b）中轴承座圆筒的定形尺寸 $\phi30$、$\phi18$、24 及定位尺寸 30 都集中在主、左视图上。

　　注意一个尺寸的多层含义，如图 4 – 18（c）中的尺寸 46，它既是凸台高度方向的定位尺寸，也是确定凸台高度的定形尺寸；如图 4 – 18（d）中的尺寸 6，它既是支撑板宽度的定形尺寸，也是肋板宽度方向的定位尺寸。

　　（3）检查、协调并标注总体尺寸。如图 4 – 18（e）所示，总长 80，总高 46，总宽 30。

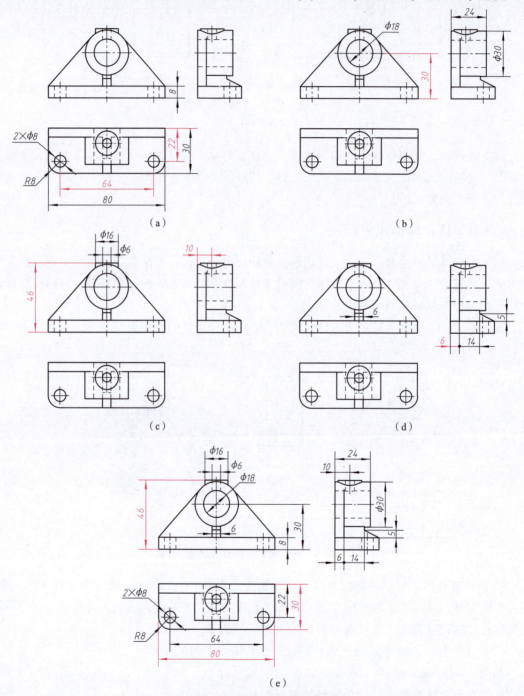

图 4 – 18　轴承座的尺寸标注

（a）标注底板定形、定位尺寸；（b）标注轴承定形、定位尺寸；（c）标注凸台定形、定位尺寸；
（d）标注支撑板、肋板定形、定位尺寸；（e）检查、协调并标注总体尺寸

4.4　组合体的看图方法

4.4.1　看图的基本要领

看组合体的视图，就是根据组合体投影图构思组合体形状的思维过程，是画组合体视图的逆过程。因此，看图同样要进行形体分析及线面分析。对于形体组合特征明显的组合体视图，宜采用形体分析法看图；但对于形体组合特征不明显或有局部不明显的组合体视图，则宜采用线面分析法构思组合体的形状。

1. 理解视图中图线的空间含义

视图中常见的有粗实线、细虚线和细点画线。

1) 粗实线或细虚线（直线或曲线）

粗实线或细虚线表示有积聚性的平面或曲面的投影、面与面（平面与平面，或曲面与曲面，或平面与曲面）交线的投影、回转体转向素线的投影，如图 4 - 19 所示。

2) 细点画线

细点画线表示回转体的轴线、圆的中心线、对称物体的对称中心线，如图 4 - 19 所示。

看图的基本要领

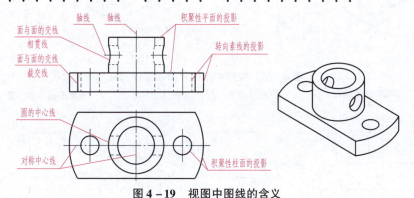

图 4 - 19　视图中图线的含义

2. 理解视图中线框的空间含义

1) 一个封闭线框

一个封闭线框可表示物体上一个面（平面或曲面）的投影、一个通孔的投影、平面与曲面或两曲面相切的投影，如图 4 - 20 所示。

2) 相邻封闭线框

相邻封闭线框表示两个面在空间上是相交或错开的。要找出线框对应的投影，以确定相邻两个面之间的上下、左右、前后的相对位置关系，如图 4 - 21 所示。

3) 大线框包含小线框

大线框包含小线框表示小线框是在大线框所表示的面的基础上凸起或凹下（叠加或挖切），如图 4 - 22 所示。

4) 大线框边有开口线框或封闭线框

大线框边有开口线框或封闭线框，开口线框表示有通槽，封闭线框表示不通槽，如图 4 - 23 所示。

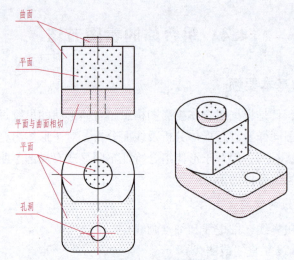

图4-20 视图中封闭线框的含义

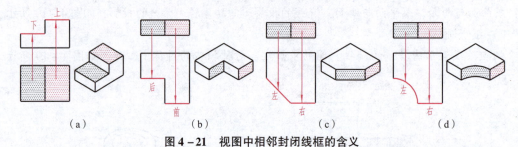

图4-21 视图中相邻封闭线框的含义

（a）两面上下错开；（b）两面前后错开；（c）两平面左右相交；（d）平面曲面左右相交

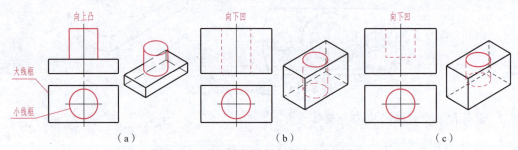

图4-22 视图中大线框包含小线框的含义

（a）凸台；（b）通孔；（c）盲孔

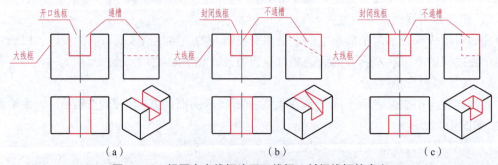

图4-23 视图中大线框边开口线框、封闭线框的含义

（a）开口线框；（b）、（c）封闭线框

3. 将几个视图联系起来看，找特征视图

在没有标注尺寸的情况下，一般一个视图或两个视图不能完全确定物体的空间形状，如图 4 – 24、图 4 – 25、图 4 – 26 所示。因此，看图时必须将几个视图联系起来看，找到特征视图，才能准确识别物体各部分的几何形状。

我们将物体形状特征反映最充分的那个视图称为特征视图。

（1）主视图是特征视图。如图 4 – 24 所示，俯视图相同，不反映形状特征，主视图形状各异，将主、俯视图联系起来看，所表达的是 3 个不同的物体。

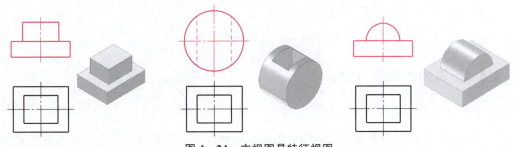

图 4 – 24　主视图是特征视图

（2）俯视图是特征视图。如图 4 – 25 所示，虽然主视图相同，但从俯视图看，物体的形状差别很大。

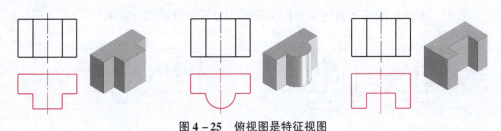

图 4 – 25　俯视图是特征视图

（3）左视图是特征视图。如图 4 – 26 所示，3 个物体主、俯两个视图均相同，但左视图则反映出物体不同的形状特征。

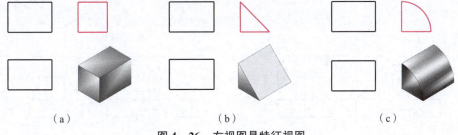

（a）　　　　　　　　　　（b）　　　　　　　　　　（c）

图 4 – 26　左视图是特征视图

综上所述，看图时应从反映物体形状最充分的特征视图看起。

（4）组成物体各形体的形状特征，不一定全集中在一个视图上。如图 4 – 27 所示支架，它由 4 个形体叠加而成，主视图反映形体 Ⅰ、Ⅳ 的特征，俯视图反映形体 Ⅲ 的特征，左视图反映形体 Ⅱ 的特征，因此读该图应从主视图看起。

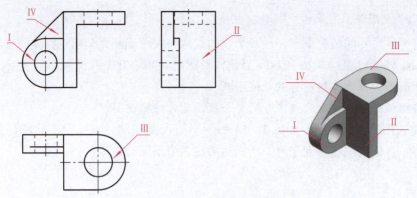

图 4 – 27　分析特征视图

4.4.2　看图的方法与步骤

1. 形体分析法

形体分析法是看图的基本方法。在看组合体的视图时，根据投影规律，分析基本体的视图，从图上逐个识别出基本体的形状和相互位置，再确定它们的组合形式及表面连接关系，综合想象出组合体的形状。

应用形体分析法看图的特点是：从体出发，在视图上分线框。

现以图 4 – 28 所示的支架为例，介绍应用形体分析法看图的方法和步骤。

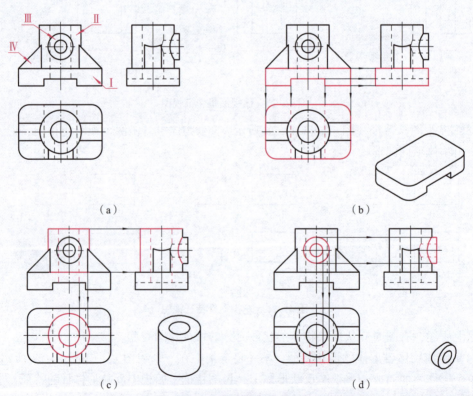

（a）　　　　　　　　　　　　　（b）

（c）　　　　　　　　　　　　　（d）

图 4 – 28　应用形体分析法看支架视图的方法和步骤

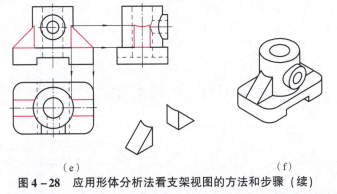

用形体分析法
看组合体视图

图 4 - 28　应用形体分析法看支架视图的方法和步骤（续）

（a）划线框，分形体；（b）想象底板Ⅰ的形状；（c）想象圆筒Ⅱ的形状；
（d）想象凸台Ⅲ的形状；（e）想象肋板Ⅳ的形状；（f）综合想象支架的整体形状

1）划线框，分形体

根据形体分析原则及视图中线框的含义，将物体分解为Ⅰ、Ⅱ、Ⅲ、Ⅳ共 4 个部分，如图 4 - 28（a）所示。

2）对投影，想形状

按照"长对正、高平齐、宽相等"的投影关系，从每一基本体的特征视图开始，找出另外两面投影，想象出每一基本体的形状，如图 4 - 28（b）、（c）、（d）、（e）所示。

3）合起来，想整体

在看懂每部分形状的基础上，再分析已知视图，想象出各部分之间的相对位置，组合方式以及表面的连接关系，从而得出物体的整体形状。

分析支架的三面视图可知，圆筒Ⅱ位于底板Ⅰ上方的正中位置；凸台Ⅲ位于圆筒Ⅱ的正前方与之相交，两内孔接通；肋板Ⅳ位于底板Ⅰ上方与圆筒Ⅱ的左右两侧相交；由此综合出该支架形状，如图 4 - 28（f）所示。

2. 线面分析法

线面分析法是形体分析法读图的补充。看图时，在应用形体分析法的基础上，对一些较难看懂的部分，特别是对切割型组合体的被切割部位，还要根据线面的投影特性，分析视图中线和线框的含义，弄清组合体表面的形状和相对位置，综合起来想象出组合体的形状。

应用线面分析法看图的特点是：从面出发，在视图上分线框，对投影进行判断。

现以图 4 - 29 所示的压块为例，介绍应用线面分析法看图的方法和步骤。

1）形体分析

如图 4 - 29（a）所示，从整体上看，压块 3 个视图的轮廓基本都是矩形，所以它的原始形体是个长方体。从细节上看，从主视图可看出，其左上方切掉一角；从俯视图可看出，长方体的左端切掉前、后两个角；从左视图可看出，长方体的前、后两边各切掉一块。切割后的形体前后对称。

2）线面分析

从某一视图上划分线框，并根据投影关系，在另外两个视图上找出其对应的线框或图线，确定线框所表示的面的空间形状和对投影面的相对位置。

（1）从主视图看起：如图 4 - 29（a）所示，主视图有 3 个封闭的线框 a'、b'、c'。线框 a' 为七边形，找其水平投影（一倾斜直线 a），找其侧面投影（七边形 a''），可判断 A 为铅垂面。压块前后对称，长方体被其切去左端前后两角。

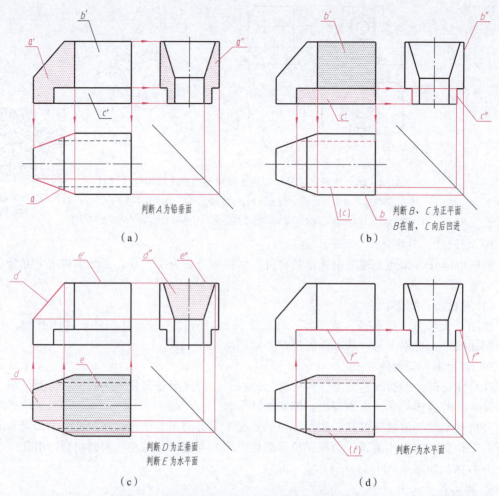

（a）判断 A 为铅垂面

（b）判断 B、C 为正平面
　　　B 在前，C 向后凹进

（c）判断 D 为正垂面
　　　判断 E 为水平面

（d）判断 F 为水平面

图 4 - 29　应用线面分析法看压块视图的方法和步骤

如图 4 - 29（b）所示，封闭线框 b′、c′，找其水平投影（直线 b、c），找其侧面投影（直线 b″、c″），可判断 B、C 都为正平面。由于 c 为虚线不可见，可判定 B 面在前，是压块的前面，C 面向后凹进。

（2）从俯视图看起：如图 4 - 29（c）所示，俯视图有 2 个可见封闭线框 d、e。线框 d 为四边形，找其正面投影（倾斜直线 d′），找其侧面投影（四边形 d″），可判断 D 为正垂面。长方体被其切去左上角。线框 e 为六边形，找其正面投影（直线 e′），找其侧面投影（直线 e″），可判断 E 为水平面，是压块的顶面。

用线面分析法
看压块视图

如图 4 - 29（d）所示，俯视图有 2 个不可见线框前后对称。f 为四边形线框，找正面投影（直线 f′），找侧面投影（直线 f″），可判断 F 为水平面。

3）综合想象整体

经过上面的形体分析与线面分析，可以想象压块是一个长方体，被正垂面 D 切去左上角；被铅垂面 A 前后对称切去左端前后两角；被水平面 F、正平面 C 对称切去前后两块四棱柱。压块的整体形成过程如图 4 - 30 所示。

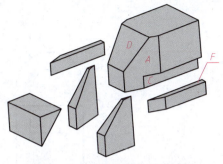

图 4 - 30　压块的整体形成过程

4.4.3　根据两个视图补画第三视图

有些组合体用两个视图就能想象出它的形状，看懂图后可根据投影规律补画出第三视图。叠加型、综合型组合体通常用形体分析法，形体特征不明显的切割型组合体，一般用线面分析法。对于复杂的组合体，两种方法要结合起来用。

补画视图时，应根据各组成部分逐步进行。对于叠加型组合体，先画局部后画整体。对于切割型组合体，先画整体后切割。并按先实后虚，先外后内的顺序进行。

【例 4 - 1】　如图 4 - 31 所示，已知组合体的主、俯视图，想象该组合体的形状并补画左视图。

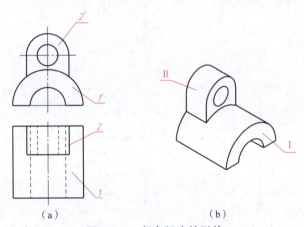

（a）　　　　　　　　　（b）

图 4 - 31　想象机座的形状

（a）将组合体分解成两部分，找出对应的投影；（b）想象两部分形体的形状

分析：

由主、俯视图可知该物体是一叠加型的组合体，应用形体分析法画图。

解：

（1）分线框，对投影，找形状特征如图 4 - 31（a）所示，将组合体分为两部分。

（2）分别画出各线框的左视图。

形体Ⅰ是水平半圆筒，主视图具有积聚性，画出形体Ⅰ的左视图，如 4 - 32（a）所示。形体Ⅱ是一圆头形结构的竖板，主视图为它的形状特征视图，根据竖板的两视图，用投影规律，画出其左视图，如图 4 - 32（b）所示。在这里要注意竖板与半圆筒是相交的关系，注意交线的位置。

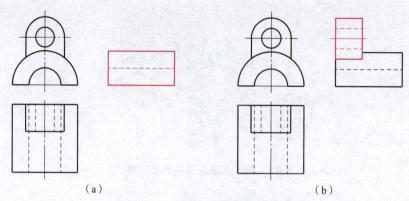

（a）　　　　　　　　　　　　　　　（b）

图 4 - 32　补画组合体视图的步骤

（a）补画半圆筒Ⅰ的左视图；（b）补画圆头形结构Ⅱ的左视图

（3）检查、描深底图，按原画图顺序仔细检查，然后按照标准线型描出各线条，完成左视图。

【例 4 - 2】　已知组合体的主、俯视图，如图 4 - 33（a）所示，补画其左视图。

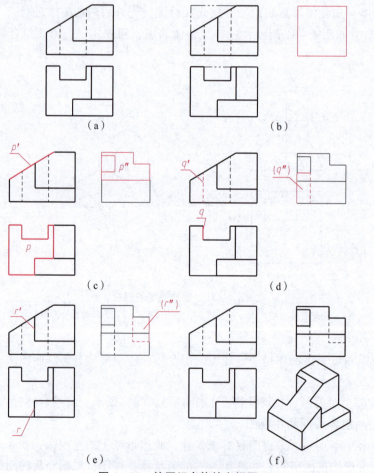

图 4 - 33　补画组合体的左视图

（a）组合体的主、俯视图；（b）恢复组合体的初始形状；（c）正垂面 P 的三面投影；

（d）侧平面 Q 的三面投影；（e）侧平面 R 的三面投影；（f）检查、描深

分析：

由主、俯视图可知该物体是一切割型的组合体，并且物体的初始形状是一四棱柱。作图步骤与看图步骤一样，分析垂直于投影面的平面，再分析平行于投影面的平面，最后检查、描深。

解：

（1）恢复切割型组合体的初始形状。该物体的初始形状是四棱柱，如图 4 – 33（b）所示。

（2）分析垂直于投影面的平面。对于主、俯视图，只有主视图中有一条倾斜于投影轴的直线，在俯视图中没有这么长的一段直线，因此该直线反映的是积聚性，即正垂面 P，正垂面在俯、左视图中均为线框，P 面在俯视图中是一个十边形的线框，那在左视图中也应该是十边形的线框，根据投影规律作 p''，如图 4 – 33（c）所示。

（3）分析平行于投影面的平面。要补画的视图是左视图，因此分析平行于 W 面的侧平面，从左往右依次分析。最左的侧平面的投影已经有了，现分析侧平面 Q 的三面投影，Q 面的主、俯视图是线，左视图应为线框，为一矩形框，不可见，如图 4 – 33（d）所示。侧平面 R 的分析方法与 Q 面同理，如图 4 – 33（e）所示。

（4）检查、描深底图，按原画图顺序仔细检查，然后按照标准线型描出各线条，完成组合体的左视图，如图 4 – 33（f）所示。

【例 4 – 3】 已知架体的主、俯视图，如图 4 – 34（a）所示，补画其左视图。

分析：

如前所述，视图中的封闭线框通常表示物体上一个面的投影，而视图中两个相邻的封闭线框通常是物体上相交的两个面的投影。在一个视图中，要确定面与面之间的相对位置，必须通过其他视图来分析。图 4 – 34（a）所示主视图中的 3 个封闭线框 $1'$ 在下，$2'$ 居中，$3'$ 在上，并且都可见，说明 $1'$ 在前，$2'$ 居中，$3'$ 靠后，且这 3 个线框对应俯视图的是 3 条横线。

解：

（1）恢复切割型组合体的初始形状 $1'$ 在下，$2'$ 居中，因此该物体的初始形状是 L 形棱柱，如图 4 – 34（b）所示。

（2）分析垂直于投影面的圆柱体，分析主视图的半圆，结合俯视图，说明半圆是一垂直于正面的半圆槽，$2'$ 最低在半圆的最低点，半圆槽的非圆视图是一矩形线框，如图 4 – 34（c）所示；分析主视图的大半圆，结合俯视图，说明半圆是一垂直于 V 面的半圆槽，$3'$ 最低在大半圆的最低点，大半圆槽的非圆视图是一矩形线框，如图 4 – 34（d）所示；分析主视图的小半圆，与大半圆同理，如图 4 – 34（e）所示；分析主视图的小圆，结合俯视图，说明小圆是一在 Ⅱ 面钻的垂直于正面的通孔，正垂孔的左视图是非圆视图，如图 4 – 34（f）所示。

（3）检查、描深底图，按原画图顺序仔细检查，然后按照标准线型描出各线条，完成组合体的左视图，如图 4 – 34（g）所示，架体的立体图如图 4 – 34（h）所示。

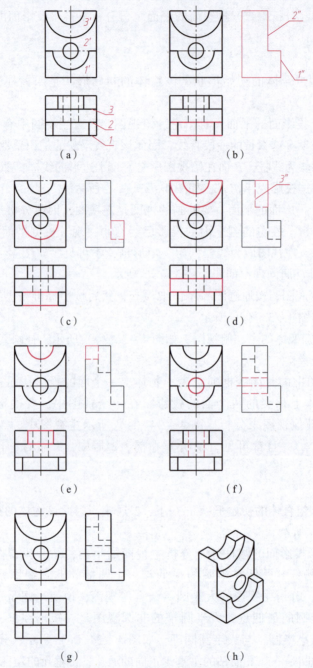

图 4 – 34 补画组合体的左视图

（a）已知主、俯视图；（b）画外轮廓；（c）画前下方的半圆槽；（d）画中上方的半圆槽；

（e）画后上方的半圆通槽；（f）画下方的通孔；（g）检查、描深；（h）架体的立体图

【本章内容小结】

内容	要点
组合体画图、看图的基本方法	形体分析法：分析组合体各形体的形状及相对位置 要点：基本体（锥、柱、球、环……） 形体间的基本组合形式：叠加、挖切 相邻表面的关系：共面、相切、相交
	线面分析法：分析形体上线、面及形体相交、切割的关系 要点：运用面、线的空间性质和投影规律，特别要注意投影面平行面、投影面垂直面、一般位置平面的实形性、积聚性和类似性
组合体画图	形体分析 组合形式、相对位置及相邻表面的投影特点 画图方法和步骤
组合体看图	形体分析和线面分析 组合形式、相对位置及相邻表面的投影特点 看图方法和步骤，注意反复对照
尺寸标注	基准的选定 尺寸类型（定形尺寸、定位尺寸、总体尺寸） 标注原则（完整、准确、清晰）
综合	把组合体分解为若干部分，逐个地把各组成部分认识清楚，再通过归纳、综合，形成、加深整体认识；适当记忆常见组合体的形状、视图和标注示例，多画、多看、多想，不断实践

【素质拓展】

通过学习组合体视图的绘制和识读，可以看出任何复杂的事物都是由简单的事物组合而成的。组合体的形体分析法是一种化繁为简、化大为小、化难为易的科学思维方法，在工程设计与制造中常常会应用到。例如，在我国设计的世界最大集装箱运输船的制造中，就采取了整船分割设计、分散同时加工、集中快速拼装的方式，大大提高了制造效率。

同学们在今后的学习和工作中都会遇到很多问题，要善于思考，变换思维，更有效率地解决问题。

积木搭接　超级工程

第5章 轴测投影图

✓ 学习提示

本章主要介绍轴测投影图的基本知识和绘制正等轴测图的基本方法。通过对本章的学习，应达到如下基本要求：

(1) 理解正等轴测图的基本理论，熟悉绘制正等轴测图的基本方法；

(2) 熟悉绘制斜二等轴测图的基本方法；

(3) 能根据视图绘制形体的正等测或斜二测。

多面正投影图通常能完整、准确地表达物体的内外形状和大小，而且作图简便、度量性好，在工程上被广泛采用，如图 5-1 (a) 所示。但是，这种图缺乏立体感，直观性较差，不具有一定读图能力的人很难读懂。工程上常采用的轴测投影图是直观性好、立体感较强的图样，能在一个投影面上同时反映物体的正面、侧面和顶面的形状，但物体上的圆、长方形平面，在轴测投影图上变成了椭圆、平行四边形，既不能确切地表达物体原来的真实形状和大小，且作图较复杂，如图 5-1 (b) 所示。因此，在工程设计和工业生产中轴测投影图常用作辅助图样，用以帮助阅读多面正投影图。

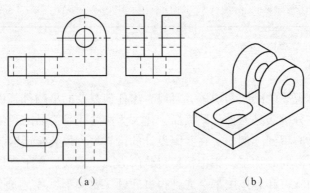

（a）　　　　　　　　　（b）

图 5-1 多面正投影图和轴测投影图

（a）多面正投影图；（b）轴测投影图

5.1 轴测投影的基本知识

5.1.1 轴测图的形成

将物体连同其参考直角坐标系一起沿不平行于任一坐标面的方向，用平行投影法将其投射到单一投影面上，所得到的具有立体感的图形，称为轴测投影图，简称轴测图，如图 5 –2 所示。

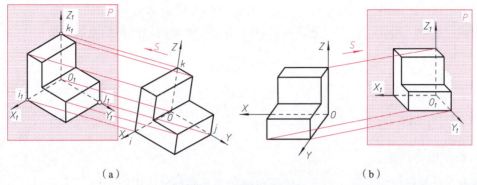

（a）　　　　　　　　　　　　　　（b）

图 5 – 2　轴测图的形成

（a）正轴测图的形成；（b）斜轴测图的形成

投影面 P 称为轴测投影面，投射线方向 S 称为投射方向。空间直角坐标轴 OX、OY、OZ 在轴测投影面上的投影 O_1X_1、O_1Y_1、O_1Z_1 称为轴测投影轴，简称轴测轴。按投射方向与轴测投影面位置关系的不同，可将轴测图分为以下两种。

正轴测图形成　　　斜轴测图的形成

1. 正轴测图

将物体斜放，使物体的 3 个坐标面与轴测投影面都倾斜，投射方向垂直于轴测投影面，这样所得到的轴测图称为正轴测图，如图 5 – 2 （a）所示。

2. 斜轴测图

将物体正放，使物体上的一个坐标面与轴测投影面平行，投射方向倾斜于轴测投影面，这样所得到的轴测图称为斜轴测图，如图 5 – 2 （b）所示。

5.1.2　轴间角和轴向伸缩系数

1. 轴间角

两轴测轴之间的夹角 $\angle X_1O_1Y_1$、$\angle Y_1O_1Z_1$、$\angle Z_1O_1X_1$ 称为轴间角，如图 5 – 3 所示。

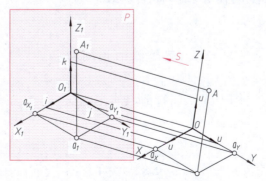

图 5 – 3　轴间角和轴向伸缩系数

2. 轴向伸缩系数

空间直角坐标轴上的单位长度 u，投影到轴测投影面上，得到相应的轴测轴上的单位长度分别为 i、j、k，如图 5-3 所示，它们与相应空间直角坐标轴上的单位长度 u 的比值，称为轴向伸缩系数。用 p_1、q_1、r_1 分别表示 OX、OY、OZ 轴的轴向伸缩系数，即

$$p_1 = \frac{i}{u}$$

$$q_1 = \frac{j}{u}$$

$$r_1 = \frac{k}{u}$$

3. 轴测图的种类

根据 3 个轴向伸缩系数是否相等，又可将每类轴测图分为以下 3 种。

（1）正（或斜）等轴测图〔简称正（或斜）等测〕：$p_1 = q_1 = r_1$，此时 3 个轴间角相等。

（2）正（或斜）二轴测图〔简称正（或斜）二测〕：$p_1 = r_1 \neq q_1$ 或 $p_1 = q_1 \neq r_1$ 或 $p_1 \neq q_1 = r_1$。

（3）正（或斜）三轴测图〔简称正（或斜）三测〕：$p_1 \neq q_1 \neq r_1$。

5.1.3 轴测图的基本特性

轴测图的基本特性如下。

（1）物体上相互平行的线段，在轴测图中仍然相互平行，且投影长度与原来的线段长度成定比。

（2）物体上与坐标轴平行的线段，在轴测图中仍分别平行于相应的轴测轴，其轴测投影的长度等于该坐标轴的轴向伸缩系数与该线段长度的乘积。

5.2 正等轴测图

用正投影法将物体连同其各轴对轴测投影面的倾角相等的坐标系一起投射到轴测投影面上，所得的轴测图称为正等轴测图，简称正等测。

5.2.1 正等测的轴间角和轴向伸缩系数

1. 轴间角

根据理论分析（证明从略），正等测的轴间角 $\angle X_1 O_1 Y_1 = \angle Y_1 O_1 Z_1 = \angle Z_1 O_1 X_1 = 120°$，作图时，一般使 $O_1 Z_1$ 轴处于铅垂位置，则 $O_1 X_1$、$O_1 Y_1$ 轴与水平线成 $30°$，如图 5-4 所示。

2. 轴向伸缩系数

正等测的轴向伸缩系数 $p_1 = q_1 = r_1 \approx 0.82$。为了作图

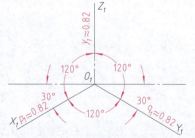

图 5-4 正等测的轴间角

简便，常采用简化的伸缩系数 $p = q = r = 1$，画出的轴测图比原轴测图沿各轴向分别放大了 $1/0.82 \approx 1.22$ 倍，如图 5-5 所示。

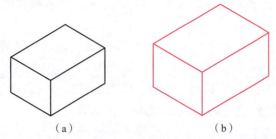

图 5−5　用理论和简化轴向伸缩系数画出长方体正等测的区别

（a）$p_1 = q_1 = r_1 \approx 0.82$；（b）$p = q = r = 1$

5.2.2　正等测画法

1. 平面立体的正等测画法

画轴测图的基本方法是坐标法，即根据平面立体的尺寸或各顶点的坐标画出点的轴测投影，然后将同一棱线上的两点连成直线即得平面立体的轴测图。

【例 5−1】　请根据如图 5−6（a）所示的正六棱柱的两面投影，画出其正等测。

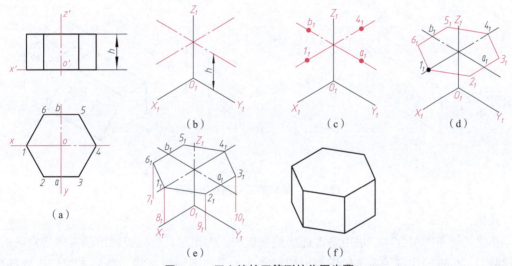

图 5−6　正六棱柱正等测的作图步骤

分析：

画轴测图时，为使图形清晰，通常不画虚线，且为减少不必要的作图线，应先从六棱柱的顶面开始画图。

解：

（1）在两面投影图上确定直角坐标系和坐标原点的两面投影，根据立体特点，取底面六边形的对称中心为原点，如图 5−6（a）所示。

（2）画轴测轴，在 O_1Z_1 轴上取六棱柱高度 h，得顶面中心，并画顶面中心线，如图 5−6（b）所示。

（3）在顶面中心线上量得 1_1、4_1 和 a_1、b_1，如图 5−6（c）所示。

（4）过 a_1、b_1 作 O_1X_1 的平行线，以 a_1、b_1 为中点分别向两边截取六边形边长的1/2，

得到 2_1、3_1 和 5_1、6_1，连接点 1_1、2_1、3_1、4_1、5_1、6_1，得六棱柱的顶面，如图 5-6（d）所示。

（5）由点 6_1、1_1、2_1、3_1 向下作 O_1Z_1 轴的平行线，截取六棱柱的柱高 h，得 7_1、8_1、9_1、10_1，如图 5-6（e）所示。

（6）连接 7_1、8_1、9_1、10_1，检查、描深，结果如图 5-6（f）所示。

【例 5-2】 画出图 5-7（a）所示的切块的正等测。

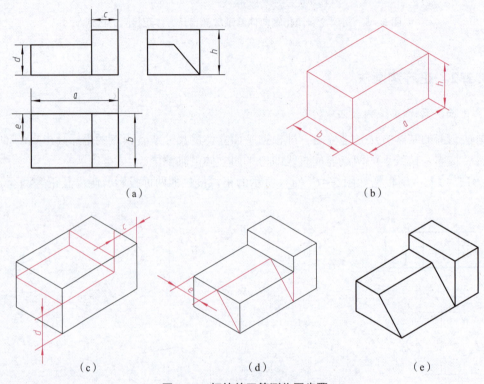

（a）　　　　　　　　　　　　　　　　　（b）

（c）　　　　　　　　（d）　　　　　　　　（e）

图 5-7　切块的正等测作图步骤

分析：

切块是简单的组合体，是由基本体切割而成的。画图时，首先要画出基本体切割前的完整轴测图，再根据切割平面的位置画出切割平面与形体表面的交线，最后去掉切去的部分，完成切块的轴测图。

解：

（1）根据所注尺寸画出完整的长方体，如图 5-7（b）所示。

（2）用切割法分别切去左上方的长方体和左前方的三棱柱，如图 5-7（c）、（d）所示。

（3）擦除作图线，检查、描深，得到切块的正等测，如图 5-7（e）所示。

2. 曲面立体的正等测画法

1）圆的正等测

曲面立体上常见的结构是圆，画曲面立体正等测的关键是正确画出曲面立体上与坐标面平行的圆的正等测。可证明，坐标面或平行于坐标面的平面上的圆的正等测是椭圆，其长轴方向与该坐标面垂直的轴测轴垂直，短轴方向与长轴垂直。因此，如图 5 - 8 所示，在正等测中：

水平面上椭圆的长轴为水平位置；

正平面上椭圆的长轴方向为向右上倾斜 60°；

侧平面上椭圆的长轴方向为向左上倾斜 60°。

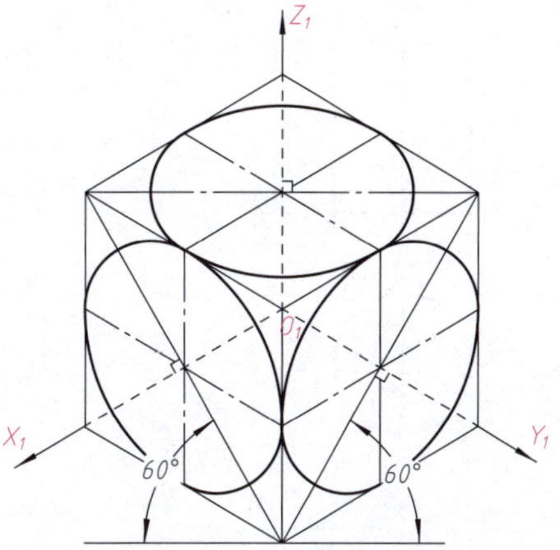

2）椭圆的近似画法

为了便于作图，轴测图中的椭圆一般用四段圆弧来代替。

如图 5 - 9（a）所示，直径为 d 的水平圆的正等测的作图方法和步骤如下。

（1）过 O 画出轴测轴 O_1X_1、O_1Y_1，以及椭圆长轴、短轴方向（细点画线），如图 5 - 9（b）所示。

图 5 - 8　平行于坐标面圆的正等测

（2）以 O_1 为圆心、$d/2$ 为半径画圆，与 O_1X_1、O_1Y_1 轴分别交于点 1_1、2_1、3_1、4_1，与铅垂中心线交于点 A_1、B_1，如图 5 - 9（c）所示。

（3）连接 1_1B_1、4_1A_1、2_1B_1、3_1A_1 交水平中心线于 E_1、F_1，如图 5 - 9（d）所示。

（4）分别以 B_1、A_1 为圆心，B_11_1 为半径作 1_12_1 圆弧和 3_14_1 圆弧；分别以 E_1、F_1 为圆心，E_14_1 为半径作 1_14_1 圆弧和 2_13_1 圆弧，即得近似椭圆，如图 5 - 9（e）所示。

（5）擦除多余的作图辅助线，检查、描深，完成全图，如图 5 - 9（f）所示。

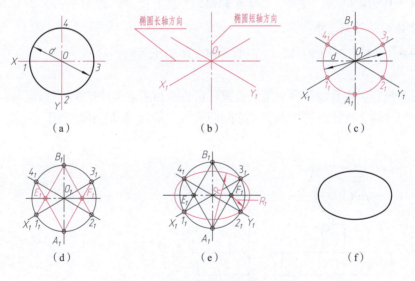

图 5 - 9　圆的正等测椭圆的近似画法

3）圆柱的正等测画法

【例 5 - 3】　如图 5 - 10（a）所示，已知圆柱的两面投影，画出其正等测。

分析：

轴线为铅垂线，圆柱的顶面和底面是两个大小相同且与水平面平行的圆，其正等测是椭圆，椭圆长轴垂直于 O_1Z_1 轴。因此，分别作出两端面圆的正等测椭圆，再画出两个椭圆的外公切线，即为圆柱的正等测。

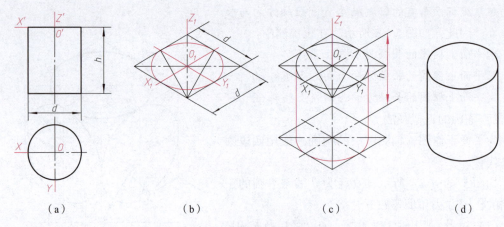

（a）　　　　　　　（b）　　　　　　　（c）　　　　　　　（d）

图 5 – 10　圆柱的正等测画法

解：

（1）在圆柱的投影图中，建立直角坐标系的两面投影，如图 5 – 10（a）所示。

（2）作正等测的轴测轴和顶面圆的正等测椭圆，如图 5 – 10（b）所示。

（3）根据圆柱的高，采用移心法，将 4 个圆心和 4 个切点沿着圆柱轴线 O_1Z_1 向下平移圆柱的柱高 h，画出底面圆的正等测椭圆，并画出两个椭圆的外公切线，如图 5 – 10（c）所示。

（4）擦去作图辅助线，检查、描深轮廓得圆柱的正等测，如图 5 – 10（d）所示。

3. 组合体的正等测画法

【例 5 – 4】　画出如图 5 – 11（a）所示的支架的正等测。

分析：

支架由底板、竖板及肋板叠加组合而成，可先画出组合体中的主要形体，再按相对位置关系逐个画出形体上的次要形体及表面之间的交线，最后完成整体轴测图。

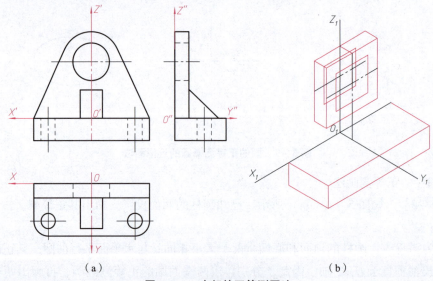

（a）　　　　　　　　　　　　　　（b）

图 5 – 11　支架的正等测画法

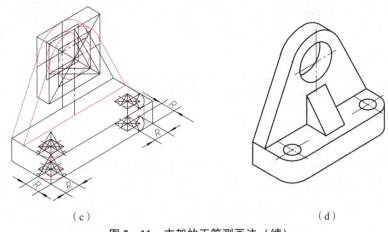

（c） （d）

图 5 – 11 支架的正等测画法（续）

解：

（1）在三视图上确定直角坐标系和坐标原点的投影，如图 5 – 11（a）所示。

（2）画轴测轴，画出底板、竖板上部的外形，如图 5 – 11（b）所示。

（3）画出竖板上的半个外圆柱、圆孔、两侧的切面，以及底板上的孔和圆角，如图 5 – 11（c）所示。

（4）画出肋板，擦除作图线，检查、描深，得到支架的正等测，如图 5 – 11（d）所示。

5.3　斜二轴测图

5.3.1　斜二测的轴间角和轴向伸缩系数

将物体正放，使 XOZ 坐标面平行于轴测投影面，采用斜投影法，则 XOZ 坐标面或其平行面在轴测投影面上的投影反映实形，称为正面斜轴测投影图。最常用的为正面斜二轴测图（简称斜二测），其轴间角为 $\angle X_1 O_1 Z_1 = 90°$，$\angle X_1 O_1 Y_1 = \angle Y_1 O_1 Z_1 = 135°$，轴向伸缩系数为 $p_1 = r_1 = 1$，$q_1 = 0.5$。作图时，一般使 $O_1 Z_1$ 轴处于竖直位置，$O_1 X_1$ 轴为水平线，$O_1 Y_1$ 轴与水平线成 $45°$，如图 5 – 12 所示。

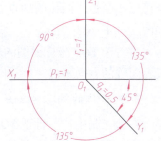

**图 5 – 12　斜二测的轴间角及
轴向伸缩系数**

5.3.2　组合体的斜二测画法

斜二测的基本画法仍然是坐标法，复杂形体的画法与正等测相似。

1.圆的斜二测画法

3 个坐标面或其平行面上圆的斜二测如图 5 – 13 所示。平行于 XOZ 坐标面圆的斜二测仍是圆；平行于 XOY 和 YOZ 坐标面圆的斜二测为椭圆，椭圆的形状相同，但长、短轴的方向不同，它们的长轴都和圆所在坐标面内某一轴测轴所成夹角为 $7°10'$。平行于 XOY 坐标面圆的斜二测画法如图 5 – 14 所示。

（1）作 O_1X_1、O_1Y_1 轴，在 O_1X_1 轴上量取 $O_1A_1 = O_1B_1 = d/2$，在 O_1Y_1 轴上量取 $O_1C_1 = O_1D_1 = d/4$，如图 5 – 14（a）所示。

（2）过 A_1、B_1 与 C_1、D_1 分别作 O_1Y_1 轴与 O_1X_1 轴的平行线，得圆外切正方形的斜二测；过 O_1 作与 O_1X_1 轴成 $7°10'$ 的斜线，即为椭圆长轴，过 O_1 作短轴垂直于长轴，如图 5 – 14（b）所示。

（3）在短轴上截取 $O_11 = O_12 = d$，得到点 1、2，连接 $1A_1$ 和 $2B_1$，分别与长轴交于点 3、4，点 1、2、3、4 即为画近似椭圆的 4 个圆心，如图 5 – 14（c）所示。

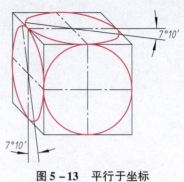

图 5 – 13　平行于坐标
面圆的斜二测

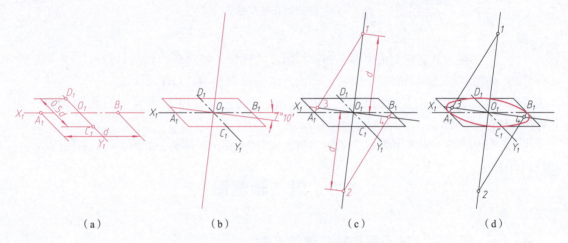

（a）　　　　　　（b）　　　　　　（c）　　　　　　（d）

图 5 – 14　平行于 *XOY* 坐标面圆的斜二测画法

（4）分别以点 1、2 为圆心，$1A_1$ 为半径画两个大圆弧；分别以点 3、4 为圆心，$3A_1$ 为半径画小圆弧，圆弧的切点在连心线的延长线上，即完成平行于 *XOY* 坐标面圆的斜二测，如图 5 – 14（d）所示。

平行于 *YOZ* 坐标面圆的斜二测椭圆的作图方法与上述水平椭圆的作图方法类似，只是长、短轴的方向不同。

2．组合体的斜二测画法

在斜二测中，平行于 *XOZ* 坐标面圆的斜二测仍是圆，即斜二测能如实表达物体正面上的实形，宜用来表达物体正面形状复杂或有圆的物体。

【例 5 – 5】　画出图 5 – 15（a）所示组合体的斜二测。

分析：

物体由带半圆槽的底板及半圆凸台组合而成，可先画出物体上部的半圆凸台，再按相对位置关系画出物体的底板及表面之间的交线，最后完成整体轴测图。

解：

（1）在两视图上确定直角坐标系和坐标原点的两面投影，如图 5 – 15（a）所示。

（2）作轴测轴 O_1X_1、O_1Y_1、O_1Z_1，并作半圆凸台前面的形状，如图 5 – 15（b）所示。

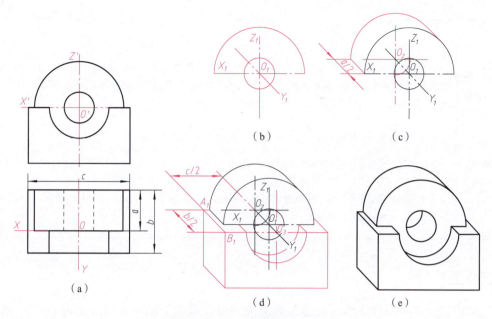

图 5 – 15　斜二测的画法

（3）从点 O_1 沿 O_1Y_1 轴的反方向取 $O_1O_2 = a/2$ 得点 O_2，作半圆凸台后面的形状，连线，作两半圆的外公切线，如图 5 – 15（c）所示。

（4）从点 O_2 沿平行于 O_1X_1 轴的方向向左取 $O_2A_1 = c/2$，得点 A_1，从 A_1 沿平行于 O_1Y_1 轴的方向向前取 $A_1B_1 = b/2$，得点 B_1；同理，作底板的高，作出长方体底板，再作其前端半圆槽，将前、后面的对应点连线（只画可见部分），如图 5 – 15（d）所示。

（5）擦去作图辅助线，检查、描深，完成全图，如图 5 – 15（e）所示。

【本章内容小结】

内容	要点
轴测图分类	正轴测图：采用平行直角投影 斜轴测图：采用平行斜角投影
	正等测（斜等测）：$p_1 = q_1 = r_1$ 正二测（斜二测）：$p_1 = r_1 \neq q_1$ 或 $p_1 = q_1 \neq r_1$ 或 $p_1 \neq q_1 = r_1$ 正三测（斜三测）：$p_1 \neq q_1 \neq r_1$
轴测图的基本特性	遵循平行投影的性质：空间平行的两线段，其轴测投影仍平行；与坐标轴平行的线段，其轴向伸缩系数与该坐标轴的相同

续表

内容	要点
轴间角、轴向伸缩系数	正等测的轴间角均为120°；简化轴向伸缩系数为1，凡平行于各坐标轴的线段均按原尺寸画图。斜二测的 OX 轴是水平线，OZ 轴为铅垂线，OY 轴与水平线成45°角；其轴向伸缩系数为：沿 OX、OZ 轴是1，沿 OY 轴是0.5。平行于 Y 轴的线段按原尺寸的1/2画图
轴测图（正等测、斜二测）	基本作图方法：坐标法、切割法、堆积法，以及3种方法的综合应用
	度量特点：只能在平行于坐标轴的线段上测量尺寸
	基本步骤：确定出各形体之间的相对位置；先画外形，后画内形；先画前面和上面部分，再画后面和下面部分；先画轮廓，后画细节

【素质拓展】

我国古代在工程图样表达上有悠久的历史，早在宋代李诫所著的《营造法式》中，就记载着房屋建筑轴测图和许多采用正投影法绘制的图样；《续考古图》中陶器的表达多是采用近似正等测和斜二测方法绘制的。

可见，我国的工程图学技术在900多年前已达到了较高水平。中华民族拥有璀璨的历史文化和文明，我们要建立民族自信和文化自信，树立爱国主义情怀和科技报国信念。

《营造法式》图样

《续考古图》图样

第6章　机件常用的表达方法

✓ 学习提示

本章是本门课的重点之一，主要介绍国家标准《技术制图》和《机械制图》中关于表达机件内、外结构时所用的视图、剖视图、断面图、局部放大图，以及简化画法等的有关规定。通过对本章的学习，应达到如下基本要求：

(1) 能够明确视图、剖视图、断面图的基本概念、画法、标注方法及使用条件；

(2) 能够了解局部放大图和常用的简化表示法；

(3) 能够初步应用各种表达方法，比较完整、清晰地表达机件的内、外结构形状；

(4) 能够知晓第三角投影的画法及特点。

6.1　视图

在实际生产中，机件的结构形状是多种多样的。当机件的结构形状比较复杂时，仅采用前面介绍的主、俯、左3个视图，是难以把它们的内、外形状准确、完整、清晰地表达出来的。为了将机件的内、外形状和结构表达清楚，国家标准《技术制图》和《机械制图》规定了视图、剖视图、断面图、局部放大图及简化画法等各种表示法。

根据有关标准和规定，用正投影法所绘制出物体的图形，称为视图。视图主要用于表达物体的可见部分，必要时才画出其不可见部分。

视图分为4类，即基本视图、向视图、局部视图和斜视图。

6.1.1　基本视图

将物体向基本投影面投射所得的视图，称为基本视图。

当机件的构形复杂时，为了完整、清晰地表达机件各方面的形状，国家标准规定，在原有3个投影面的基础上，再增设3个投影面，组成正六面体，正六面体的6个面作为基本投影面，如图6-1 (a) 所示。将机件置于正六面体中，分别从前、后、左、右、上、下6个方向向6个基本投影面投射，所得到的图形称为6个基本视图，如图6-1 (b) 所示。

主视图：由前向后投射所得的视图。

俯视图：由上向下投射所得的视图。

左视图：由左向右投射所得的视图。

右视图：由右向左投射所得的视图。

仰视图：由下向上投射所得的视图。

后视图：由后向前投射所得的视图。

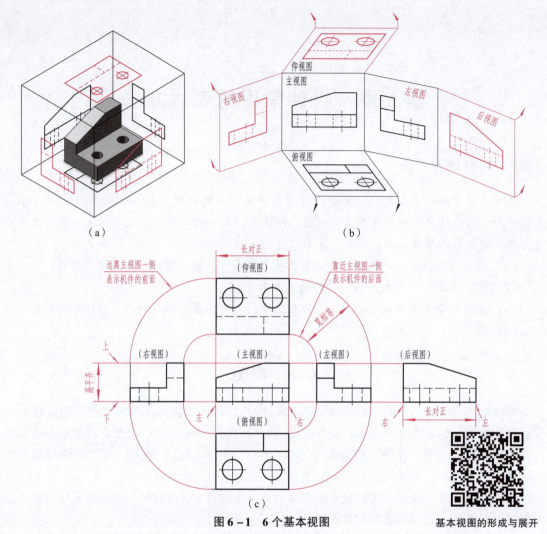

图 6 - 1　6 个基本视图　　　　基本视图的形成与展开

(a) 6 个基本视图的获得；(b) 6 个基本投影面的展开；(c) 6 个基本视图的配置

　　为使 6 个基本视图处于同一平面上，需要将 6 个基本投影面连同其投影按图 6 - 1 (b) 所示的形式展开，即规定 V 面不动，其余各面按箭头所示方向旋转展开至与 V 面在同一平面上。

　　当 6 个基本视图在同一图纸上且按图 6 - 1 (c) 所示的投影关系配置时，一般不标注视图的名称。

　　6 个基本视图之间仍然符合"长对正、高平齐、宽相等"的"三等"投影规律，即：

　　主、俯、仰、后视图，长对正；

　　主、左、右、后视图，高平齐；

　　俯、左、右、仰视图，宽相等。

　　6 个基本视图也反映了机件的上下、左右和前后的位置关系。应注意的是，左、右、俯、仰 4 个视图靠近主视图的一侧反映机件的后面，远离主视图的一侧反映机件的前面。

　　在实际绘图时，不是任何机件都要选用 6 个基本视图，除主视图外，其他视图的选取由机件的结构特点和复杂程度而定，一般优先选用主、俯、左 3 个视图。在完整、清晰地表达物体形状的前提下，应使视图数量最少，以便于画图和读图。

6.1.2　向视图

向视图是可以自由配置的基本视图。

当基本视图不能按图 6 - 1（c）所示的投影关系配置或不能画在同一图纸上时，可将其配置在适当的位置，并称这种视图为向视图，如图 6 - 2 所示。

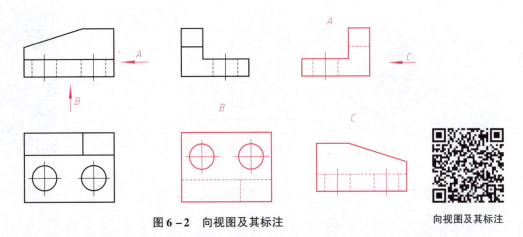

图 6 - 2　向视图及其标注

向视图及其标注

向视图应进行下列标注：

（1）在向视图的上方标注出视图名称"×"（"×"为大写拉丁字母）；

（2）在相应视图附近用箭头指明投射方向，并标注相同的字母。

6.1.3　局部视图

将机件的某一部分向基本投影面投射所得的视图称为局部视图。

当机件的主体结构已由基本视图表达清楚，还有部分结构未表达完整时，常采用局部视图来表达。局部视图是基本视图的一部分，利用局部视图可减少基本视图的数量，作为补充表达基本视图尚未表达清楚的部分。

如图 6 - 3 所示的机件，用主视图和俯视图表达后，机件左、右侧的凸台在主、俯视图中未表达清楚，而又没必要画出完整的左、右视图，这时可用"A""B"局部视图表达。既简化作图，又清楚明了。

画局部视图时应注意以下问题。

（1）局部视图可按基本视图或向视图的投影关系配置。当局部视图按基本视图的投影关系配置、中间又没有其他图形隔开时，可省略标注；当局部视图按向视图的投影关系配置时，可按向视图的标注方法标注。

（2）局部视图中的断裂边界通常用波浪线或双折线表示其范围，如图 6 - 3 中的 A 视图。但是，当所表示的局部结构是完整的，且外形轮廓线又封闭时，可以省略波浪线，如图 6 - 3 中的 B 视图。

对称构件或零件的视图可只画 1/2 或 1/4，在对称中心线的两端画两条与其垂直的平行细实线。

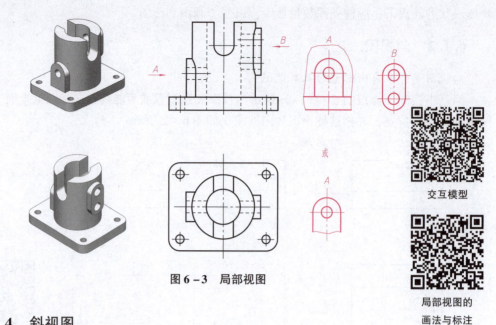

图 6 – 3　局部视图

交互模型

局部视图的
画法与标注

6.1.4　斜视图

　　将机件向不平行于任何基本投影面的平面（斜投影面）投射所得到的视图称为斜视图。斜视图通常用于表达机件上的倾斜部分。

　　当机件的某部分与基本投影面处于倾斜位置时，如图 6 - 4（a）所示的弯板部分，在基本投影面上不能反映其真实形状，这会给绘图和看图带来一定困难。此时，为简化作图，可设立一个与倾斜部分平行且垂直于某一基本投影面（如 V 面）的新投影面（P 面），将倾斜结构向该面进行正投射，即可得到反映该倾斜部分实形的视图，即斜视图。再将新投影面连同投影展开至与主视图在同一平面上，如图 6 - 4（b）所示。

交互模型　　斜视图形成与画法

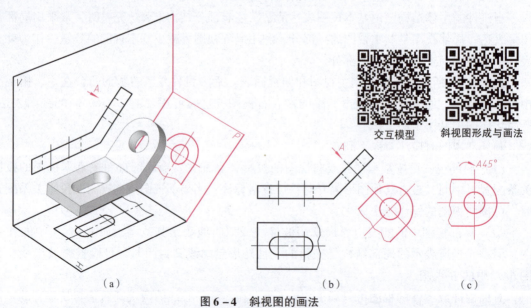

（a）　　　　　　　　　　　　　（b）　　　　　　　　　　　　（c）

图 6 – 4　斜视图的画法

（a）斜视图的形成；（b）斜视图按投影关系配置；（c）斜视图旋转配置

画斜视图时应注意以下几点。

（1）对斜视图应进行标注，一般用带字母的箭头指明投射方向，并在斜视图上方标注相应的字母，表明投射方向的箭头垂直于被表达的部位，字母一律水平书写，如图 6 – 4（b）所示。

（2）斜视图只用来表示倾斜部分的局部结构，其断裂边界用波浪线或双折线表示，其余部分不必全部画出。

（3）斜视图一般配置在箭头所指的方向，并保持投影关系，如图 6 – 4（b）所示，必要时也可配置在其他适当位置。还可将斜视图旋转配置，如图 6 – 4（c）所示，这时应在斜视图名称前加注旋转符号，表示该视图名称的字母应靠近旋转符号的箭头端，旋转符号的方向要与实际旋转方向一致。必要时，也允许将旋转角度标注在字母之后。

旋转符号是半圆，其半径应等于字体高度 h。旋转符号的尺寸和比例如图 6 – 5 所示。

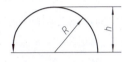

h = 符号与字体高度
$h = R$
符号笔画宽度 = $\frac{1}{10}h$ 或 $\frac{1}{14}h$

图 6 – 5　旋转符号的尺寸和比例

6.2　剖视图

当机件的内部结构比较复杂时，如图 6 – 6（a）所示，视图中就会出现较多的细虚线，如图 6 – 6（b）所示。这些虚线与虚线、虚线与实线相互交错重叠，既不便于画图和看图，也不便于标注尺寸。为了清晰地表示物体的内部形状，国家标准规定了剖视图的画法。剖视图主要用于表达机件的内部结构。

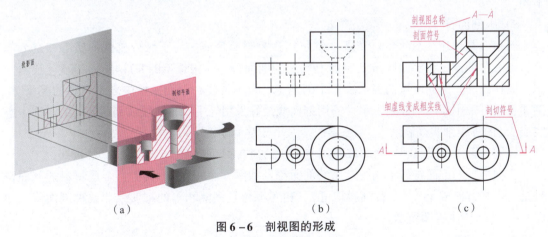

（a）　　　　　　　　　　（b）　　　　　　　　　　（c）

图 6 – 6　剖视图的形成

（a）剖视图的形成；（b）视图；（c）剖视图

交互模型

剖视图的形成

剖视图的画法与标注

6.2.1　剖视图的基本概念

1. 剖视图的形成

假想用剖切面剖开机件，将处在观察者和剖切面之间的部分移去，而将其余部分向投影面投射所得的图形，称为剖视图，简称剖视。

如图6-6（a）所示的机件，假想用正平面作为剖切面将其沿前后对称面剖开，将观察者和剖切面之间的部分移去，并将剩余部分沿箭头所指方向向投影面投射，即得到剖视的主视图，如图6-6（c）所示。

如图6-6（b）、（c）所示，将视图与剖视图进行比较可以看出，由于主视图采用了剖视图的画法，原来不可见的孔，成为可见的，视图中的细虚线在剖视图中变成了粗实线，再加上在剖面区域内画出了规定的剖面符号，图形看起来层次分明，清晰易懂。

2. 剖视图的画法

1）确定剖切面的位置

画剖视图时，要考虑在什么位置剖开机件，即剖切面位置的选择。通常用平面（也可用柱面）作为剖切面，剖切面一般应通过物体的对称面、基本对称面或内部孔、槽的轴线，并平行或垂直于某一投影面。如图6-6（c）所示，剖切面通过机件俯视图的前后对称面，且平行于正面。

2）画剖视图

用粗实线绘制剖切面剖切到的断面轮廓线，如图6-6（c）所示，并补画剖切后的可见轮廓线。断面之后仍不可见的结构形状的细虚线，在其他视图中表达清楚的情况下可以省略不画。

3）画剖面符号

剖切面与机件接触的部分（实心部分）称为剖面区域。为了区分机件的实心和空心部分，国家标准规定在剖面区域上应画上规定的剖面符号。根据GB/T 17453—2005《技术制图　图样画法　剖面区域的表示法》中的规定，当不需要在剖面区域中表示材料的类型时，剖面符号可采用通用剖面线表示。通用剖面线最好采用与主要轮廓线或剖面区域的对称中心线成45°的等距细实线表示。

在同一张图样上，同一物体在各剖视图上的通用剖面线方向和间距应保持一致。

不同材料的剖面符号不同，常用的剖面符号如图6-7所示。其中，金属材料的剖面符号是与水平方向成45°（左右倾斜均可），相互平行且间隔相等的细实线，也称剖面线，如图6-6（c）中主视图所示。

|金属材料|非金属材料|粉末冶金、型砂|液体|玻璃|

图6-7　常用的剖面符号

当剖视图中的主要轮廓线与水平线成45°或接近45°时，剖面线应画成与水平方向成30°或60°的平行线，其倾斜的方向和间距仍与其他图形的剖面线一致，如图6-8所示。

3. 剖视图的标注

为了便于找出剖切位置和判断投影关系，剖视图应进行以下标注。

（1）剖视图名称：一般在剖视图的上方用大写拉丁字母标出剖视图的名称"×—×"，字母必须水平书写，如图 6-6（c）所示。

（2）剖切符号：用于表示剖切面的位置。剖切符号用断开的粗短线，线宽为 $(1\sim1.5)d$（d 为粗实线的宽度），长度约为 5 mm，表示剖切面的起、讫和转折处位置，并尽量不与图形的轮廓线相交。

（3）投射方向：在剖切符号的起、讫处粗短线外侧用细实线箭头表示投射方向，再注上相应的字母"×"；若同一张图纸上有几个剖视图，应用不同的字母表示。

在下列情况下，可省略或简化标注。

（1）当剖视图按投影关系配置，中间又没有其他图形隔开时，可省略箭头。

（2）为单一剖切面，且剖切面是对称平面或基本对称平面时，可省略标注，如图 6-6（c）中的剖视图可不标注。

图 6-8 剖面线应用示例

4. 画剖视图的注意事项

（1）剖视图是通过假想将机件剖开后画出来的，事实上机件并没有剖开，也没有移走一部分。因此，除剖视图外，其他未画剖视图的视图仍须按完整机件画出，如图 6-6（c）所示的俯视图。

（2）为了使剖视图清晰，凡是其他视图上已经表达清楚的内、外形状，其细虚线可省略不画；没有表达清楚的结构，可在剖视图或其他视图中仍用细虚线画出，如图 6-9 所示。

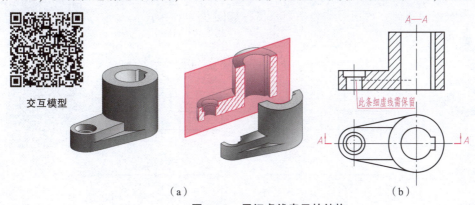

图 6-9 用细虚线表示的结构

（a）立体图；（b）剖视图

（3）应仔细分析不同结构剖切后的投影特点，避免漏画剖切面之后的可见台阶面或交线，也不要多画轮廓线，如图 6-10 所示。

6.2.2 剖视图的种类

按剖切范围的大小，可将剖视图分为全剖视图、半剖视图和局部剖视图。

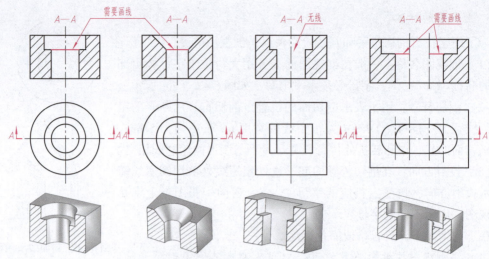

图 6-10　剖视图中容易漏线或多线的示例

1. 全剖视图

用剖切面完全地剖开机件所得的剖视图称为全剖视图，如图 6-6 和图 6-9 所示。

全剖视图常用于表达外形比较简单、内形比较复杂且沿剖切方向不对称的机件。全剖视图的标注规则如前所述。

全剖视图

2. 半剖视图

当机件具有对称平面时，向垂直于对称平面的投影面上投射所得的图形，可以以对称中心线为界，一半画成剖视图，另一半画成视图，这种由半个视图和半个剖视图组合的图形称为半剖视图，如图 6-11 所示。

半剖视图

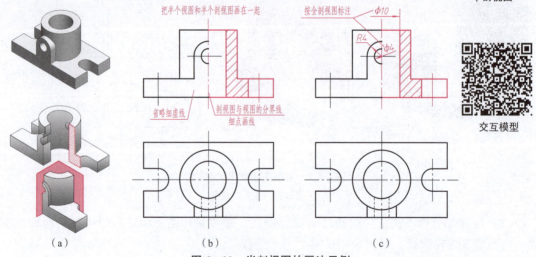

交互模型

图 6-11　半剖视图的画法示例

（a）机件的立体图；（b）机件的半剖视图；（c）半剖视图的标注

半剖视图常用于表达内、外形状都比较复杂的对称机件，也用于表达形状接近对称，且不对称的结构已在其他图形中表达清楚的机件。

如图6-11（a）所示的机件，内、外形状都较复杂，主视图如画成视图，则内部形状的表达不够清晰；如画成全剖视图，则其前方的凸台形状又无法表达。由于该机件左、右对称，因此以左右对称面为界，一半画剖视图表达机件的内形，另一半画视图表达机件的外形，即可将机件的内、外形状都表达清楚，如图6-11（b）所示。

画半剖视图时应注意以下几点。

（1）半个剖视图和半个视图的分界线应是细点画线，不能是其他任何图线。若机件虽然对称，但对称面的外形或内形上有轮廓线时不宜作半剖，如图6-12所示。

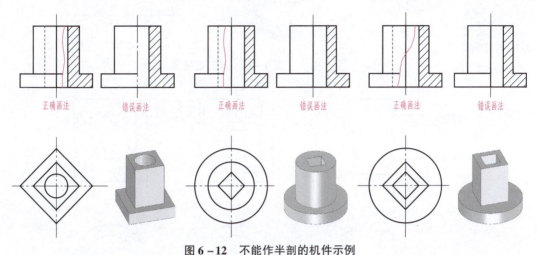

正确画法　　错误画法　　正确画法　　错误画法　　正确画法　　错误画法

图6-12　不能作半剖的机件示例

（2）在半剖视图中已表达清楚的内形在另半个视图中表达其的细虚线可省略，但应画出孔或槽的中心线，如图6-11（b）主视图的左边的视图部分所示。

（3）半剖视图的标注方法与全剖视图相同。在半剖视图中标注对称结构的尺寸时，由于结构形状未能完整显示，则尺寸线应略超过对称中心线，并只在另一端画出箭头，如图6-11（c）所示。

（4）在半剖视图中，剖视部分的位置通常按以下原则配置：

在主视图中——位于对称中心线的右侧；

在俯视图中——位于对称中心线的下侧；

在左视图中——位于对称中心线的右侧。

3. 局部剖视图

用剖切面局部地剖开机件所得的剖视图，称为局部剖视图。

局部剖视图常用于内、外形状均需要表达，但又不宜作全剖或半剖的机件，如图6-13中的主、俯视图都是用一平行于相应投影面的剖切面，局部剖开机件后所得的局部剖视图。

画局部剖视图时应注意以下几点。

（1）局部剖视图的部分视图与部分剖视图之间用波浪线分界，波浪线不能与视图中的轮廓线重合，如图6-14（b）所示。波浪线只能画在机件的实体部分，如遇孔、槽等中空结构应自动断开，不能穿空而过，也不应超出视图中被剖切部分的轮廓线，如图6-14（c）、（d）所示。

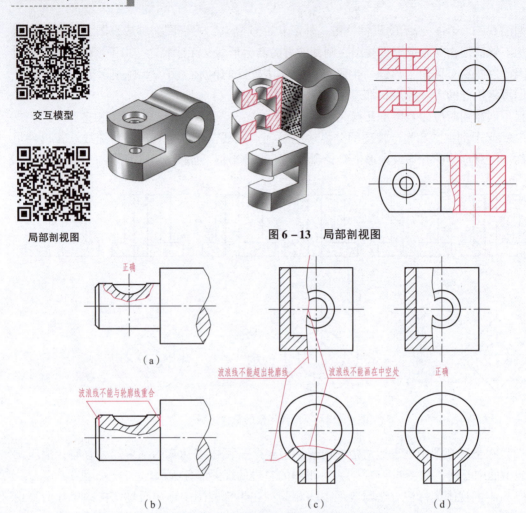

交互模型

局部剖视图

图 6 – 13　局部剖视图

图 6 – 14　局部剖视图中波浪线的画法

（a）正确画法；（b）错误画法；（c）错误画法；（d）正确画法

（2）当用单一剖切面剖切，且剖切位置明显时，局部剖视图的标注可以省略，如图 6 – 13 和图 6 – 14 所示。必要时，可按全剖视图的标注方法标注。

（3）当被剖切结构为回转体时，允许将该结构的中心线作为局部剖视图与视图的分界线，如图 6 – 15（a）所示。当对称物体的内部（或外部）轮廓线不宜采用半剖视图时，可采用局部剖视图，如 6 – 15（b）所示。错误画法如图 6 – 15（c）所示。

局部剖视图是比较灵活的表达方法，其剖切位置和范围根据需要决定，如运用得当，可使图形重点突出、简明清晰。但是，在同一个视图中局部剖视图的数量不宜过多，否则会使图形表达显得凌乱。

局部剖视图一般可以省略标注，但当剖切位置不明显或局部剖视图未按投影关系配置时，则应按剖视图的标注方法进行标注。

6.2.3　剖切面的种类

机件的内部结构不同，所采用的剖切方法也不一样。按照国家标准规定，常选择以下 3 种剖切面剖开机件。

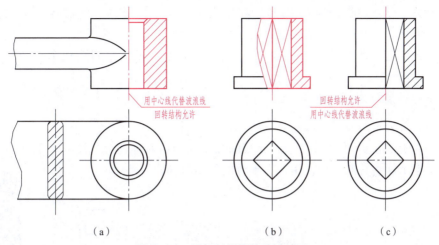

（a）　　　　　　　　　　　（b）　　　　　　　　　（c）

图 6 – 15　局部剖视图的特殊情况

（a）用中心线作为分界线；（b）正确画法；（c）错误画法

1. 用单一剖切面剖切

1）用平行于某一基本投影面的单一平面剖切

前面介绍的全剖视图、半剖视图和局部剖视图均为用单一剖切面剖切的图例，此处不再赘述。

2）用不平行于任何基本投影面的单一平面剖切

用不平行于任何基本投影面的剖切面剖开机件的方法称为斜剖。如图 6 – 16 中的 A—A 全剖视图就是用斜剖画出的，它表达了弯管及其顶部凸缘、凸台与通孔等的结构。

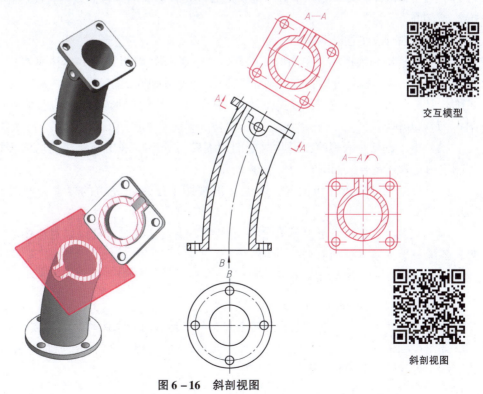

交互模型

斜剖视图

图 6 – 16　斜剖视图

这种剖切方法剖出的视图除应画出轮廓线外，其画法、图形的配置及标注与斜视图相同。

采用斜剖画法的剖视图一般按投影关系配置，也可将其平移至图纸的适当位置，在不致引起误解时，还允许将图形旋转放正，如图 6 - 16 所示。此时，斜剖视图必须标注，不能省略。

2. 用几个平行的剖切面剖切——阶梯剖

用几个平行的剖切面剖开机件的方法称为阶梯剖。

如图 6 - 17（a）所示，机件上面分布的孔不在前后对称面上，用一个剖切面不能同时剖到，为了表示这些孔的结构，用 3 个平行的剖切面剖开机件。

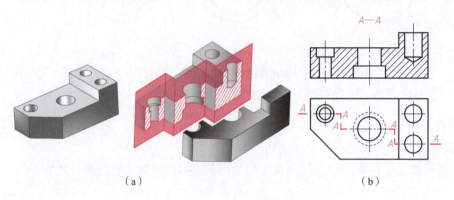

交互模型

阶梯剖视图

图 6 - 17　阶梯剖的画法与标注

这种剖切方法主要适用于有较多内部结构需要表达，且这些内部结构分布在几个相互平行的平面上的机件。几个相互平行的剖切面必须是投影面的平行面或垂直面，各剖切面的转折处成直角。

画阶梯剖时应注意以下 4 点。

（1）阶梯剖必须标注。在剖切面的起、讫、转折处画粗短线并标注字母，在起、讫外侧画上箭头，表示投射方向；在相应的剖视图上方以相同的字母"×—×"标注剖视图的名称。但是，当剖视图按投影关系配置，中间又无其他图形隔开时，也可省略箭头，如图 6 - 17（b）所示。

（2）由于剖切是假想的，因此两个剖切面转折处不应画出交线，剖切面转折处也不应与图中的轮廓线重合，如图 6 - 18（a）所示。

（3）要恰当地选择剖切位置，避免在剖视图上出现不完整的要素，如图 6 - 18（b）所示。

（4）当两个要素在图形上具有公共对称中心线或轴线时，可以以对称中心线或轴线为界，各画一半，如图 6 - 18（c）所示。

3. 用几个相交的剖切面剖切

1）用两个相交的剖切面剖切——旋转剖

用交线垂直于某一基本投影面的两个相交的剖切面剖开机件的方法称为旋转剖。

如图 6 - 19 所示，这种剖切方法主要用来表达具有公共回转轴线的机件的内部结构，如轮、盘、盖等机件上的孔、槽等内部结构。

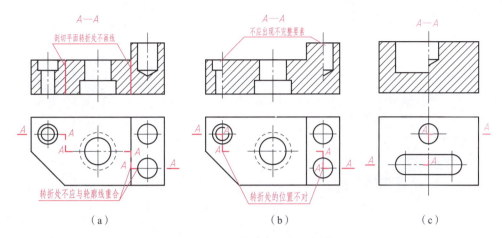

图 6-18　阶梯剖画法的注意点

（a）不应画出剖切面的交线；（b）不应出现不完整要素；（c）允许出现不完整要素的阶梯剖

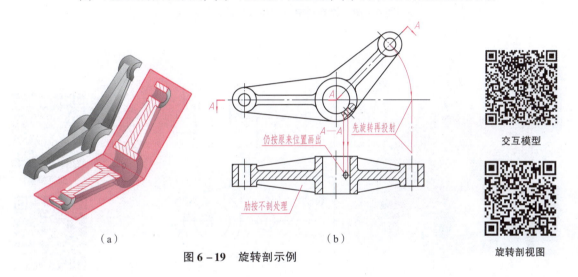

图 6-19　旋转剖示例

画旋转剖时应注意以下 3 点。

（1）采用旋转剖时，先假想按剖切位置剖开机件，然后将被剖切面剖开的倾斜结构旋转到与选定的投影面平行后再进行投影。剖切面后的其他结构一般仍按原来的位置投射，如图 6-19（b）所示的小油孔的俯视图。

（2）当采用旋转剖后使机件的某部分产生不完整要素时，则将此部分按不剖绘制，如图 6-20 所示的机件右边中间部分的形体在主视图中按不剖处理。

（3）旋转剖的标注。在剖切的起、讫和转折处画粗短线并标注大写字母"×"，在起、讫外侧用细实线画上箭头；在剖视图上方注明剖视图的名称"×—×"。当转折处地方有限又不致引起误解时，允许省略标注转折处的字母。

2）用组合的剖切面剖切——复合剖

当机件的内部结构较复杂，用前面的几种剖切面剖切不能表达完整时，可采用一组相交的剖切面剖切，这种用组合的剖切面剖开机件的方法称为复合剖。复合剖剖切符号的画法和标注，与旋转剖和阶梯剖剖切符号的画法和标注相同，如图 6-21 所示。

采用这种剖切面剖切时，还可结合展开画法，此时图名应标出"×—×展开"。

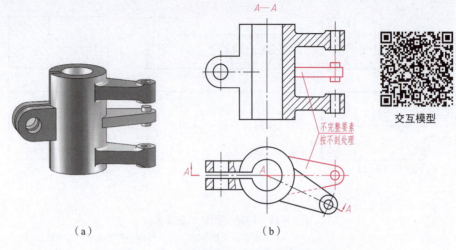

图 6 – 20　旋转剖中不完整要素的画法示例

（a）立体图；（b）不完整要素

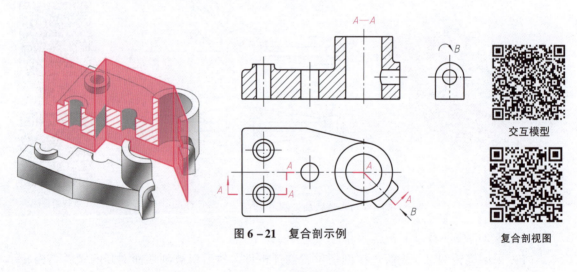

图 6 – 21　复合剖示例

6.3　断面图

6.3.1　断面图的概念

如图 6 – 22（a）所示，假想用剖切面将机件的某处切断，仅画出剖切面与机件接触部分的图形，称为断面图，简称断面，如图 6 – 22（b）所示。

断面图与剖视图的区别在于：断面图只画出机件切断后的断面图形，而剖视图除画出断面图形之外还要画出剖切面后面的可见轮廓的投影，如图 6 – 22（c）所示。

断面图主要用于表达物体某一局部的断面形状，如物体上的肋板、轮辐、键槽、小孔及各种型材的断面形状等。

按照断面图所画的区域不同，可将断面图分为移出断面图和重合断面图。

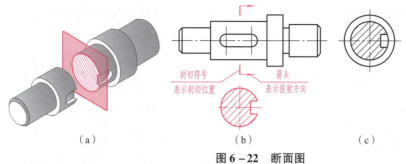

交互模型

断面图概念

（a）　　　　　（b）　　　　　（c）

图 6 – 22　断面图

（a）假想用剖切面将轴切断；（b）轴的断面图；（c）轴的剖视图

6.3.2　移出断面图的画法与标注

画在视图轮廓线之外的断面图，称为移出断面图，如图 6 – 22（b）所示。

1. 移出断面图的画法

（1）移出断面图的轮廓线用粗实线绘制。

（2）移出断面图应尽量配置在剖切符号或剖切面迹线的延长线上。剖切面迹线是剖切面与投影面的交线，用细点画线表示，如图 6 – 23 中右端所示。为了合理地布置图面，也可将移出断面图配置在其他适当位置，如图 6 – 23 中"A—A""B—B"所示。

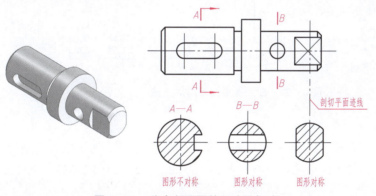

移出断面图的画法

图 6 – 23　移出断面图的画法及标注

（3）当断面图形对称时，可以将移出断面图画在视图中断处，如图 6 – 24 所示。

（4）由两个或多个相交平面剖切得出的移出断面图，可以画在一起，但中间应断开，如图 6 – 25 所示。

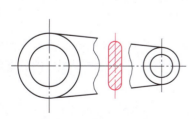

图 6 – 24　移出断面图画在视图中断处

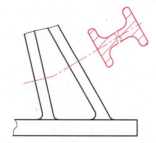

图 6 – 25　断开画法的移出断面图

（5）当剖切面通过回转面形成的孔或凹坑的轴线时，这些结构应按剖视画出，如图6-26所示。当剖切面通过非圆孔，导致出现完全分离的两个断面时，也按剖视绘制，且在不致引起误解时，还允许将移出断面图旋转，但应注出旋转符号，如图6-27所示。

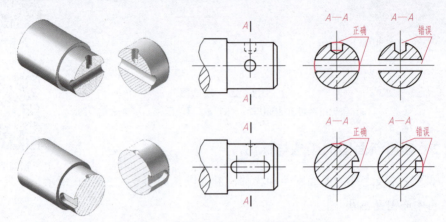

图6-26　带有孔或凹坑移出断面图的画法

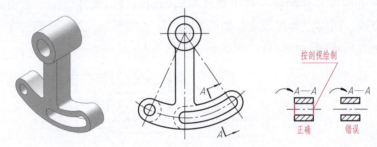

图6-27　断面图形分离时的画法

2. 移出断面图的标注

（1）移出断面图的标注形式与剖视图相同，即用剖切符号表示剖切位置、用带字母的箭头指明投射方向，并在移出断面图的上方用相同的字母标出断面图的名称"×—×"，如图6-28（a）所示。

（2）当移出断面图配置在剖切符号或剖切面迹线的延长线上时，若不对称，可以省略字母，如图6-28（b）所示；若对称，可以省略标注，如图6-28（c）所示。

（3）当移出断面图不配置在剖切符号或剖切面迹线的延长线上时，若按投影关系配置，可以省略箭头，如图6-28（d）所示；若不按投影关系配置，则必须标注，如图6-28（a）所示。

6.3.3　重合断面图的画法与标注

画在视图轮廓线之内的断面图，称为重合断面图，如图6-29所示。重合断面图的轮廓线用细实线绘制。当视图中的轮廓线与重合断面图的轮廓线重合时，视图中的轮廓线仍应连续画出，不可间断，如图6-29（a）所示。

对于不对称的重合断面图，应标注剖切符号和箭头，如图6-29（a）所示；对于对称的重合断面图，可省略标注，如图6-29（b）所示。

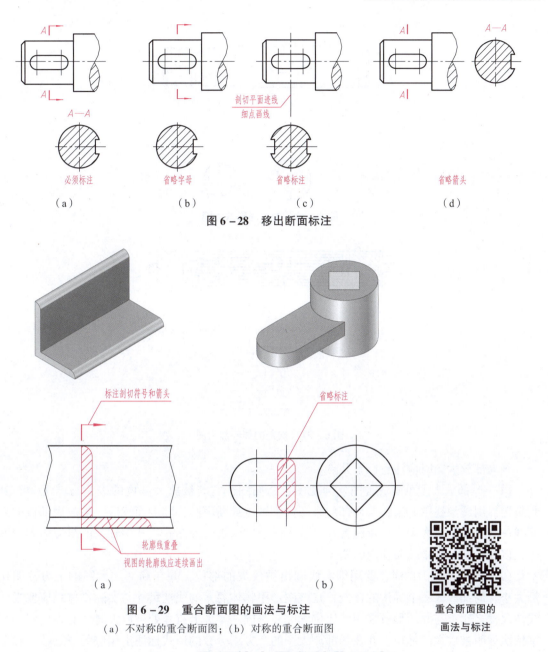

图 6 – 28 移出断面标注

图 6 – 29 重合断面图的画法与标注

（a）不对称的重合断面图；（b）对称的重合断面图

重合断面图的
画法与标注

6.4 局部放大图和简化画法

为了使画图简便、看图清晰，除了前面所介绍的表达方法，还可采用局部放大图、简化画法和规定画法表示机件。

6.4.1 局部放大图

当机件上的某些细小结构在原视图上由于图形过小而表达不清，或标注尺寸有困难时，可将这些结构的图形用大于原图形所采用的比例单独画出。这种将机件的部分结构，用大于原图形所采用的比例放大画出的图形称为局部放大图，如图 6 – 30 和图 6 – 31 所示。

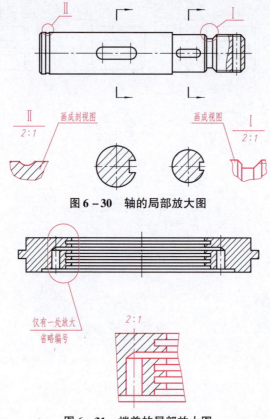

图 6 – 30　轴的局部放大图

图 6 – 31　端盖的局部放大图

画局部放大图时应注意以下几点。

（1）局部放大图可画成视图、剖视图、断面图，它与被放大部位的表达方式无关，其断裂边界用波浪线圈起来；若局部放大图为剖视图或断面图，其剖面线应与被放大部位的剖面线一致；局部放大图应尽量配置在被放大部位的附近，如图 6 – 30 中轴上的退刀槽和挡圈槽，以及图 6 – 31 中端盖孔内的槽等。

（2）画局部放大图时，要用细实线圈出被放大的部位，并在局部放大图的上方注明比例大小。局部放大图上标注的比例，是该图形中物体要素的线性尺寸与实际物体相应要素的线性尺寸之比，与原图形所采用的比例无关。当同一零件上有几处被放大时，必须用罗马数字依次标明被放大的部位，并在局部放大图的上方用分数的形式标注出相应的罗马数字和所采用的比例，如图 6 – 30 所示。如果只有一处被放大，只需注明放大比例即可，如图 6 – 31 所示。

6.4.2　简化画法

简化画法是包括规定画法、省略画法、示意画法等在内的图示方法，其目的是减少绘图工作量，提高设计效率及制图的清晰度。现将一些常用的简化画法介绍如下。

（1）对于机件上的肋、轮辐及薄壁等，若沿其纵向剖切，即剖切面通过这些结构的基本轴线或对称平面时，这些结构的剖面区域都不画剖面线，而用粗实线将它与相邻部分分开。若沿横向剖切，即剖切面垂直于肋板时，则需要画出剖面线，如图 6 – 32 所示。

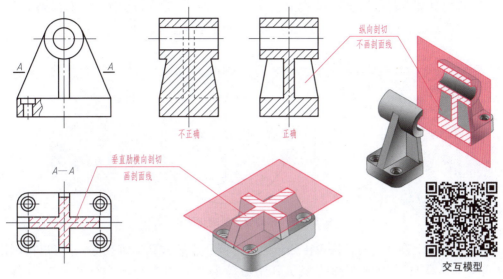

图 6 - 32 肋板剖切后的简化画法

（2）当机件回转体上均匀分布的肋板、轮辐、孔等结构不处于剖切面上时，可将这些结构旋转到剖切面上画出，如图 6 - 33 和图 6 - 34 所示。

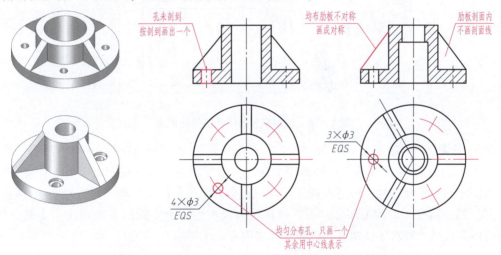

图 6 - 33 回转体上均匀分布的肋板与孔等的简化画法

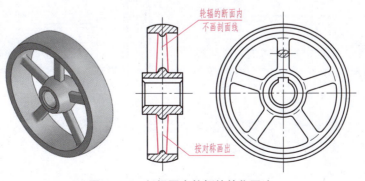

图 6 - 34 剖视图中轮辐的简化画法

（3）当机件具有若干相同结构（如齿、槽等），并按一定规律分布时，只需画出几个完整的结构，其余用细实线连接，并在视图中注明该结构的总数，如图6-35所示。

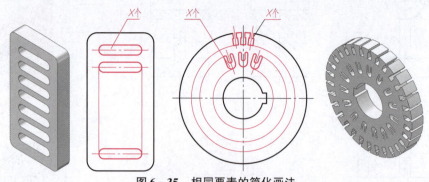

图6-35　相同要素的简化画法

（4）对于若干直径相同且按规律分布的孔（圆孔、螺纹孔、沉孔等），可以仅画出一个或几个，其余只需用细点画线表示其中心位置，但须在视图中注明孔的总数，如图6-36所示。

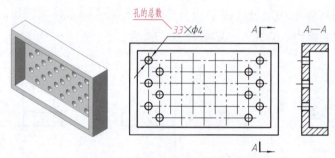

图6-36　按规律分布的孔的简化画法

（5）当图形不能充分表达平面时，可用平面符号（两条相交的细实线）表示。图6-37为一轴端，该形体为圆柱体被平面切割，由于不能在这一视图上明确地看清它是平面，所以需加上平面符号。若其他视图已经把这个平面表示清楚，则平面符号可以省略。

（6）对于机件上的滚花部分，可以只在轮廓线附近用粗实线示意地画出一小部分，并在零件图上或技术要求中注明其具体要求，如图6-38所示。

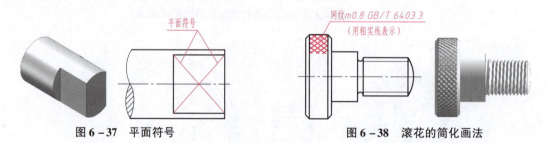

图6-37　平面符号　　　　　　　**图6-38　滚花的简化画法**

（7）对于较长的机件，如轴、杆、型材、连杆等，若其沿长度方向的形状一致［图6-39（a）］或按一定规律变化［图6-39（b）］，则可以断开后缩短绘制，但仍按实际长度标注尺寸。

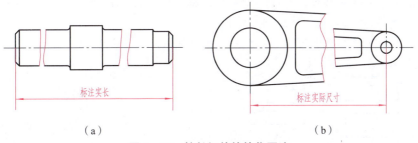

（a）　　　　　　　　　　　　　　　　　（b）

图 6 – 39　较长机件的简化画法

（8）对于机件上较小的结构（如截交线、相贯线），若在一图形中已表示清楚，则在其余图形中可以简化或省略，即不必按真实的投影情况画出所有的图线，如图 6 – 40 所示。

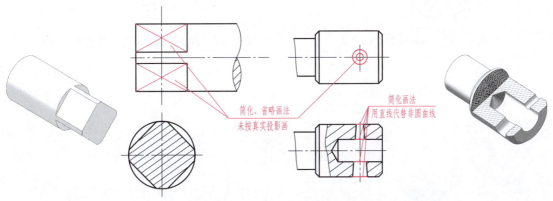

图 6 – 40　较小结构的简化画法

（9）对于机件上斜度不大的结构，若在一图形中已表达清楚，则其他图形可以只按小端画出，如图 6 – 41 所示。

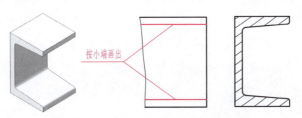

图 6 – 41　斜度不大的结构的简化画法

（10）在不致引起误解时，零件图中的小圆角、锐边小倒圆或 45°小倒角允许省略不画，但必须注明尺寸或在技术要求中加以说明，如图 6 – 42 所示。

图 6 – 42　小圆角及小倒角等的简化画法

（11）在不致引起误解时，零件图中的移出断面图，允许省略剖面线，但断面图的标注必须遵照6.3节中的规定，如图6–43所示。

（12）圆柱形法兰和类似零件上的均布孔可按图6–44所示的方法表示。

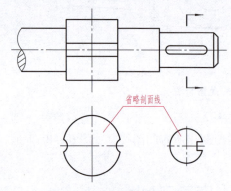

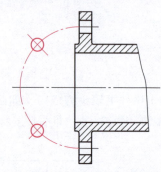

图6–43　剖面线的简化画法　　　　　图6–44　圆柱形法兰上均布孔的简化画法

（13）需要表示位于剖切面前面的结构时，这些结构按假想投影的轮廓线（细双点画线）绘制，如图6–45所示。

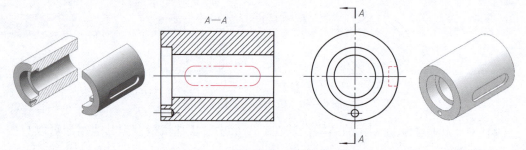

图6–45　剖切面前面结构的简化画法

（14）对于与投影面倾斜角度小于或等于30°的圆或圆弧，其投影可用圆或圆弧代替椭圆，如图6–46所示，俯视图上各圆的中心位置由投影决定。

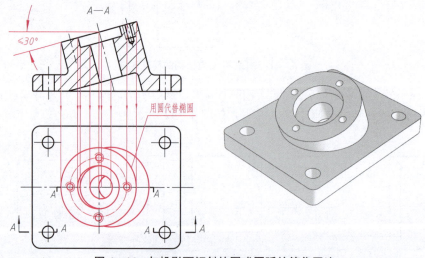

图6–46　与投影面倾斜的圆或圆弧的简化画法

6.5　第三角投影法简介

根据国家标准规定，我国的技术图样主要是采用第一角画法绘制的。而美国、日本、加拿大等国家采用的是第三角画法。随着国际技术交流和国际贸易日益增长的需要，应该了解一些第三角画法的基本知识。

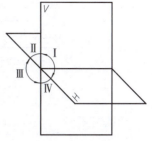

图 6 - 47　4 个分角

6.5.1　第三角画法视图的形成

如图 6 - 47 所示，两个相互垂直的投影面将空间分成Ⅰ、Ⅱ、Ⅲ、Ⅳ共 4 个分角。

采用第三角画法时，如图 6 - 48（a）所示，将物体置于第三分角内，这时投影面处于观察者与物体之间，以人—图—物的关系进行投射，在 V 面上形成的由前向后投射所得的图形称为前视图，在 H 面上形成的由上向下投射所得的图形称为顶视图，在 W 面上形成的由右向左投射所得的图形称为右视图。然后将其展开：令 V 面保持正立位置不动，将 H 面与 W 面沿交线拆开且分别绕它们与 V 面的交线向上、向右旋转 90°，使这三个面展成同一个平面，即得到物体的三视图，如图 6 - 48（b）所示。

从图中可总结出采用第三角画法的三视图的投影规律：前、顶视图长对正；前、右视图高平齐；顶、右视图宽相等，如图 6 - 48（b）所示。

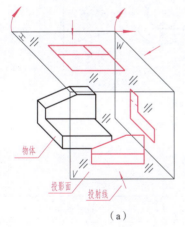

（a）

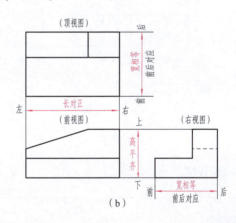

（b）

图 6 - 48　采用第三角画法的三视图

（a）立体图；（b）三视图

6.5.2　第三角画法与第一角画法的比较

第一角画法与第三角画法的主要区别在于：

第一角画法是把物体放在观察者与投影面之间，投影方向是人—物—图（投影面）的关系，如图 6 - 49 所示；第三角画法是把物体放在投影面的另一边，投影方向是人—图（投影面）—物的关系，即将投影面视为透明的（像玻璃一样），投影时就像隔着"玻璃"看物体，将物体的轮廓形状印在物体前面的"玻璃"（投影面）上，如图 6 - 48 所示。

第三角画法

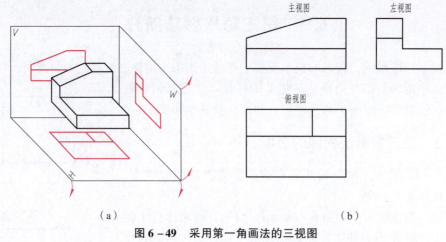

（a） （b）

图6－49　采用第一角画法的三视图

（a）立体图；（b）三视图

6.5.3　第三角画法的标识

国家标准规定，绘制图纸时既可以采用第一角画法，也可以采用第三角画法。为了区别两种画法，必须在图纸上的标题栏内（或外）画上投影标识符号，其画法如图6－50所示。

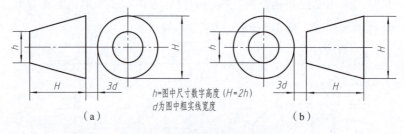

h=图中尺寸数字高度（H=2h）
d为图中粗实线宽度

（a） （b）

图6－50　两种画法的标识符号

（a）第一角画法；（b）第三角画法

【本章内容小结】

内容	分类	适用情况	标注说明
视图（主要用于表达机件的外形）	基本视图	用于表达机件的整体外形	按规定位置配置各视图，不加任何标注
	向视图	用于表达机件的整体外形，在不能按规定位置配置时使用	用字母和箭头表示要表达的部位和投射方向，在所画各种视图的正上方用相同的字母注写名称
	局部视图	用于表达机件的局部外形	
	斜视图	用于表达机件倾斜部分的外形	

续表

内容	分类	适用情况	标注说明
剖视图 （主要用于表达机件的内形）	全剖视图	用于表达机件的整体内形（剖切面完全切开机件）	剖切方式：单一剖切面、几个平行的剖切面、几个相交剖切面（交线垂直于某个基本投影面） 标记三要素：剖切位置、投射方向和剖视图名称 省略标注条件：单一剖切面通过机件的对称面或剖切位置明显，且中间无其他图形隔开
	半剖视图	用于表达机件有对称平面的外形与内形（以对称线为界）	
	局部剖视图	用于表达机件的局部内形，保留机件的局部外形（局部剖切）	
断面图 （主要用于表达机件某一截断面的形状）	移出断面图（画在基本视图外）	用于表达机件局部结构的截断面形状	剖视图是体的投影，断面图是面的投影 移出断面图画在剖切面迹线或剖切符号的延长线上： 图形对称——不注标记； 图形不对称——画粗短线、箭头； 移出断面图画在其他位置： 图形对称——画粗短线，注字母； 图形不对称——画粗短线、箭头，注字母
	重合断面图（画在基本视图内）	用于在不影响视图清晰的情况下表达机件局部结构的截断面的形状	对称的重合断面图：不加标注 不对称的重合断面图：配置在剖切符号上，不标字母，需标剖切位置符号和投射方向箭头

【素质拓展】

通过对机件常用的表达方法的理论学习，我们要学会透过现象，认识事物的真相和全貌，抓住机械零件表达的本质规律。通过对机件各种表达方法的分析对比，选出最优的表达方案，提高针对不同结构的机械零件灵活采用多种表达方法的能力。随着科学技术的发展，将会涌现更多的研究事物的新方法，如深地暗物质实验室的出现，开辟了探索宇宙奥秘的新途径。

迈进深地　探索宇宙

第7章 标准件和常用件

☑ 学习提示

标准件是结构形状、尺寸、标记和技术要求都标准化了的零件或部件，如螺栓、螺柱、螺钉、螺母、垫圈、键、销、滚动轴承等。常用件是部分结构要素标准化了的零件或部件，如齿轮、弹簧等。本章主要介绍螺纹、常用标准件，以及齿轮、弹簧等常用件的规定画法和标记方法，为学习零件图和装配图奠定基础。通过对本章的学习，应达到如下基本要求：

(1) 熟悉螺纹的规定画法、代号和标记方法；

(2) 能够熟练运用国家标准选用标准件，查阅其规格尺寸，并掌握其规定画法；

(3) 明确各类螺纹连接件的应用场合，能够依据螺纹的规定画法，绘制螺栓连接、螺柱连接、螺钉连接的装配图。

7.1 螺纹

7.1.1 螺纹的基础知识

1. 螺纹的加工方法

螺纹是一组平面图形（如三角形、梯形、矩形等）在圆柱或圆锥表面上沿着螺旋线运动所形成的、具有相同轴向断面的连续凸起和沟槽。螺纹分为外螺纹和内螺纹，成对使用，在圆柱（或圆锥）外表面上所形成的螺纹称为外螺纹，在圆柱（或圆锥）内表面上形成的螺纹称为内螺纹。

各种螺纹都是根据螺旋线的原理加工而成的，常见的螺纹加工方法有车削、丝锥、板牙等，如图7-1所示。

2. 螺纹的要素

螺纹的基本要素有牙型、直径、线数、螺距（或导程）和旋向。

(1) 螺纹牙型：沿螺纹轴线方向剖切，所得到的螺纹轮廓形状称为螺纹的牙型。常见的牙型有三角形、梯形、锯齿形和方形等。不同的螺纹牙型（用不同的代号表示）有不同的用途。

(2) 螺纹的直径有大径、中径、小径之分，如图7-2所示。

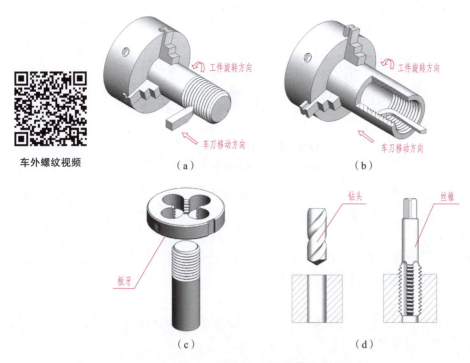

车外螺纹视频

（a）
（b）

板牙
钻头
丝锥

（c）
（d）

图 7 - 1 螺纹的加工方法

（a）车削外螺纹；（b）车削内螺纹；（c）板牙套扣外螺纹；（d）丝锥攻内螺纹

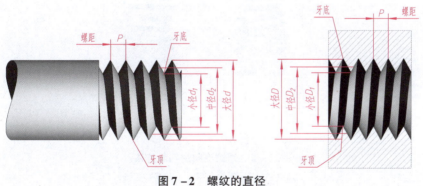

图 7 - 2 螺纹的直径

大径：与外螺纹牙顶或内螺纹牙底相切的假想圆柱或圆锥的直径，用 d（外螺纹）或 D（内螺纹）表示。

小径：与外螺纹牙底或内螺纹牙顶相切的假想圆柱或圆锥的直径，用 d_1（外螺纹）或 D_1（内螺纹）表示。

中径：一假想圆柱或圆锥的直径，其母线通过牙型上沟槽和凸起宽度相等的地方，用 d_2（外螺纹）或 D_2（内螺纹）表示。

公称直径：代表螺纹尺寸的直径，指螺纹大径的基本尺寸。

（3）螺纹的线数：螺纹有单线和多线之分，沿一条螺旋线形成的螺纹称为单线螺纹；沿两条或两条以上，且在轴向等距离分布的螺旋线所形成的螺纹称为多线螺纹。螺纹的线数用 n 表示，如图 7 - 3 所示。

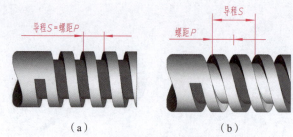

（a）　　　　　　　　　　　　（b）

图7-3　螺纹的线数、螺距、导程

（a）单线螺纹；（b）双线螺纹

（4）螺距和导程：如图7-3所示，螺纹上相邻两牙在中径线上对应两点间的轴向距离，称为螺距，用P表示；同一条螺旋线上相邻两牙在中径线上对应两点间的轴向距离，称为导程，用S表示。

对于单线螺纹，导程等于螺距，即$S = P$。

对于多线螺纹，导程等于螺距乘以线数，即$S = nP$。

（5）螺纹旋向：内外螺纹旋合时的旋转方向称为螺纹旋向。螺纹旋向有左、右之分，若顺螺杆旋进方向观察，顺时针旋进的螺纹，称为右旋螺纹；逆时针旋进的螺纹，称为左旋螺纹。螺纹旋向的判断方法如图7-4所示。

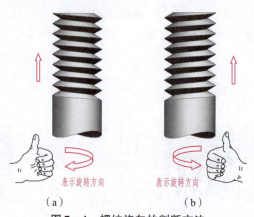

（a）　　　　　　　　　　　　（b）

图7-4　螺纹旋向的判断方法

（a）左旋螺纹；（b）右旋螺纹

3. 螺纹的工艺结构

螺尾、倒角和退刀槽是螺纹上的常见工艺结构。如图7-5所示，车削螺纹时，刀具接近螺纹末尾处要逐渐离开工件，螺纹尾部会出现渐浅的部分。这段不完整的收尾部分称为螺尾，为了避免产生螺尾，可以预先在螺纹末尾处加工出退刀槽，再车削螺纹。为了便于内外螺纹旋合，防止螺纹起始圈损坏，常将螺纹的起始处加工成倒角形式。

7.1.2　螺纹的种类、标记与标注

1. 螺纹的种类

按螺纹要素是否符合标准规定分：

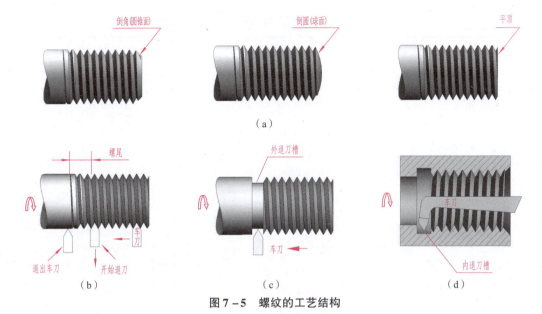

（a）

（b）　　　　　　　　　（c）　　　　　　　　　（d）

图 7 – 5　螺纹的工艺结构

（a）螺纹的倒角与倒圆；（b）螺纹的收尾；（c）外螺纹倒角与退刀槽；（d）内螺纹倒角与退刀槽

（1）标准螺纹：牙型、公称直径（大径）和螺距都符合标准的螺纹。

（2）特殊螺纹：牙型符合标准，公称直径（大径）和螺距不符合标准的螺纹。

（3）非标准螺纹：牙型不符合标准的螺纹。

按螺纹用途分：

（1）连接螺纹，用于各种紧固连接，如普通螺纹、管螺纹；

（2）传动螺纹，用于各种螺旋传动，如梯形螺纹、锯齿型螺纹。

车退刀槽视频

2. 螺纹的标记与标注

在图样中，螺纹需要标明牙型、公称直径、螺距、线数和旋向等要素。通常用标注代号或标记方式来说明，螺纹的标注内容及格式为

| 特征代号 | 公称直径 | × | 导程（螺距） | – | 公差带代号 | – | 旋合长度代号 | – | 旋向 |

（1）特征代号：表示螺纹的种类，如"M"表示普通螺纹。

（2）公称直径：一般为螺纹的大径，但在管螺纹标注中，螺纹特征代号（如 G）后面的尺寸代号近似为管子内径（单位：英寸），而不是管螺纹的大径。

（3）导程（螺距）：单线螺纹的螺距与导程相同，故导程（螺距）一项只注螺距，并查标准确定。

（4）公差带代号：一般要注出中径和顶径两项公差带代号。中径和顶径公差带代号相同时，只注 1 个，如 6g、7H 等。对于代号中的字母，外螺纹用小写，内螺纹用大写。

（5）旋合长度代号：螺纹的旋合长度分为短、中、长，分别用 S、N 和 L 表示。中等旋合长度 N 不标注。

（6）旋向：左旋时要标注"LH"，右旋时不标注。

螺纹的标记应注在大径的尺寸线或其引出线上。常用标准螺纹的种类、标记和标注如表 7 – 1 所示。

表 7 −1　常用标准螺纹的种类、标记和标注

螺纹类别			特征代号	牙型及牙型角	应用说明	标注示例	标注要点和示例说明
连接螺纹	普通螺纹	粗牙普通螺纹	M		用于一般零件的连接，应用最广		粗牙普通螺纹不标注螺距。公称直径为12，右旋；中径公差带和大径公差带均为6g；中等旋合长度
		细牙普通螺纹			多用于细小精密零件、薄壁零件的连接		细牙普通螺纹必须标注螺距。公称直径为20，螺距为1，右旋；中径公差带和小径公差带均为6H；中等旋合长度
	管螺纹	55° 非密封管螺纹	G		用于电线管等密封要求较低的管路系统中的连接		外螺纹公差代号有A、B 两种，内螺纹公差等级仅一种，不必标注其代号。G—螺纹特征代号　1—尺寸代号，为内通径，单位为英寸　A—外螺纹公差等级代号
		55° 密封管螺纹	圆锥内螺纹 Rc		用于水管、油管、气管等高温、较大压力的管路连接		Rc—圆锥内螺纹代号　Rp—圆柱内螺纹代号　R_1—与圆柱内螺纹相配合的圆锥外螺纹　R_2—与圆锥内螺纹相配合的圆锥外螺纹　1/2—尺寸代号，为内通径，单位为英寸
			圆柱内螺纹 Rp				
			圆锥外螺纹 R_1 R_2				
		60°圆锥管螺纹	NPT		用于汽车、航空机械等油、水、气输送系统的管连接		NPT—美制一般密封圆锥管螺纹特征代号

螺纹类别		特征代号	牙型及牙型角	应用说明	标注示例	标注要点示例说明
传动螺纹	梯形螺纹	Tr	55°	用于传递动力，如机床丝杠	Tr24×10-7H-L	梯形螺纹螺距或导程必须标明。公称直径为24，双线螺纹，导程为10，螺距为5，右旋，中径公差带为7H；长旋合长度
	锯齿螺纹	B	30° 3°	用于传递单向动力，如螺旋泵	B40×7LH-8c	公称直径为40，单线，螺距为7，左旋，中径公差带为8c；中等旋合长度

7.1.3 螺纹的规定画法（GB/T 4459.1—1995）

为了简化作图，GB/T 4459.1—1995《机械制图 螺纹及螺纹紧固件表示法》规定了螺纹及螺纹紧固件在图样中的表示方法。

1. 外螺纹的规定画法

螺纹牙顶轮廓线（大径线）画成粗实线；螺纹牙底轮廓线（小径线）画成细实线，在螺杆的倒角或倒圆部分也应画出；小径可以画成大径的0.85倍。在垂直于螺纹轴线的视图中，表示牙底的细实线圆只画约3/4圈，此时倒角省略不画。螺纹长度终止线用粗实线表示，剖面线必须画到粗实线处，如图7-6所示。

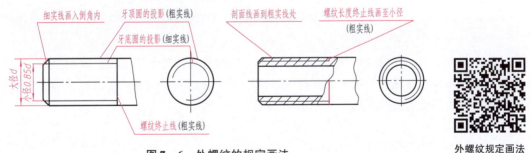

图7-6 外螺纹的规定画法

外螺纹规定画法

2. 内螺纹的规定画法

（1）内螺纹（螺纹孔）一般应画剖视图，此时，螺纹牙顶轮廓线（小径线）和螺纹终止线画成粗实线，螺纹牙底轮廓线（大径线）画成细实线，剖面线画到粗实线处。在投影为圆的视图中，小径画粗实线圆，大径画3/4圈的细实线，倒角圆省略不画，如图7-7所示。

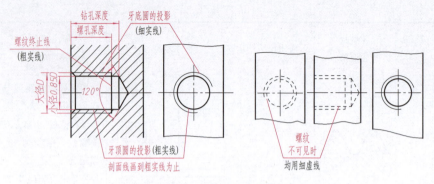

内螺纹规定画法

图7-7　内螺纹的规定画法

（2）内螺纹未取剖视时，大径线、小径线、螺纹终止线均按虚线绘制，如图7-7所示。

（3）绘制不穿通的螺纹孔时，因加工时先用钻头钻出光孔，再用丝锥攻螺纹，从加工的角度来看，攻螺纹的深度必须小于钻孔深度，一般小于 0.5D（D 为螺纹大径）。钻头的钻尖顶角接近 120°，所以不通孔的锥顶角应画成 120°，如图7-8所示。

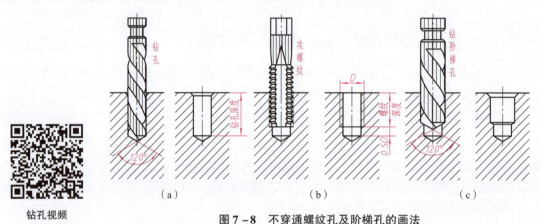

钻孔视频

图7-8　不穿通螺纹孔及阶梯孔的画法
（a）钻孔及孔底画法；（b）攻螺纹及螺纹画法；（c）阶梯孔加工及画法

3. 螺纹连接的规定画法

以剖视图表示内、外螺纹连接时，其旋合部分应按外螺纹绘制，其余部分仍按各自的画法表示。当剖切面通过螺杆轴线时，螺杆按不剖绘制。表示内、外螺纹的大径线和小径线应分别对齐，而与倒角的大小无关，如图7-9所示。

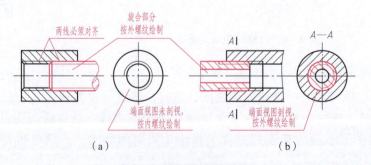

螺纹连接画法

图7-9　螺纹连接的画法

7.2　螺纹紧固件

7.2.1　螺纹紧固件的种类及标记

螺纹紧固件是工程中最常用的标准件，其利用内、外螺纹的旋合作用在机器中连接和紧固一些零部件，常用于紧固机器上的可拆卸连接结构。常用的螺纹紧固件有螺栓、双头螺柱、螺钉、螺母、垫圈等，如图 7 – 10 所示。

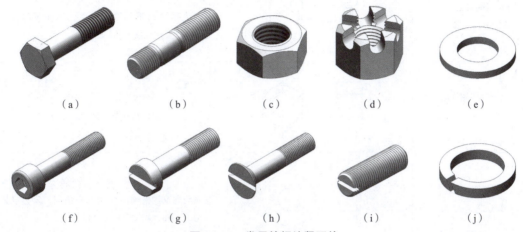

图 7 – 10　常用的螺纹紧固件

（a）六角头螺栓；（b）双头螺柱；（c）1 型六角螺母；（d）1 型六角开槽螺母；（e）平垫圈；

（f）内六角圆柱头螺钉；（g）开槽圆柱头螺钉；（h）沉头螺钉；（i）开槽紧定螺钉；（j）弹簧垫圈

螺纹紧固件都是标准件，国家标准对其结构、形式和尺寸都进行了规定，并制定了相应的标记方法。常用螺纹紧固件简化标记及示例如表 7 – 2 所示。

表 7 – 2　常用螺纹紧固件简化标记及示例

名称及国家标准编号	画法及规格尺寸	标记及说明
六角头螺栓 GB/T 5782—2016	M16　50	螺栓 GB/T 5782 M16×50 名称　　　　　　　　　　公称长度 国家标准编号　　　　　螺纹规格 表示 A 级六角头螺栓，螺纹规格 $d = M16$，公称长度 $l = 50$ mm
双头螺柱（$b_m = d$） GB/T 897—1988	b_m　50　M16	螺柱 GB/T 897　M16×50 表示 B 型双头螺柱，两端均为粗牙普通螺纹，螺纹规格 $d = M16$，公称长度 $l = 50$ mm
开槽盘头螺钉 GB/T 67—2016	45　M16	螺钉 GB/T 67　M16×45 表示开槽盘头螺钉，螺纹规格 $d = M16$，公称长度 $l = 45$ mm，公称长度在 40 mm 以内时为全螺纹

续表

名称及国家标准编号	画法及规格尺寸	标记及说明
开槽沉头螺钉 GB/T 68—2016	M16 45	螺钉 GB/T 68　M16×45 表示开槽沉头螺钉，螺纹规格 d = M16，公称长度 l = 45 mm
开槽锥端紧定螺钉 GB/T 71—2018	M12 35	螺钉 GB/T 71　M12×35 表示开槽锥端紧定螺钉，螺纹规格 d = M12，公称长度 l = 35 mm
1 型六角螺母 GB/T 6170—2015	M16	螺母 GB/T 6170 M16 表示 1 型六角螺母，螺纹规格 d = M16
平垫圈 A 级 GB/T 97.1—2002	$\phi17$	垫圈 GB/T 97.1 16 与螺纹规格 M16 配用的平垫圈，公称规格为 16 mm，硬度等级为 200 HV
标准型弹簧垫圈 GB/T 93—1987	$\phi20.5$	垫圈 GB/T 93 20 与螺纹规格 M20 配用的弹簧垫圈，公称规格为 20 mm

注：螺纹紧固件各部分尺寸见附录 B。

7.2.2　常用螺纹紧固件的画法

绘制螺纹紧固件一般有查表法和比例画法。

（1）查表法：根据螺纹紧固件的规定标记从有关标准的表格中查出各紧固件的具体尺寸，然后绘制图形。

（2）比例画法：将螺纹紧固件各部分的尺寸（公称长度除外）都与规格 d（或 D）建立一定的比例关系，并按此比例画图。在工程实际中通常采用比例画法。常见螺纹紧固件的比例画法如表 7-3 所示。

7.2.3　螺纹紧固件的连接画法

螺纹紧固件连接的基本形式有：螺栓连接、螺柱连接、螺钉连接。采用哪种连接视连接的需要而选定。画螺纹紧固件连接时应遵守下列基本规定：

（1）两个零件接触面画一条线，对于不接触面，无论间隙多小，都画两条线表达间隙；

表7-3 常见螺纹紧固件的比例画法

名称	比例画法
螺栓、螺母	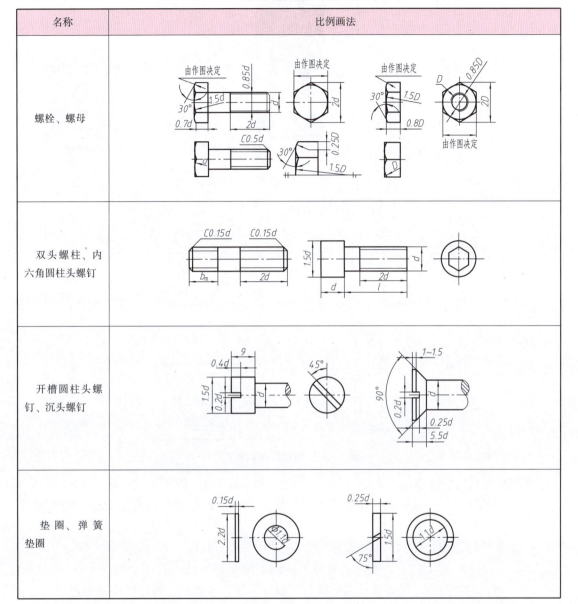
双头螺柱、内六角圆柱头螺钉	
开槽圆柱头螺钉、沉头螺钉	
垫圈、弹簧垫圈	

（2）相邻两个零件的剖面线应不同，要方向相反或间隔不等，但同一个零件在各个视图中的剖面线方向和间隔应一致；

（3）当剖切面通过螺柱、螺栓、螺钉、螺母及垫圈等标准件的轴线时，这些零件按不剖绘制，只画外形。

1. 螺栓连接

螺栓连接常用于连接两个或两个以上不太厚、能钻成通孔且要求连接力较大的被连接零件。连接时，先将螺栓杆身穿过两个被连接零件的通孔，一般以螺栓的头部抵住被连接零件的下面，然后套上垫圈，最后拧紧螺母。螺栓连接示意如图7-11所示，其画法如图7-12所示。

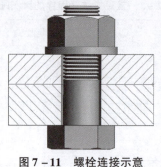

图 7-11　螺栓连接示意

螺栓连接

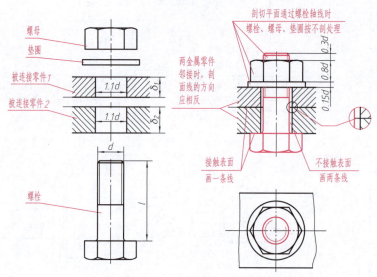

图 7-12　螺栓连接的画法

画螺栓连接时应注意以下 3 点。

（1）被连接零件的通孔的大小必须大于螺栓的大径，设计时可根据装配精度的不同设计，画图时取孔径为 1.1d。

（2）螺栓的公称长度 l 的计算式为

$$l \geqslant (\delta_1 + \delta_2) + 0.15d(垫圈厚) + 0.8d(螺母厚) + 0.3d(伸出端)$$

（3）螺栓的螺纹终止线必须画到垫圈的下面（一般位于被连接两零件接触面之上）。

2. 螺柱连接

螺柱连接用于被连接零件之一较厚或不允许钻成通孔的情况。这种连接的紧固件有双头螺柱、螺母和弹簧垫圈，螺柱两端都有螺纹，用于旋入被连接零件螺纹孔内的一端称为旋入端，而与螺母连接的另一端则称为紧固端。连接时需要在一被连接零件上加工出不通的螺纹孔，把双头螺柱的旋入端旋紧在螺纹孔内，在另一被连接零件上钻出通孔，并装在双头螺柱上，然后装上垫圈，旋紧螺母。螺柱连接示意如图 7-13 所示，其画法如图 7-14 所示。

画螺柱连接时应注意以下 3 点。

（1）双头螺柱的公称长度 l 的计算式为

$$l \geqslant \delta + 0.15d(垫圈厚) + 0.8d(螺母厚) + 0.3d(伸出端)$$

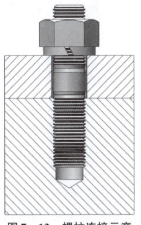

图 7-13 螺柱连接示意

螺柱连接

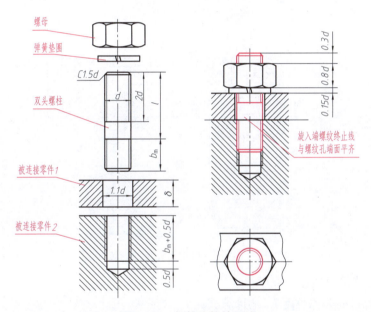

图 7-14 螺柱连接的画法

（2）螺柱连接旋入端的螺纹应全部旋入被连接零件的螺纹孔中，所以旋入端的终止线应与被连接零件上螺纹孔顶面的投影线重合。

（3）弹簧垫圈开口槽方向画成与水平线成75°，从左上向右下倾斜。

3. 螺钉连接

螺钉连接根据用途不同可分为连接螺钉连接和紧定螺钉连接两类。

1）连接螺钉连接

连接螺钉用于不经常拆卸和受力较小的连接中，在较厚零件上加工出螺纹孔，而在另一个零件上加工出通孔，然后把连接螺钉穿过通孔拧入螺纹孔，达到拧紧零件的目的。常用的连接螺钉很多，有开槽圆柱头螺钉、内六角圆柱头螺钉、沉头螺钉等，连接螺钉连接示意如图 7-15 所示，其画法如图 7-16 所示。

图 7-15   连接螺钉连接示意

螺钉连接

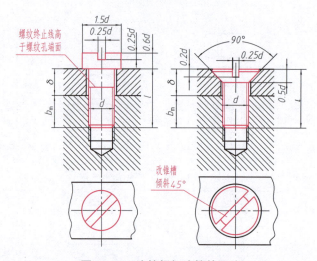

图 7-16   连接螺钉连接的画法

画连接螺钉连接时应注意以下事项。

（1）连接螺钉的公称长度 $l_{计}$ 的计算式为

$$l_{计} = \delta + b_m$$

旋入材料为钢时 $b_m = d$；为铸铁时 $b_m = 1.25d$；为铝时 $b_m = 2d$。

查标准，选取与 $l_{计}$ 接近的标准长度值为螺钉标记中的公称长度 l。

（2）螺钉的螺纹终止线应高出螺纹孔上表面，以保证连接时螺钉能旋入和压紧。为保证可靠地压紧，螺纹孔应长于螺钉 $0.5d$。

（3）在投影为圆的视图上，螺钉头上的改锥槽不按投影关系绘制，应画成倾斜 45°。

2）紧定螺钉连接

紧定螺钉用于固定两个零件的相对位置，使它们不产生相对运动。紧定螺钉端部形状有平端、锥端、凹端和圆柱端等。使用时，将紧定螺钉拧入一零件的螺纹孔中，并将其尾端压在另一零件的凹坑或拧入另一零件的小孔中。紧定螺钉连接的画法如图 7-17 所示。

为了方便作图，螺栓连接、螺柱连接和螺钉连接等也允许采用简化画法绘制，即螺纹紧固件的工艺结构如倒角、退刀槽、缩颈、凸肩等均可省略不画，如图 7-18 所示。

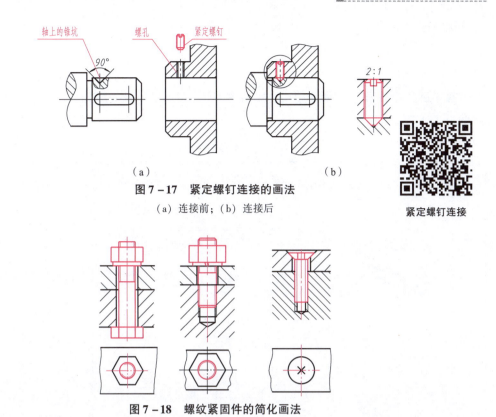

（a）　　　　　　　　　　　　　（b）

图 7 – 17　紧定螺钉连接的画法

（a）连接前；（b）连接后

紧定螺钉连接

图 7 – 18　螺纹紧固件的简化画法

7.3　键和销

7.3.1　键连接

键为标准件，用来连接轴和装在轴上的传动零件（如齿轮、带轮等），起到传递动力和转矩的作用，图 7 – 19 所示为普通平键连接。键的种类很多，常用的有普通平键、半圆键和钩头楔键等，其中普通平键最常见。

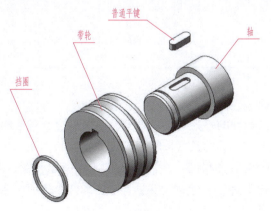

图 7 – 19　普通平键连接

平键连接

键的标记格式为

$$国家标准编号\quad 名称\quad 型式\quad 键宽×键高×键长$$

1. 常用键的种类、画法和标记

常用键的型式和标记示例如表7-4所示，未列入本表的其他各种键可参阅有关的标准。

表7-4 常用键的型式和标记示例

名称	图例与国家标准编号	标记示例
普通平键	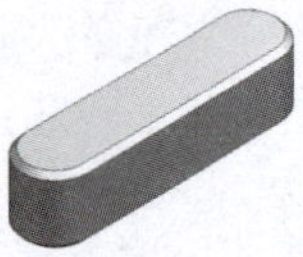 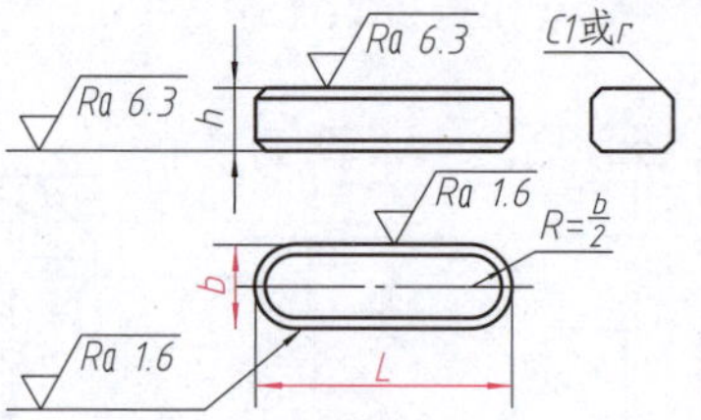 GB/T 1096—2003	GB/T 1096　键 18×100 表示 $b=18$ mm，$h=11$ mm，$L=100$ mm 的 A 型普通平键 （A 型普通平键可不标出 A，B 型或 C 型则必须在规格尺寸前标出 B 或 C）
半圆键	 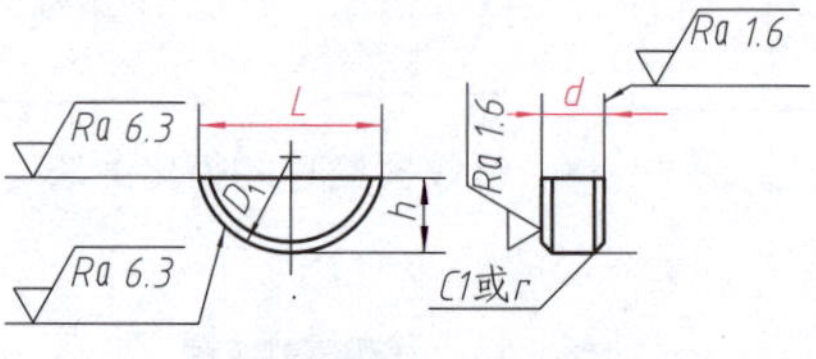 GB/T 1099.1—2003	GB/T 1099.1　键 6×10×25 表示 $b=6$ mm，$h=10$ mm，$D_1=25$ mm，$L=24.5$ mm 的半圆键
钩头楔键	 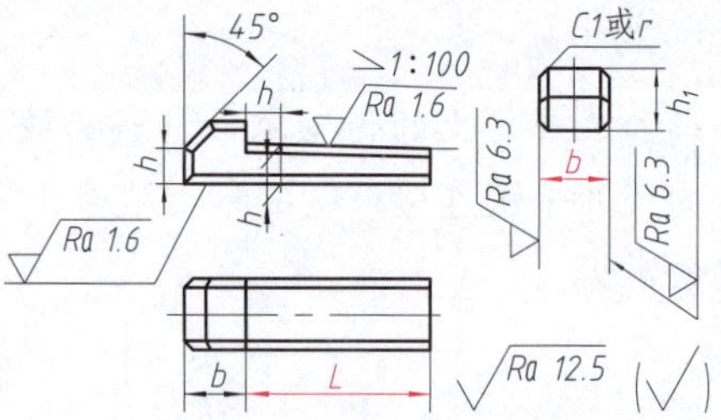 GB/T 1563—2017	GB/T 1563　键 18×100 表示 $b=18$ mm、$h=11$ mm、$L=100$ mm 的钩头楔键

2. 键连接的画法

画平键连接时，应已知轴的直径、键的型式、键的长度，然后根据轴的直径查阅相关标准选取键和键槽的断面尺寸，键的长度按轮毂长度在标准长度系列中选用。

零件图中键槽的一般表示法和尺寸注法如图7-20所示，键连接的画法如图7-21所示。普通平键在高度上两个面是平行的，键侧与键槽的两个侧面紧密配合，靠键的侧面传递转矩。

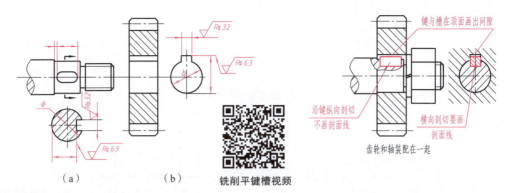

图 7 - 20　键槽的一般表示法和尺寸注法　　　　　　　**图 7 - 21　键连接的画法**

（a）轴上的键槽；（b）齿轮上的键槽

在画键连接时，若普通平键与槽在顶面不接触，则应画出间隙；沿普通平键纵向剖切时，普通平键按不剖处理；沿普通平键横向剖切时，要画剖面线，键的倒角或小圆角一般不画。

7.3.2　销连接

1. 常用销的种类、画法和标记

销是标准件，在机器零件之间主要起连接或定位作用。工程上常用的销有圆柱销、圆锥销，使用时应按相关标准（见附表 B - 8 和附表 B - 9）选用。

销的简化标记格式为

　　　　　名称　国家标准编号　型式　公称直径×公称长度

常用销的型式和标记示例如表 7 - 5 所示。

表 7 - 5　常用销的型式和标记示例

名称	图例		标记示例
圆锥销		A 型 1:50　　Ra 0.8 R_1　　　R_2 a　　l Ra 6.3 GB/T 117—2000	**销 GB/T 117　6×60** 表示公称直径 d = 6 mm，公称长度 l = 60 mm，材料为 35 钢，热处理硬度为 28 ~ 38HRC，表面氧化处理的 A 型圆锥销
圆柱销		A 型　公差 m6 ≈15°　　Ra 0.8 $R ≈ d$　　d l Ra 6.3 GB/T 119.1—2000	**销 GB/T 119.1 10m6×30** 表示公称直径 d = 10 mm，公差 m6，公称长度 l = 30 mm，材料为钢，不经淬火，不经表面处理的圆柱销

2. 销连接的画法

销连接的画法如图7-22所示。注意：当剖切面沿销轴线剖切时，销按不剖处理，垂直于销轴线剖切时，要画剖面线。

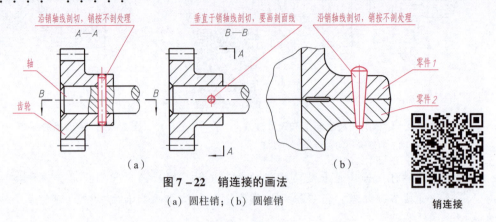

图7-22　销连接的画法

(a) 圆柱销；(b) 圆锥销

销连接

7.4　滚动轴承

滚动轴承是支撑轴并承受轴上载荷的标准部件，由于其摩擦力小、结构紧凑、拆卸方便，因此在机械装备中应用广泛。图7-23为铣刀头部件装配结构的立体图和示意图。其中，一对滚动轴承内圈与传动轴过盈配合，外圈与箱体过盈配合，起到支撑旋转轴的作用。

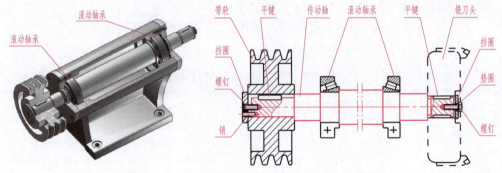

图7-23　铣刀头部件装配结构的立体图和示意图

7.4.1　滚动轴承的结构及分类

滚动轴承一般由外圈（上圈）、滚动体、内圈（下圈）和保持架4个部分组成，如图7-24所示。

外圈（上圈）——装在机座或轴承座的孔内，其最大直径为轴承的外径。

滚动轴承的应用

滚动体——装在内、外圈之间的滚道中，其形状可为球、圆柱、圆锥等。

内圈（下圈）——装在轴颈上，其内孔直径为轴承的内径。

保持架——将滚动体均匀隔开，有些滚动轴承无保持架。

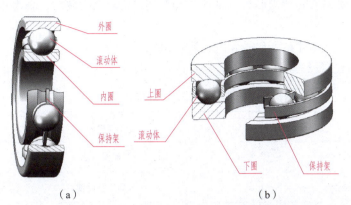
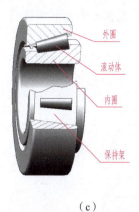

（a） （b） （c）

图7-24 滚动轴承结构及种类

（a）深沟球轴承；（b）推力球轴承；（c）圆锥滚子轴承

深沟球轴承 推力球轴承 圆锥滚子轴承

滚动轴承按内部结构和承受载荷方向的不同可分为以下3类。

向心轴承：主要承受径向载荷，如图7-24（a）所示的深沟球轴承。

推力轴承：仅承受轴向载荷，如图7-24（b）所示的推力球轴承。

向心推力轴承：能同时承受径向和轴向载荷，如图7-24（c）所示的圆锥滚子轴承。

7.4.2 滚动轴承的代号与标记

1. 滚动轴承的代号

GB/T 272—2017《滚动轴承　代号方法》规定，滚动轴承的代号由前置代号、基本代号和后置代号构成，三者的组合形式如表7-6所示。

表7-6 滚动轴承代号的组合形式

前置代号	基本代号（5位数字）					后置代号							
	五	四	三	二	一	1	2	3	4	5	6	7	8
		尺寸系列代号				内部结构	密封与防尘套类型	保持架及材料	轴承材料	公差等级	游隙	配置	其他
成套轴承部件代号	轴承类型代号	宽（高）度系列代号	直径系列代号	内径代号									

前置代号与后置代号 滚动轴承的结构形状、尺寸及公差技术要求有变化时，在基本代号前后添加的补充代号。

基本代号 由轴承类型代号、尺寸系列代号和内径代号组成。

（1）轴承类型代号用数字或字母表示，如表7-7所示。

表7-7 轴承类型代号（摘自 GB/T 272—2017）

代号	轴承类型	代号	轴承类型
0	双列角接触球轴承	6	深沟球轴承
1	调心球轴承	7	角接触球轴承
2	调心滚子轴承和推力调心滚子轴承	8	推力圆柱滚子轴承
3	圆锥滚子轴承	N	圆柱滚子轴承（双列或多列用字母 NN 表示）
4	双列深沟球轴承	U	外球面球轴承
5	推力球轴承	QJ	四点接触球轴承

（2）尺寸系列代号由轴承宽（高）度系列代号和直径系列代号组成，用两位数字表示。它的主要作用是当轴承内径相同时，区别用于适应不同受力工况的各种不同的宽度和外径。

（3）内径代号：当代号数字小于 04 时，即 00、01、02、03 分别表示轴承内径 $d =$ 10、12、15、17 mm；代号数字为 04～99 时，代号数字乘以 5 mm，即为轴承内径。

【例】 解释轴承基本代号 61806 中各数字的含义。

6 18 06

解：

"6"表示该轴承为 60000 型深沟球轴承。

"18"表示该轴承尺寸系列（宽度系列代号为1，直径系列代号为8）。

"06"表示内径代号，由此可求出该轴承的内径为 $d = 06 \times 5$ mm $= 30$ mm。

2. 滚动轴承的标记

滚动轴承的标记由 3 部分组成：轴承名称、轴承代号、国家标准编号。

标记示例：滚动轴承 6405 GB/T 276—2013。

7.4.3 滚动轴承的画法（GB/T 4459.7—2017）

滚动轴承是标准件，由专门的工厂生产。需要时，可根据要求确定轴承的型号选购即可，一般不画其部件图。在装配图中可根据 GB/T 4459.7—2017《机械制图 滚动轴承表示法》采用通用画法、特征画法和规定画法画出，如表7-8所示。其各部分尺寸可根据选定的轴承代号查阅相关的国家标准（查阅附表 B-10）。

表 7-8 常用滚动轴承的简化画法和规定画法

轴承名称、类型及标准代号	查表主要数据	通用画法	特征画法	规定画法
深沟球轴承 60000 型 GB/T 276—2013	D d B		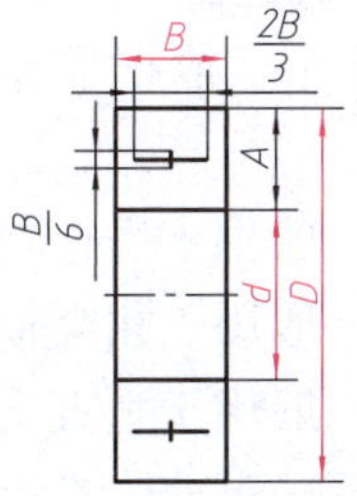	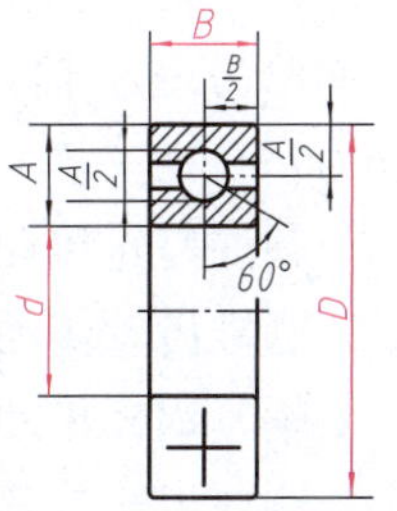
圆锥滚子轴承 30000 型 GB/T 297—2015	D d T C B	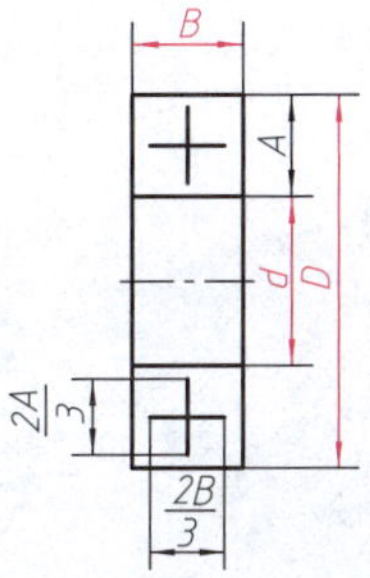	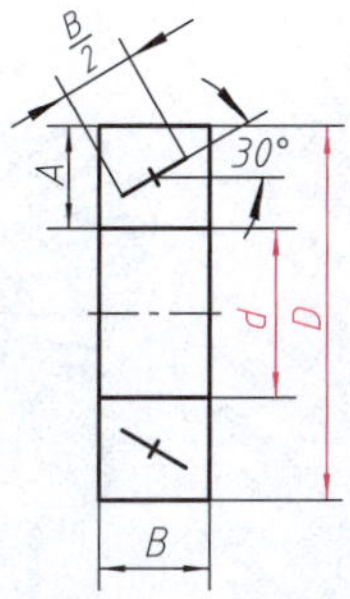	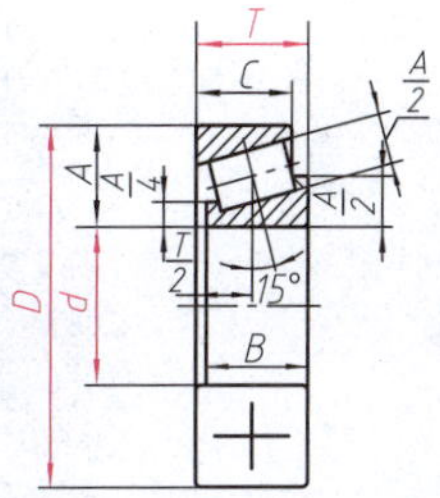
单向推力 球轴承 51000 型 GB/T 301—2015	D d T		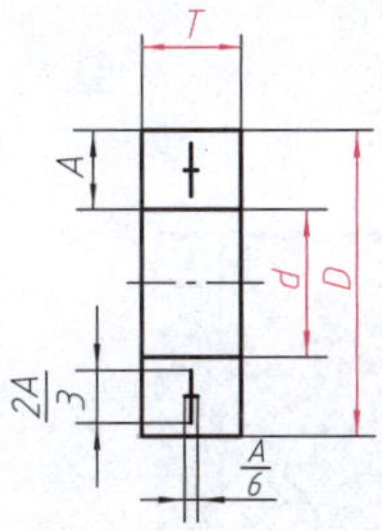	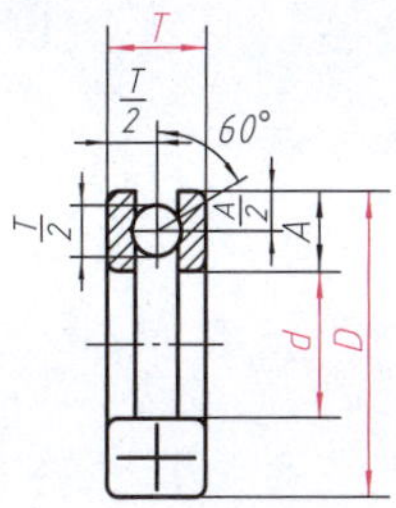

（1）通用画法。在剖视图中，当不需要确切地表示滚动轴承的外形轮廓、载荷特征、结构特征时，可用矩形线框及位于线框中央正立的十字形符号表示滚动轴承。

（2）特征画法。在剖视图中，如需较形象地表示滚动轴承的结构特征时，可采用在线框内画出其结构要素符号的方法表示滚动轴承。

通用画法和特征画法应绘制在轴的两侧。矩形线框、符号和轮廓线均用粗实线表示。

（3）规定画法。若要较详细地表达滚动轴承的主要结构，可采用规定画法表达。此时，轴承的保持架及倒角省略不画，滚动体不画剖面线，其内外圈可画成方向和间隔相同的剖面线。滚动轴承的倒角省略不画。规定画法一般只在轴的一侧用规定画法，另一半用通用画法。

7.5 齿轮

7.5.1 齿轮的基本知识

齿轮是机械传动中广泛应用的传动零件，它是利用一对啮合的轮齿将一个轴上的运动传递给另一个轴，同时可以根据需要改变轴的转速和旋转方向。常见的齿轮传动可区分为：

圆柱齿轮传动——一般用于平行轴间的传动，如图 7 - 25（a）所示；

圆锥齿轮传动——一般用于相交轴间的传动，如图 7 - 25（b）所示；

蜗轮蜗杆传动——一般用于垂直交叉轴间的传动，如图 7 - 25（c）所示。

圆柱齿轮按其齿形不同可分为直齿、斜齿和人字齿，其中最常见的是直齿圆柱齿轮，齿轮齿廓曲线多为渐开线。

（a） （b） （c）

图 7 - 25 常见的齿轮传动

（a）圆柱齿轮传动；（b）圆锥齿轮传动；（c）蜗轮蜗杆传动

圆柱齿轮传动 圆锥齿轮传动 蜗轮蜗杆传动

7.5.2 直齿圆柱齿轮各部分名称及代号

直齿圆柱齿轮各部分名称及代号如图 7 - 26 所示。

（1）齿顶圆直径（d_a）。在圆柱齿轮上，其齿顶圆柱面与端平面的交线，称为齿顶圆。

（2）齿根圆直径（d_f）。在圆柱齿轮上，其齿根圆柱面与端平面的交线，称为齿根圆。

（3）节圆直径（d'）和分度圆直径（d）。齿轮啮合传动时在节点处相切的一对圆称为节圆；标准齿轮的齿宽 e（相邻两齿廓在某圆周上的弧长）与齿厚 s（一个齿两侧齿廓在某圆周上的弧长）相等的圆称为分度圆，在标准齿轮中 $d' = d$。

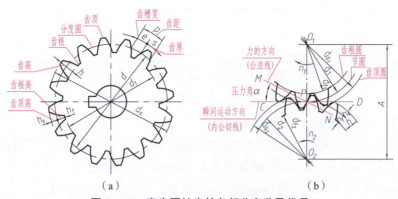

（a）　　　　　　　　　　　　　　　（b）

图 7 - 26　直齿圆柱齿轮各部分名称及代号

（a）单个齿轮；（b）一对啮合齿轮

（4）齿高（h）、齿顶高（h_a）、齿根高（h_f）。齿顶圆和齿根圆之间的径向距离称为齿高，用 h 表示；齿顶圆和分度圆之间的径向距离称为齿顶高，用 h_a 表示；齿根圆和分度圆之间的径向距离称为齿根高，用 h_f 表示，$h = h_a + h_f$。

（5）齿距（p）、齿厚（s）和齿宽（e）。在节圆和分度圆上，两相邻的同侧齿面间的弧长称为齿距，用 p 表示；一个轮齿齿廓间的弧长称为齿厚，用 s 表示；一个齿槽齿廓间的弧长称为齿宽，用 e 表示。在标准齿轮中，$s = e$，$p = e + s$。

（6）中心距（A）。两啮合齿轮轴线之间的距离称为中心距，用 A 表示。

7.5.3　直齿圆柱齿轮的基本参数

直齿圆柱齿轮的基本参数如下。

（1）齿数（z）。齿轮上轮齿的个数称为齿数，用 z 表示。

（2）模数（m）。齿轮上有多少齿，在分度圆上就有多少齿距，即分度圆圆周总长为

$$\pi d = zp$$

则分度圆上的直径为

$$d = \frac{p}{\pi} z$$

定义 $m = \dfrac{p}{\pi}$，即分度圆齿距 p 除以圆周率 π 所得的商，称为齿轮的模数，其单位为毫米（mm），即

$$d = mz$$

相互啮合的一对齿轮，其齿距 p 应相等。由于 $p = m\pi$，因此它们的模数亦应相等。当模数 m 发生变化时，齿高 h 和齿距 p 也随之变化。模数越大，轮齿越大，齿轮的承载能力越大；模数越小，轮齿越小，齿轮的承载能力越小。可见，模数是表征齿轮轮齿大小的重要参数。

圆柱齿轮各部分的尺寸都与模数成正比，为了便于设计和制造，GB/T 1357—2008《通用机械和重型机械用圆柱齿轮　模数》规定了圆柱齿轮模数的标准系列值，供设计和制造齿轮时选用，如表 7 - 9 所示。

表 7 – 9　圆柱齿轮模数的标准系列值　　　　　　　　　（单位：mm）

第一系列	1		1.25	1.5	2		2.5	3	4	5		6		8	10	12	16	20	25	32	40	50
第二系列	1.125	1.375	1.75	2.25	2.75	3.5	4.5	5.5	(6.5)	7	9	11	14	18	22	28	36	45

注：在选用模数时，应优先选用第一系列；其次选用第二系列；括号内模数尽可能不选用。

　　模数的标准化不仅可以保证齿轮具有广泛的互换性，还可以大幅减少齿轮规格，促进齿轮、齿轮刀具、机床及量仪生产的标准化。

　　（3）压力角（α）。两啮合齿轮的齿廓在接触点处的受力方向与运动方向之间的夹角称为压力角。如图 7 – 26 所示，过接触点 P 作齿廓曲线的公法线 MN，该线与两节圆公切线 CD 所夹锐角即为压力角。标准直齿圆柱齿轮的压力角一般取 $\alpha = 20°$。

　　注意：两标准直齿圆柱齿轮正确啮合传动的条件是模数和压力角都相等。

7.5.4　直齿圆柱齿轮各部分的尺寸关系

　　直齿圆柱齿轮各部分的尺寸关系如表 7 – 10 所示。

表 7 – 10　直齿圆柱齿轮各部分的尺寸关系

名称	符号	计算公式	计算举例
分度圆	d	$d = mz$	$d = 2 \times 32$ mm $= 64$ mm
齿顶高	h_a	$h_a = m$	$h_a = 2$ mm
齿根高	h_f	$h_f = 1.25m$	$h_f = 1.25 \times 2$ mm $= 2.5$ mm
齿高	h	$h = 2.25m$	$h = 2.25 \times 2$ mm $= 4.5$ mm
齿顶圆直径	d_a	$d_a = m(z + 2)$	$d_a = 2 \times (32 + 2)$ mm $= 68$ mm
齿根圆直径	d_f	$d_f = m(z - 2.5)$	$d_f = 2 \times (32 - 2.5)$ mm $= 59$ mm
齿距	p	$p = \pi m$	$p = 3.14 \times 2$ mm $= 6.28$ mm
齿厚	s	$s = \dfrac{1}{2}\pi m$	$s = \dfrac{1}{2} \times 3.14 \times 2$ mm $= 3.14$ mm
中心距	A	$A = \dfrac{1}{2}(d_1 + d_2) = \dfrac{1}{2}m(z_1 + z_2)$	—

注：已知模数 $m = 2$ mm，齿数 $z = 32$。

7.5.5　直齿圆柱齿轮的画法（GB/T 4459.2—2003）

1. 单个直齿圆柱齿轮的画法

　　视图画法　若不进行剖视，则齿根线可省略不画，如图 7 – 27（a）所示。

　　剖视画法　齿轮的主视图一般画成全剖视图。国家标准规定：轮齿部分按不剖绘制，齿顶线和齿根线用粗实线表达，分度线用细点画线表达，如图 7 – 27（b）所示。

　　端面视图画法　在表示齿轮端面的视图中，齿顶圆用粗实线表达，分度圆用细点画线表达，齿根圆用细实线表达或省略不画，如图 7 – 27（c）所示。

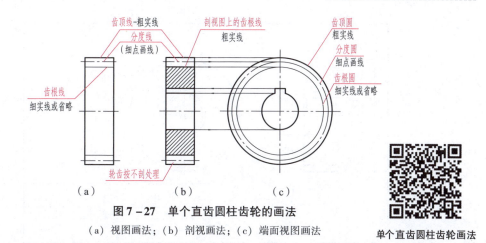

图 7 – 27 单个直齿圆柱齿轮的画法

（a）视图画法；（b）剖视画法；（c）端面视图画法

单个直齿圆柱齿轮画法

2. 直齿圆柱齿轮的啮合画法

视图画法 若不进行剖视，则啮合区内的齿顶线不必画出，此时分度线用粗实线绘制，如图 7 – 28（b）所示。

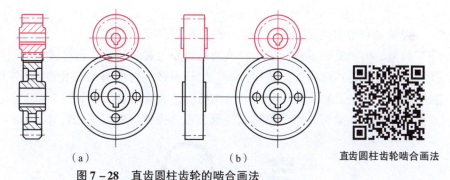

图 7 – 28 直齿圆柱齿轮的啮合画法

（a）直齿圆柱齿轮的啮合剖视图；（b）直齿圆柱齿轮的啮合视图

直齿圆柱齿轮啮合画法

在剖视图中，两轮齿啮合部分的分度线重合，用细点画线绘制；轮齿仍按不剖绘制，在啮合区一个轮齿用粗实线绘制，另一个轮齿被遮挡的部分用细虚线绘制（也可省略不画），齿根线均用粗实线绘制，如图 7 – 28（a）所示。

端面视图画法 在表示齿轮端面的视图中，两齿轮分度圆用细点画线表达，应相切；啮合区的齿顶圆均用粗实线绘制，齿根圆用细实线表达或省略不画，如图 7 – 28 所示。

两直齿圆柱齿轮啮合区的放大图及其规定画法的投影关系可参考图 7 – 29。齿轮零件图一般用两个视图或一个视图加上局部视图表示，取轴线水平非圆视图方向为主视图方向，主视图采取全剖视或半剖视，一般在图纸的右上角列出齿轮的基本参数。直齿圆柱齿轮零件图示例如图 7 – 30 所示。

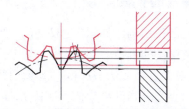

图 7 – 29 直齿圆柱齿轮啮合间隙的画法

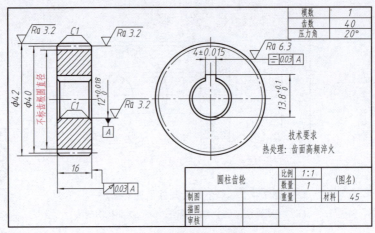

图 7－30　直齿圆柱齿轮零件图示例

7.6　弹簧

　　弹簧是利用弹性来减振、夹紧、测力和储存能量的零件。

　　弹簧的种类复杂多样，按形状不同主要分为螺旋弹簧、涡卷弹簧、板弹簧等；按受力性质不同主要分为压缩弹簧、拉伸弹簧、扭转弹簧和弯曲弹簧。普通圆柱弹簧由于制造简单，且可根据受载情况制成各种型式，结构简单，故应用最广，如图 7－31 所示。本节只介绍普通圆柱螺旋压缩弹簧（以下简称圆柱螺旋压缩弹簧）的画法和尺寸计算。

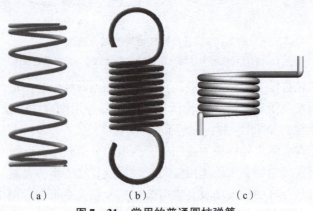

图 7－31　常用的普通圆柱弹簧

（a）压缩弹簧；（b）拉伸弹簧；（c）扭转弹簧

7.6.1　圆柱螺旋压缩弹簧的参数

　　圆柱螺旋压缩弹簧的参数与剖视图画法如图 7－32（b）所示。

　　（1）簧丝直径 d：制作弹簧钢丝的直径。

　　（2）弹簧外径 D_2：弹簧的最大直径，$D_2 = D + d$。弹簧内径 D_1：弹簧的最小直径，$D_1 = D_2 - 2d$。弹簧中径 D：弹簧的内径和外径的平均值，$D = (D_2 + D_1)/2 = D_2 - d$。

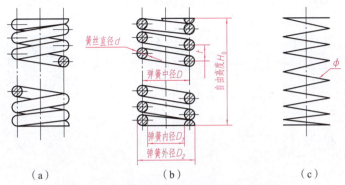

图 7 - 32　圆柱螺旋压缩弹簧的参数与画法

（a）视图画法；（b）参数与剖视图画法；（c）示意图画法

（3）弹簧节距 t：除支承圈外，相邻两圈截面中心线的轴向距离。

（4）支承圈数 n_0、有效圈数 n 和总圈数 n_1：两端夹紧磨平，起支撑作用的弹簧圈称为支承圈，支承圈数一般为 1.5、2、2.5；保持相等节距的圈数，称为有效圈数；有效圈数与支承圈数之和，称为总圈数，即 $n_1 = n + n_0$。

（5）自由高度 H_0：弹簧在不受外力作用时的高度（或长度），即

$$H_0 = nt + (n_0 - 0.5)d$$

（6）弹簧展开长度 L：制造弹簧时坯料的长度，由螺旋线的展开可知

$$L = n_1 \sqrt{(\pi D_2)^2 + t^2}$$

7.6.2　圆柱螺旋压缩弹簧的规定画法（GB/T 4459.4—2003）

1. 单个弹簧的画法

圆柱螺旋弹簧可画成视图、剖视图或示意图，如图 7 - 32 所示。画图时应注意以下 3 点。

（1）弹簧在平行于轴线的视图中，各圈的投影转向轮廓线画成直线。

（2）有效圈数在 4 以上的螺旋弹簧，允许每端只画 2 圈（不包括支承圈），中间各圈可省略不画，只画通过簧丝断面中心的 2 条细点画线。当中间部分省略后，可适当缩短图形的长度。

（3）在图样上，螺旋弹簧均可画成右旋，但左旋螺旋弹簧，无论画成左旋还是右旋，一律要加注 "LH"。

2. 圆柱螺旋压缩弹簧在装配图中的画法

（1）在装配图中，弹簧中间各圈采取省略画法，弹簧后面被遮挡的零件轮廓不必画出。可见轮廓线只画到弹簧钢丝的断面轮廓线或中心线上，如图 7 - 33（a）所示。

（2）当弹簧钢丝剖面的直径，在图形上小于或等于 2 mm 时，剖面可以用涂黑表示法；也可用示意图画法，如图 7 - 33（b）、（c）所示。

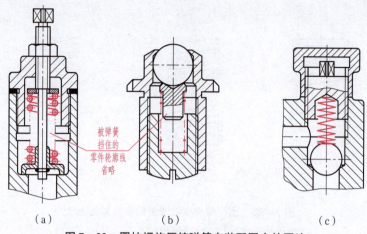

被弹簧挡住的零件轮廓线省略

（a）　　　　　　　　（b）　　　　　　　　（c）

图 7 - 33　圆柱螺旋压缩弹簧在装配图中的画法
（a）剖视图画法；（b）涂黑表示法；（c）示意图画法

7.6.3　圆柱螺旋压缩弹簧的标记

GB/T 2089—2009《普通圆柱螺旋压缩弹簧尺寸及参数（两端圈并紧磨平或制扁）》规定，普通圆柱螺旋压缩弹簧的标记由类型代号、规格、精度代号、旋向代号和标准代号组成，标记示例如下：

$$YA\ 1.2 \times 8 \times 40\ 左\quad GB/T\ 2089—2009$$

【本章内容小结】

	内容	要点
标准件	螺纹紧固件	种类（螺栓、螺柱、螺钉、螺母、垫圈等） 规定标记（会查国家标准） 连接画法（螺栓连接、螺柱连接、螺钉连接）
	键	分类（普通平键、半圆键、钩头楔键） 平键标记（会查国家标准） 平键画法（键槽的表达与尺寸标注、键连接画法）
	销	分类（圆柱销、圆锥销） 标记（会查国家标准） 装配画法
	轴承	滚动轴承基本代号（会查国家标准） 画法（简化画法、规定画法）
常用件	齿轮	齿轮种类（圆柱齿轮、圆锥齿轮、蜗轮蜗杆） 直齿圆柱齿轮的基本参数和尺寸关系 直齿圆柱齿轮的画法
	弹簧	圆柱螺旋压缩弹簧的参数与计算 弹簧画法 弹簧标记

【素质拓展】

　　通过本章的学习，我们知道标准件是指结构、尺寸、画法、标记等各个方面已经完全标准化，并由专业厂生产的常用的零（部）件，如螺纹紧固件、键、销、滚动轴承等。

　　国内俗称的标准件是标准紧固件的简称，是狭义概念。广义标准件包括标准化的紧固件、连接件、传动件、密封件、液压元件、气动元件、轴承、弹簧等机械零件。此外还有行业标准件，如汽车标准件、模具标准件、航空标准件等。例如，我国自行设计制造的 C919 大飞机包含了众多的管线、插接件等航空标准件，整个大飞机共有各类标准件 100 多万个。

　　一个行业越成熟，标准化、通用化程度越高，标准件就越多，行业成本就越低。一个国家能够生产的标准件越多，整体的工业实力就越强。大飞机的研制带动的是中国工业体系的整体升级。

国产 **C919** 大飞机

第8章 零件图

本章主要介绍与零件图相关的基本知识。通过对本章的学习，应达到如下基本要求：

（1）能够根据零件的结构特点选择恰当的表达方法；

（2）能够根据零件的结构和加工特点正确地选择尺寸基准，并按国家标准要求标注尺寸；

（3）理解表面结构、极限与配合和几何公差等技术要求的含义及标注方法，会查表并在零件图中正确标注；

（4）熟悉零件上常见的工艺结构，能正确表达、标注与阅读；

（5）理解零件图的识读方法，能读懂较为复杂的零件图。

8.1 零件图的作用与内容

1. 零件图的作用

任何机器或部件都是由一定数量、相互联系的零件按照一定的装配关系和要求装配而成的。如图 8-1 所示，铣刀头由座体、带轮、传动轴、端盖、轴承、螺钉、键等零件组成。根据零件在机器中的作用不同，可将其分为一般零件（如座体、带轮、传动轴、端盖等）、传动件（如齿轮等）和标准件（如轴承、螺钉、键、销等）。

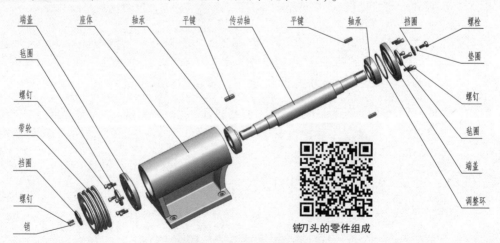

铣刀头的零件组成

图 8-1 铣刀头的零件组成

表达单个零件的结构形式、尺寸大小及技术要求等内容的图样，称为零件图。零件图是制造和检验零件的主要依据，是组织生产的主要技术文件之一。一般零件、传动件都需要绘制相应的零件图,对于标准件通常不必画零件图,只要标注出它们的规定标记,按规定标记查阅有关的标准,便能得到相应的结构形状、尺寸和相关的技术要求。

2. 零件图的内容

铣刀头上带轮的零件图如图 8 – 2 所示,从图中可以看出完整的零件图包含以下内容。

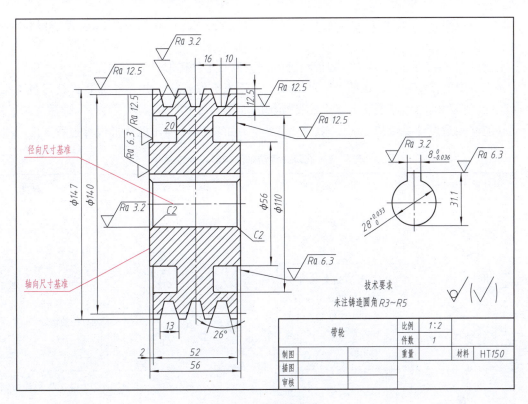

图 8 – 2 带轮零件图

(1)一组视图:用视图、剖视图、断面图及其他规定画法,正确、完整、清晰地表达零件的内、外结构形状。

(2)一组尺寸:表达零件在生产、检验时所需的全部尺寸。

(3)技术要求:用规定的代号和文字,说明零件制造、检验过程中应达到的各项技术要求,如表面粗糙度、极限与配合、几何公差、热处理及表面处理等要求。

(4)标题栏:标题栏中应填写零件的名称、代号、材料、比例,以及设计、绘图和审核人员的签名和日期等。

8.2 零件的构形设计与工艺结构

1. 零件的构形设计

机器(或部件)中作用不同的零件,其结构形状、大小和技术要求也不同。因此,零件的结构形状是由设计要求、加工方法、装配关系、技术经济思想和工业美学等要求决定的。

（1）从设计要求方面看，零件在机器（或部件）中，可以起到支撑、容纳、传动、配合、连接、安装、定位、密封和防松等一项或几项作用，这是决定零件主要结构的依据。

（2）从工艺要求方面看，为了使零件的毛坯制造、加工、测量，以及装配和调整工作能进行得更顺利、方便，应设计出圆角、起模斜度、倒角等结构，这是决定零件局部结构的依据。

（3）从实用和美观方面看，人们不仅要求产品实用，而且要求产品轻便、经济、美观等。

下面以图8-1所示铣刀头中的传动轴为例，说明零件构形设计的过程。

铣刀头中的传动轴，装在两个滚动轴承上，用来支撑带轮，并与外部装置铣刀盘连接，将带轮的转矩和动力传递到铣刀盘上。传动轴的加工方法主要是车削，然后铣键槽。为了使传动轴能够满足设计要求和工艺要求，它需要经历如表8-1所示的构形设计过程。

表8-1　铣刀头传动轴的构形设计过程

结构形状形成过程	主要考虑问题	结构形状形成过程	主要考虑问题
（1）	为了安装带轮，制出一轴颈	（5）	右端与左端设计相同，为安装轴承、端盖和外接装置（铣刀盘），分别增加3段不同直径的轴颈
（2）	为了轴向固定带轮，左端增加一稍大于轴肩的轴颈，并使轴颈穿过端盖放置密封毡圈		
（3）	为了安装轴承支撑轴，左端增加一轴颈	（6）	为安装带轮传递动力，左端轴颈上设计一键槽；为安装外接装置（铣刀盘）传递动力，右端轴颈上设计双键槽；为轴向固定带轮和铣刀盘，左右两端面分别钻螺钉孔，便于安装挡圈；为加工和装配方便，多处做成倒角和退刀槽
（4）	为了轴向固定轴承，增加直径稍大的轴颈，形成轴肩		

通过零件的构形分析，可对零件上的每一结构的功用加深认识，从而能够正确、完整、清晰和简便地表达出零件的结构形状，正确、清晰、完整与合理地标注出零件的尺寸和技术要求。

2. 零件的常见工艺结构

为了使零件的毛坯制造、机械加工和装配更加顺利便捷，确定零件主体结构之后，还必须设计出合理的工艺结构。零件常见的工艺结构如表8-2所示。

表 8-2 零件常见的工艺结构

名称		图例	说明
铸造工艺结构	拔模斜度	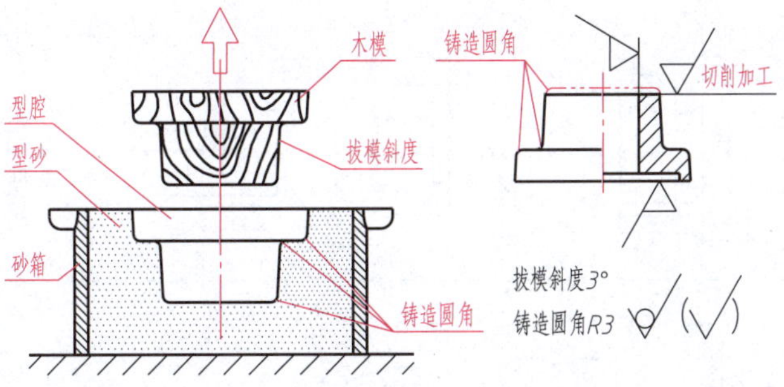 木模 型腔 型砂 砂箱 铸造圆角 拔模斜度 切削加工 铸造圆角 拔模斜度3° 铸造圆角R3	为了铸造时便于将样模从砂箱中取出，在铸件的内外壁加工出拔模斜度，一般为1:20。拔模斜度在图中可不画出、不标注
	铸造圆角与过渡线	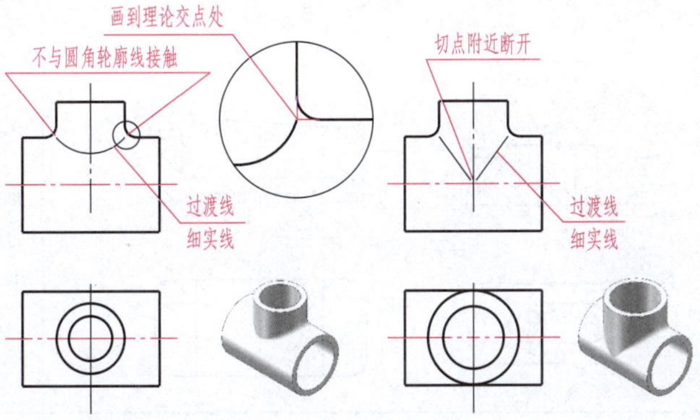 画到理论交点处 不与圆角轮廓线接触 过渡线细实线 切点附近断开 过渡线细实线	为了满足铸造工艺要求，防止铸造过程中产生裂纹、夹砂，在铸件各表面转角处加工出圆角。其尺寸可注在技术要求中，如"铸造圆角R3"。由于铸造表面的转角处有圆角，使表面的交线变得不清晰。为看图时区分不同的表面，在投影图中仍要画出理论上的交线，但两端不与轮廓线接触，此线称为过渡线，用细实线绘制
	铸件壁厚	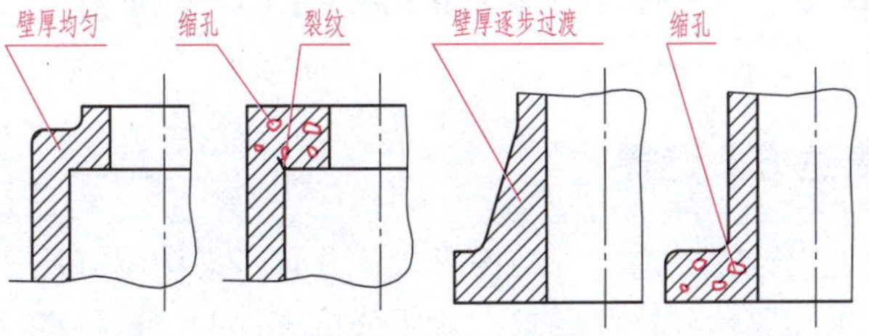 壁厚均匀 缩孔 裂纹 壁厚逐步过渡 缩孔 合理 不合理 合理 不合理	为避免铸件浇铸后因冷却速度不同而产生缩孔、裂缝等缺陷，空心铸件壁厚应均匀或逐渐过渡
机械加工工艺结构	倒角和倒圆	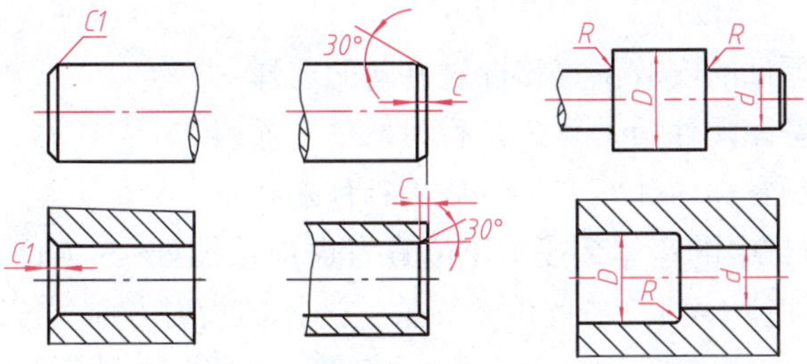 $C1$ 30° C R R $C1$ C_1 30° D d 45°倒角注法 非45°倒角注法 倒圆注法	为了便于装配和保护装配面不受损伤，在轴或孔的端部一般都加工出倒角。C_1表示45°的倒角，倒角深度1 mm。为了防止应力集中产生裂纹，往往在阶梯轴和孔肩处加工出倒圆

名称	图例	说明
机械加工工艺结构 退刀槽及砂轮越程槽	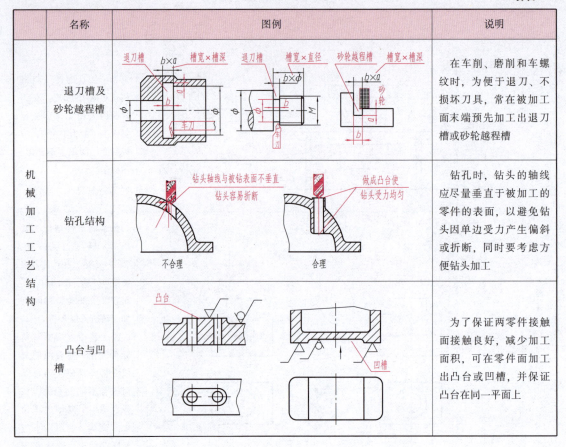	在车削、磨削和车螺纹时，为便于退刀、不损坏刀具，常在被加工面末端预先加工出退刀槽或砂轮越程槽
钻孔结构		钻孔时，钻头的轴线应尽量垂直于被加工的零件的表面，以避免钻头因单边受力产生偏斜或折断，同时要考虑方便钻头加工
凸台与凹槽		为了保证两零件接触面接触良好，减少加工面积，可在零件面加工出凸台或凹槽，并保证凸台在同一平面上

8.3　零件的表达方案与尺寸标注

8.3.1　零件的表达方案选择

正确、完整、清楚地表达零件内、外结构形状，并且考虑读图方便、画图简单，是选择零件表达方案的基本要求。要达到这些要求，就要分析零件的结构特点，选用恰当的表达方法。首先应选择主视图，再选择其他视图及表达方法。

1. 主视图的选择

主视图的选择包括零件的安放位置和投射方向的选择。

零件的安放位置应符合零件的工作位置和加工位置原则。

主视图的投射方向应突出零件各部位的形状和位置特征。

如图8-1所示铣刀头中的座体，按工作位置考虑应按图8-3（a）所示位置安放（为看清圆筒内部结构假想剖掉1/4）。按此位置安放，选择的投射方向一般有A、B向。

如选B向为投射方向，如图8-3（c）所示，圆筒、支撑板、肋板和底板的结合情况比较清晰，但圆筒内部阶梯孔结构无法表达；如选A向为投射方向，得到图8-3（b）所示的主视图，能表达圆筒、支撑板、肋板和底板的结合情况，虽不及 *B* 向方案清晰，但圆筒的内外部结构和端面螺纹孔的表达清晰，同时 *A* 向是铣刀头装配图的主视图方向（见第 9 章图 9 - 2)，拆画铣刀座零件图非常方便，所以选择 *A* 向为主视图的投射方向。

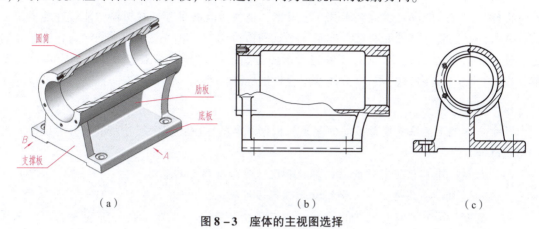

（a）　　　　　　　　　　　　　（b）　　　　　　　　　　　　　（c）

图 8 - 3　座体的主视图选择

（a）座体的安放位置；（b）选择 *A* 向为主视图的投射方向；（c）选择 *B* 向为主视图的投射方向

2. 其他视图及表达方法的选择

其他视图及表达方法的选择，要根据零件的复杂程度和内、外结构情况等进行综合考虑，使每个视图或表达方法都有一个表达的重点。优先选择基本视图及在基本视图上作剖视图或断面图等。

铣刀座体的主视图选好后，再选图 8 - 3（c）作为左视图，表达圆筒端面螺纹孔的分布、左右支撑板的形状和中间肋板的厚度，支撑板、肋板形状，以及圆筒、底板的结合情况，另选俯视图（因对称画一半）补充表达圆筒和底板的形状特征，如图 8 - 4 所示。

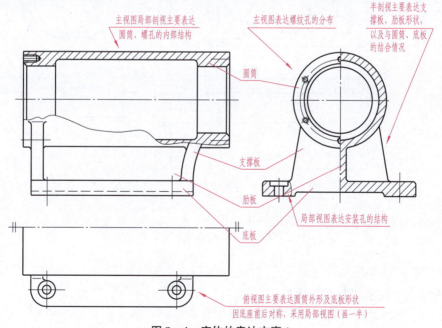

图 8 - 4　座体的表达方案 1

8.3.2 零件的尺寸标注

在第 1 章中介绍了国家标准规定的尺寸注法，第 4 章讨论了组合体的尺寸注法。本节讨论怎样标注尺寸才能满足设计要求和工艺要求，也就是既满足零件在机器中能很好地承担工作的要求，又能满足零件的制造、加工、测量和检验要求，这一要求通常归结为标注尺寸的合理性。在标注尺寸时，必须对零件进行形体分析、结构分析和工艺分析，确定零件的基准，选择合理的标注形式，结合具体情况合理地标注尺寸。

1. 尺寸基准

尺寸基准就是标注或度量尺寸的起点。根据基准的作用不同，尺寸基准又分为设计基准和工艺基准。

（1）设计基准：根据零件的结构形状和设计要求而确定的基准。

（2）工艺基准：为便于加工和测量而确定的基准。

因为基准是每个方向上尺寸的起点，所以 3 个方向（长、宽、高）都应有基准。选择尺寸基准时，尽量使设计基准与工艺基准重合，这样既能满足设计要求，又能满足工艺要求。当两者不能统一时，应选择设计基准为主要基准，工艺基准为辅助基准。但要注意的是，主要基准与辅助基准之间必须要有一个联系尺寸。

座体的尺寸基准选择及主要尺寸标注如图 8－5 所示。

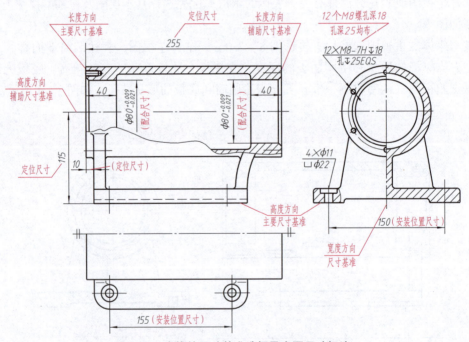

图 8－5　座体的尺寸基准选择及主要尺寸标注

2. 尺寸标注的基本原则

1）重要尺寸应从设计基准出发直接标注

重要尺寸是指零件上与机器的使用性能和装配质量有关的尺寸，如配合关系表面的尺寸、零件上各结构间的重要相对位置的定位尺寸及零件的安装位置尺寸等。图 8－5 中配

合尺寸 $\phi 80_{-0.021}^{+0.009}$，各形体之间相对位置的定位尺寸 115、10 和座体的安装位置尺寸 155、150 都是重要尺寸。

2）尺寸不要标注成封闭的形式

如图 8-6（a）所示，总长 L 和各段长度 A、B、C，这 4 个尺寸组成封闭环，将给加工造成困难。若 B 尺寸为不重要的一环，则应标注成图 8-6（b）所示的样式，这样可使制造误差全部集中在这个环上，而保证精度要求较高的尺寸 $26_{0}^{+0.21}$、$50_{0}^{+0.25}$。

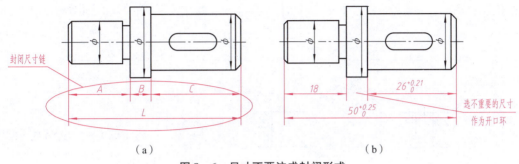

图 8-6 尺寸不要注成封闭形式

（a）错误注法；（b）正确注法

3）尺寸标注要便于加工与测量

尺寸标注要便于加工与测量，如图 8-7 所示。

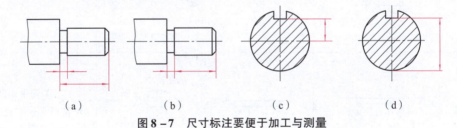

图 8-7 尺寸标注要便于加工与测量

（a）便于加工；（b）不便于加工；（c）不便于测量；（d）便于测量

3. 零件上常见结构要素的尺寸标注

零件上一些常见结构要素，如光孔、螺纹孔、沉孔、平键键槽、倒角、退刀槽及砂轮越程槽等，应按一定的标注方式进行尺寸标注，如表 8-3 所示。

表 8-3 零件上常见结构要素的尺寸标注

零件结构类型		普通注法	旁注法		说明
光孔	一般孔	4×φ5	4×φ5	4×φ5▽10	"▽"为深度符号，4×φ5 表示直径为 5 mm，找规律分布的 4 个光孔。孔深可与孔径连注，也可分开注出

续表

零件结构类型		普通注法	旁注法	说明
光孔	锥销孔	该孔无普通注法	锥销孔φ5 装配时配作 锥销孔φ5 装配时配作	φ5 为与锥销孔相配的圆锥销小头直径，"配作"指该孔与相邻零件的同位锥销孔一起加工
螺纹孔	通孔	3×M6-6H EQS	3×M6-6H EQS 3×M6-6H EQS	"EQS"为均布孔的缩写词，3×M6 表示直径为 6 mm，有规律分布的 3 个螺纹孔。可以旁注，也可以直接注出
	不通孔	3×M6-6H	3×M6-6H▽10 孔▽12 3×M6-6H▽10 孔▽12	
沉孔	锪平孔	⊔φ16 4×φ7	4×φ7⊔φ16 4×φ7⊔φ16	"⊔"为锪平孔符号，⊔φ16 的深度不需标注，一般锪平到不出现毛面为止
	锥形沉孔	90° φ13 6×φ7	6×φ7 ▽φ13×90° 6×φ7 ▽φ13×90°	"▽"为埋头孔符号，该孔用于安装开槽沉头螺钉，6×φ7 表示直径为 7 mm，有规律分布的 6 个孔。锥形部分尺寸可以旁注，也可直接注出
	柱形沉孔	φ10 3.5 4×φ6	4×φ6 ⊔φ10▽3.5 4×φ6 ⊔φ10▽3.5	"⊔"为沉孔符号（与锪平面孔符号相同），该孔用于安装内六角头螺钉，柱形沉孔的直径为 10 mm，深度为 3.5 mm，均需注出，4×φ6 的意义同上

8.3.3　典型零件表达方案与尺寸标注

生产实际中的零件种类繁多，形状、作用和加工方法各不相同，为了便于分析和掌握，根据它们的结构形状和作用不同，大致可以分为轴套类零件、轮盘类零件、叉架类零件和箱体类零件等。

1. 轴套类零件

（1）功能及结构特点。轴套类零件多用于传递运动、转矩和定位，如轴、套筒、衬套和螺杆等，主要由直径不同的圆柱、圆锥等回转体组成，轴向尺寸远大于径向尺寸。由于设计、加工和装配上的需要，此类零件上常有倒角、螺纹、键槽、销孔、退刀槽、中心孔和砂轮越程槽等结构。

（2）表达方法。轴套类零件多在车床和磨床上加工，其主视图按加工位置将轴线水平放置，主视图的投射方向垂直于轴线，键槽尽量转向正前方。轴套类零件一般只用一个视图（主视图）表达，对于轴上的孔、键槽等结构，一般用移出断面图和局部剖视图表达，一些退刀槽、砂轮越程槽等细部结构可采用局部放大图表达。较长轴可采用折断画法，对于空心轴或套，可用全剖视图或局部剖视图表达。

（3）尺寸标注。可选择轴线为径向（或高度、宽度）的主要尺寸基准，选择比较重要的端面或安装结合面为轴向（或长度）的主要基准。注意按加工顺序安排尺寸，把不同工序的尺寸分别集中，方便加工和测量。

下面以铣刀头部件中的传动轴为例，介绍轴套类零件的功能结构、表达方案与尺寸分析。

传动轴交互模型

1）传动轴的功能结构分析（图 8 – 8）

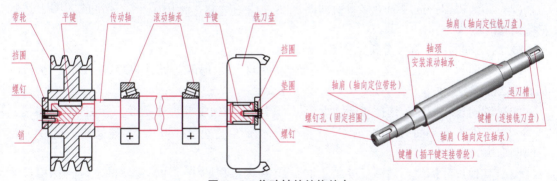

图 8 – 8　传动轴的结构特点

传动轴在铣刀头中主要起支撑零件、传递动力的作用。轴的两端装有带轮和铣刀盘，通过平键与轴连接传递动力，还装有一对滚动轴承作为轴的支撑。带轮、铣刀盘、滚动轴承等往轴上装配时，需要轴向、周向定位，则设有轴肩、螺纹孔、键槽等结构。

传动轴的表达
与尺寸标注

2）传动轴的表达方案分析（图 8 – 9）

（1）主视图：常规轴一般采取轴线水平放置，平键槽朝前的方案。但是，铣刀头传动轴的结构有其特殊性：一是轴的两端都有螺纹孔和销孔，其位置与键槽在一个公共对称面上；二是为了承受铣刀工作时强大的转矩，轴右端安装铣刀盘的轴颈设有对称的两个键槽。

为了能够同时表达这些结构，采用了键槽朝上、两端局部剖视的表达方法。此外，由于φ44轴段较长，该轴段采用了折断画法。

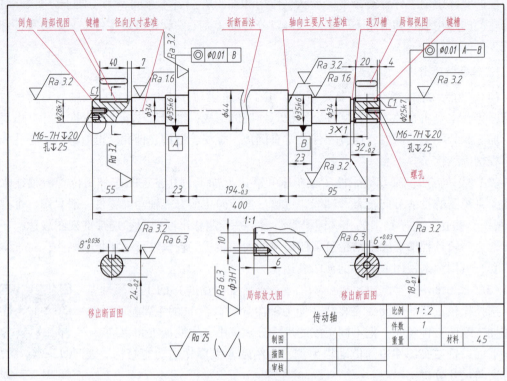

图 8 – 9　传动轴零件图

（2）其他视图：选用两个移出断面图表达键槽的形状，采用了一个局部放大图表达轴左端销孔的形状。

3）传动轴的尺寸标注分析（图 8 – 9）。

（1）径向尺寸标注：选择轴的中心线为径向尺寸基准，标注 φ28k7、φ34、φ35k6、φ44、φ25k7 等尺寸。

（2）轴向尺寸标注：选择右端轴承定位轴肩作为轴向主要尺寸基准，标注 95、$194_{-0.3}^{0}$、23 等尺寸，左右两端面为轴向辅助尺寸基准，标注 $32_{-0.2}^{0}$、4、400、55 等尺寸。7、4 为左右两侧键槽的定位尺寸。

（3）其他尺寸标注：键槽长度尺寸 40、20 在局部视图中标注，键槽的宽度、深度尺寸在移出断面图中标注，如左键槽 $8_{0}^{+0.036}$、$24_{-0.2}^{0}$，右键槽 $6_{0}^{+0.03}$、$18_{-0.1}^{0}$。退刀槽的长、深用 3×1 表示。两侧螺纹孔的尺寸采用旁注法直接在中心线处引出标注。

2. 轮盘类零件

（1）功能及结构特点。轮盘类零件包括各种手轮、带轮、法兰盘和轴承盖等，在机器或部件中主要起传动、支撑或密封作用。轮盘类零件的主体结构也为回转体，但径向尺寸远远大于轴向尺寸，形状呈扁平的盘状，其上有一些沿圆周分布的孔、肋和槽等辅助结构。

（2）表达方法。轮盘类零件主要加工表面以车削加工为主，通常采用两个基本视图，一般取非圆视图（A 向）作为主视图，其轴线水平放置，并采用全剖视图，当圆周上分布的肋、孔等结构不在对称平面上时，可采用简化画法或旋转剖视图。另一个基本视图表达其外形轮廓和各组成部分，如孔、轮辐等的相对位置，另采用一些局部放大视图和局部剖视图等表达其辅助结构。

（3）尺寸标注。轮盘类零件尺寸基准选择与轴套类零件相同。对于均布的孔，其定位尺寸通常要注出定位圆周的直径，如图 8－11 中的 $\phi98$。

下面以铣刀头部件中的端盖为例，介绍轮盘类零件的功能结构、表达方案与尺寸标注。

1）端盖的功能结构分析（图 8－10）

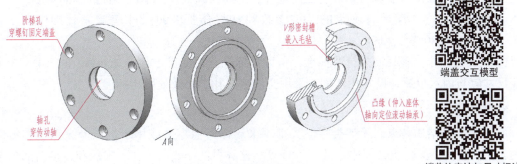

端盖交互模型

端盖的表达与尺寸标注

图 8－10　端盖的结构特点

端盖在铣刀头中主要起对轴系部件的轴向固定和密封的作用。端盖中心制有轴孔使传动轴穿过，轴孔内制有密封槽，槽内放入毛毡且紧抱轴，起到防漏防尘的密封作用。在端盖的周边制有 6 个均布的孔，用螺钉将其与座体连接，实现对轴系部件的固定。

2）端盖的表达方案分析（图 8－11）

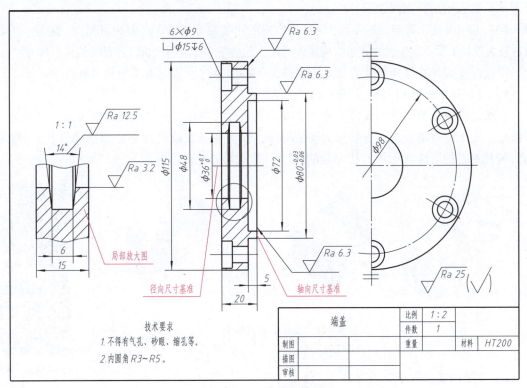

图 8－11　端盖零件图

（1）主视图：端盖的主体结构形状是带轴孔的同轴回转体，主视图按照加工位置，使端盖轴线水平放置，采用全剖视图，表达轴孔、密封槽和周边阶梯螺钉孔的形状。

（2）左视图：采用局部视图（画一半）表达周边 6 个均布螺钉孔的分布情况。

（3）其他视图：为了更清晰地标注密封槽的尺寸，对其采取了 1∶1 的局部放大图（注：主、俯视图的比例是 1∶2）。

3）端盖的尺寸标注分析（图 8 – 11）

（1）尺寸基准：以端盖的轴线为径向基准，选择与调整环接触的端面为轴向基准。

（2）主要尺寸：设计时确定的结构参数和有配合要求的尺寸应首先直接标出。如 $\phi36^{+0.1}_{0}$、$\phi72$、$\phi80^{-0.03}_{-0.06}$、$\phi98$。

（3）其他尺寸：密封槽为行业标准，可以按标准获得标准数值，如 $\phi48$、6、14°。6 个沉孔尺寸应与内六角螺钉尺寸相匹配，采用旁注法在孔中心线处引出标注。

3．叉架类零件

（1）功能及结构特点。叉架类零件大都用来支撑其他零件或用于机械操纵系统和传动机构，主要包括拨叉、支架、中心架和连杆等。这类零件一般由工作、安装和连接 3 部分组成，工作部分一般为圆筒、半圆筒或带圆弧的叉；安装部分多为方形或圆形底板；连接部分常为各种形状的肋板，形状较为复杂、不规则，常具有不完整和歪斜的形体。

（2）表达方法。叉架类零件一般需要多道加工工序，往往没有不变的加工位置，所以主视图一般按其工作位置放置。一般用两个或两个以上的基本视图表达主要结构形状，并在基本视图上作适当剖视表达内部形状，用局部视图、斜视图、向视图或剖视图等表达歪斜部分形状，肋板则用断面图表示。

（3）尺寸标注。叉架类零件长、宽、高方向的主要尺寸基准，一般为对称面、轴线、中心线或较大的加工面。定位尺寸较多，应优先标注，然后按形体分析法标注各部分的定形尺寸。

下面以支架和托架为例，介绍叉架类零件的功能结构、表达方案与尺寸标注。

1）支架的功能结构分析（图 8 – 12）

支架是滑轮支架部件的支撑零件，主要由立板、安装板、连接板及肋板组成。立板为工作部分，用于支撑滑轮组。安装板为安装部分，设有两个安装孔用来穿螺栓（钉）。连接板加之与其垂直的肋板（增加连接部分的强度）为支架的连接部分。

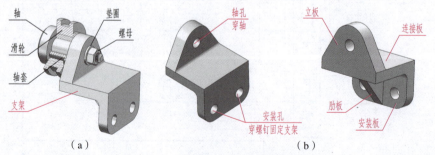

图 8 – 12　支架的结构特点

（a）滑轮支架立体图；（b）支架零件立体图

支架交互模型

支架的结构、表达与尺寸标注

2）支架的表达方案分析（图 8 – 13）。

（1）主视图：以支架的工作位置摆放，选能反映支架 4 个组成部分形状特征和相对位置的方向作投射方向。全剖视图表达立板及轴孔的结构，局部剖视图表达安装孔的结构。

（2）左视图：主要表达立板、安装板的形状和安装孔、肋板的位置。

（3）其他视图：采用移出断面图表达肋板的断面形状。

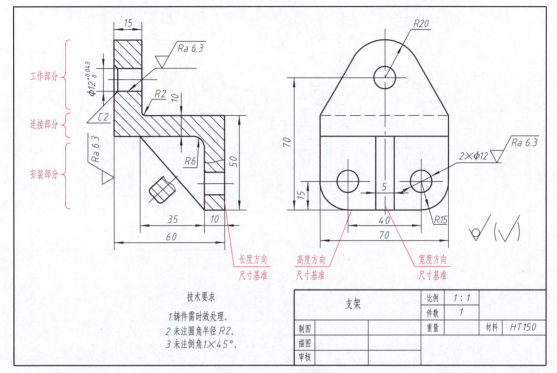

图 8 – 13　支架零件图

3）支架的尺寸标注分析（图 8 – 13）

（1）尺寸基准。选用固定板的右侧垂直面作为长度方向尺寸基准，下端面作为高度方向尺寸基准，由于支架是前后对称结构，故选前后对称面作为宽度方向尺寸基准。

（2）尺寸标注。支架的主要尺寸为轴孔的位置尺寸 70，安装孔的位置尺寸 40、15，与其他零件配合的尺寸主要为轴孔直径 $\phi 12_{0}^{+0.043}$、安装孔直径 $2 \times \phi 12$。其他尺寸可以按立板、连接板、安装板及肋板的定形尺寸来标注。

同理，托架的结构特点如图 8 – 14 所示，表达方案和尺寸标注如图 8 – 15 所示。

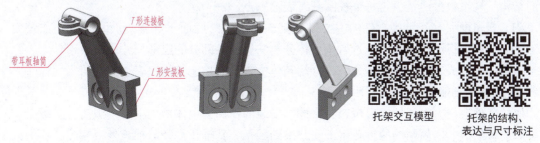

托架交互模型　　托架的结构、表达与尺寸标注

图 8 – 14　托架结构特点

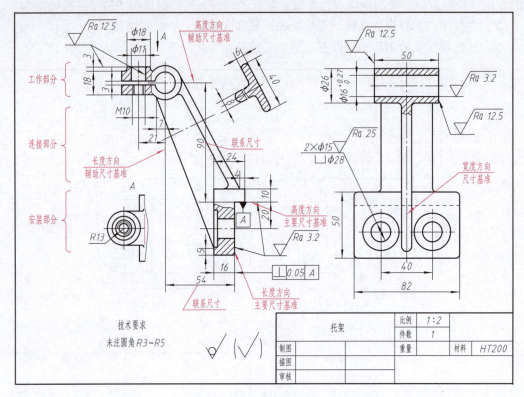

图 8-15　托架零件图

4. 箱体类零件

（1）功能及结构特点。箱体类零件包括阀体、泵体和箱体等，在机器或部件中主要起包容、支撑或定位其他零件的作用。箱体类零件多为外形简单、内形复杂的箱体，常有内腔、轴承孔、凸台、凹坑、肋、安装底板、安装孔、螺纹、销孔等，结构形状较为复杂。

（2）表达方法。箱体类零件常按工作位置放置，以最能反映形状特征、主要结构和各组成部分相对位置的方向作为主视图的投射方向。一般要用 3 个或 3 个以上的基本视图表达，并在基本视图上作各种剖视图表达内部结构，另用局部剖视图表达基本视图尚未表达清楚的结构。视图数量尽量少，每个视图都有表达重点。

（3）尺寸标注。箱体类零件的主要尺寸基准，一般为底面、重要端面、对称面或较大的加工面，可先标注定位尺寸，然后按形体分析法标注各部分的定形尺寸。

下面以铣刀头部件中的座体为例，介绍箱体类零件的功能结构、表达方案与尺寸标注。

1）座体的功能结构分析（图 8-16）

座体零件在铣刀头部件中起包容、支撑、安装的作用，主体结构主要由圆筒、底板、支撑板和肋板组成。圆筒两端的轴孔用于安装滚动轴承，其轴孔直径与轴承外径相配合；为减小加工面积，增大圆筒中部直径，可以直接铸出，不必加工；为保证轴承密封，圆筒左右两端面各制有与端盖连接的 6 个螺纹孔。

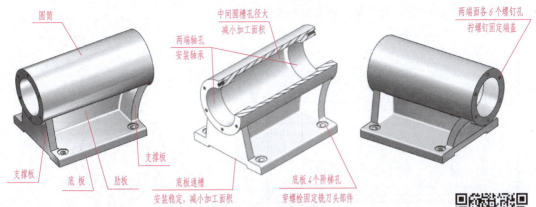

图 8-16 座体结构特点

座体交互模型

座体的结构、表达
与尺寸标注

座体的底板用于把铣刀头部件安装在机器上，是制有 4 个安装孔的长方形板。为保证安装平稳并减少加工面，底板下方设计成凹槽。圆筒、底板用支撑板和肋板连接，其结构形状与厚度根据其受力情况而定。

2）座体的表达方案分析

座体零件的结构形状比较复杂，一般需要多个视图分别表达其空腔和外部结构形状，表达方案不唯一，8.3.1 中图 8-4 给出了表达方案 1，图 8-17 给出了表达方案 2，两种表达方案具有各自的优缺点，如表 8-4 所示。

表 8-4 座体表达方案的比较

比较项目	表达方案 1	表达方案 2
视图选择	采用 3 个基本视图	采用 2 个基本视图、1 个局部视图
主视图摆放与投射方向	按工作位置摆放，投射方向选垂直于圆筒轴线的方向。两种表达方案一致	
第一个视图	主视图：采用局部剖视图，重点表达圆筒的内部结构，以及支撑板与圆筒、底板的外部连接关系	主视图：采用全剖视图，重点表达 4 个组成部分的内部结构和相互位置，较表达方案 1 解决了底板通槽虚线表达不清晰的问题
第二个视图	左视图：采用半剖视图，表达螺纹孔的分布及左右支撑板的形状和中间肋板的厚度	左视图：与表达方案 1 的表达内容基本一致，采用局部视图使螺纹孔、肋板结构表达得更完整
第三个视图	俯视图：采用画一半的局部视图表达圆筒和底板的外形	A 向视图：侧重表达底板形状以及凹槽结构。与表达方案 1 的区别是去掉了圆筒俯视方向的表达（因回转体用一个视图表达即可）
结论	表达方案 2 去除了虚线，每个视图的表达重点更突出	

3）底座的尺寸标注分析（图 8-17）

（1）尺寸基准。底座圆筒左右端面都是重要的接触面，选择左端面为长度方向主要尺寸基准，右端面为长度方向辅助尺寸基准进行标注，255 为联系尺寸。宽度方向尺寸基准选择前后对称面，高度方向尺寸基准选择底座底平面。

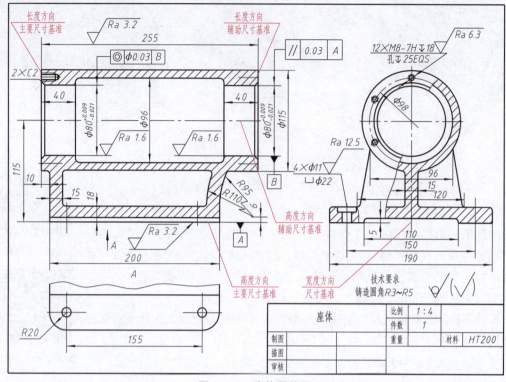

图8-17　座体零件图

（2）主要尺寸。考虑设计要求，首先标注出设计结构尺寸和有配合要求的尺寸，如图8-5所示。

（3）其他尺寸。考虑工艺要求，标注工艺结构尺寸，如倒角、圆角等。按圆筒、底板、支撑板和肋板的结构组成，用形体分析法标注全尺寸，并检查尺寸，同时检查3个方向（长、宽、高）的总体尺寸是否正确。

8.4　零件图上的技术要求

零件图上除一组视图和尺寸外，还必须有加工和检验零件的技术要求。零件图上的技术要求主要包括表面粗糙度、尺寸公差、形状和位置公差，零件的热处理和表面修饰说明，以及对指定加工方法、检验的说明。技术要求通常用符号、代号或标记标注在图形上，或用简明的文字注写在图样的空白处。

8.4.1　表面结构的表示法

表面结构是表面粗糙度、表面波纹度、表面缺陷、表面纹理和表面几何形状的总称。表面结构的各项要求在图样上的表示法在GB/T 131—2006《产品几何技术规范（GPS）技术产品文件中表面结构的表示法》中均有具体规定，这里主要介绍常用的表面粗糙度表示法。

1. 表面粗糙度的基本概念与评定参数（GB/T 131—2006）

由于机床和刀具的振动、材料的不均匀等因素，零件加工后的表面总会存在凸凹不平的加工痕迹，这种表面微观不平度称为表面粗糙度，如图 8−18 所示。

评定表面粗糙度常用两个参数：轮廓的算术平均偏差 Ra、轮廓的最大高度 Rz。轮廓的算术平均偏差 Ra 是生产中评定零件表面质量的主要参数，常用的 Ra 的数值有 50、25、12.5、6.3、3.2、1.6、0.8、0.4（单位：μm）。Ra 值越小，零件表面越光滑，其加工成本越高。因此，在满足使用要求的情况下，应合理地选用表面粗糙度参数。

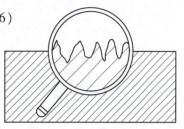

图 8−18 表面粗糙度的概念

2. 表面结构的代号

表面结构以代号形式在零件图上标注，其代号由符号和参数组成，其代号的含义和画法如表 8−5 所示。

表 8−5 表面结构代号的含义和画法

代号	含义	画法
$\checkmark$ $\sqrt{Ra\ 3.2}$	左代号为基本代号，表示表面可用任何工艺方法获得。 右代号表示用任何方法获得的表面粗糙度，Ra 的上限值都为 3.2 μm	
$\checkmark$ $\sqrt{Ra\ 1.6}$	左代号表示表面是用去除材料方法获得的，如车、铣、钻、磨、剪切、抛光、腐蚀加工等。 右代号表示用去除材料方法获得的表面粗糙度，Ra 的上限值为 1.6 μm	符号为细实线，h 为字体高度
$\checkmark$ $\sqrt{Ra\ 3.2}$	左代号表示表面是用不去除材料的加工方法获得的，如铸、锻、冲压、冷轧等；或者表示保持上道工序形成的表面。 右代号表示用不去除材料的加工方法获得的表面粗糙度，Ra 的上限值为 3.2 μm	

3. 表面结构在零件图上的注法

在图样上标注表面结构的基本原则如下：

（1）在同一张图样上，每一表面的表面结构一般只标注一次，并按规定分别标注在可见轮廓线、尺寸界线、尺寸线或其延长线上；

（2）代号的尖端必须从材料外部指向零件表面；

（3）表面结构代号的参数值的大小、方向与尺寸数字的大小、方向一致。

表面结构在图样上的标注示例如表 8−6 所示。

表 8 - 6　表面结构在图样上的标注示例

标注示例	说明	标注示例	说明
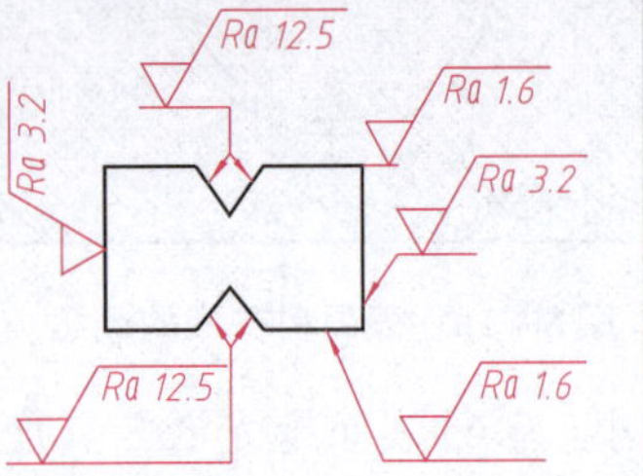	表面结构代号注写和读取方向与尺寸的注写和读取方向一致，代号应从材料外部指向零件表面	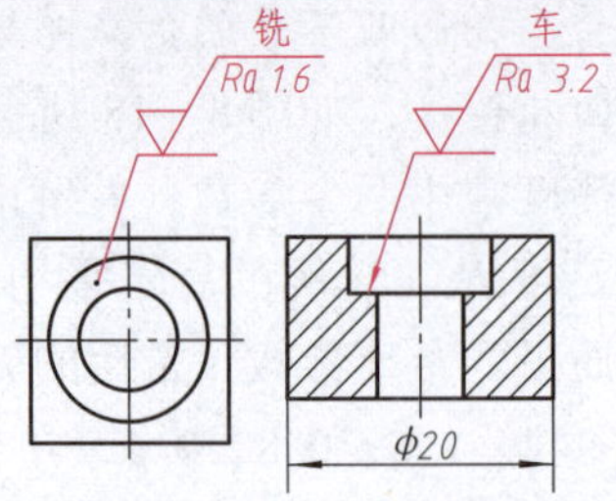	表面结构代号可以标注在轮廓线上，必要时，可用带箭头或黑点的指引线引出标注
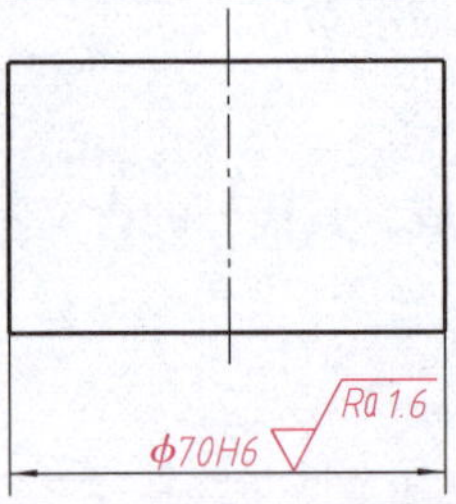	表面结构代号可以标注在尺寸线上	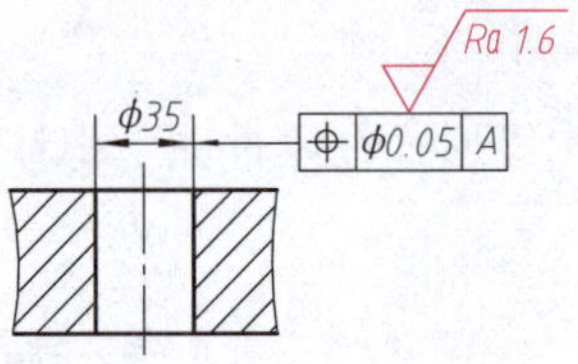	表面结构代号可以标注在几何公差框格上方
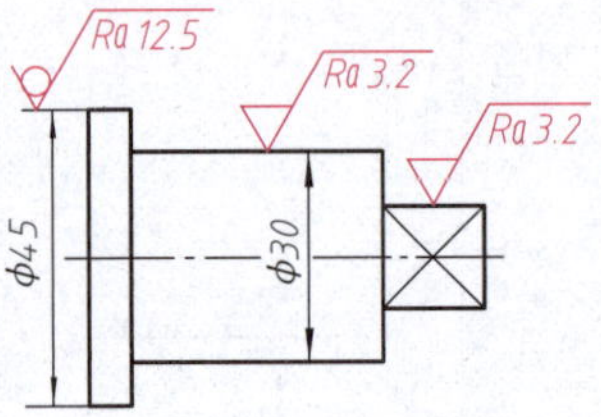	圆柱和棱柱表面的表面结构代号要求只标注一次	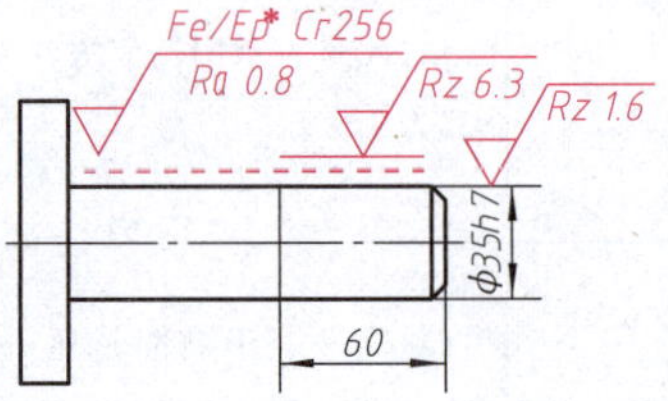	同一表面有两种以上表面结构要求时，需用细实线画出分界线，注出分界尺寸，并分别注出表面结构要求代号。（图中 Fe 表示基体材料为钢，Ep 表示加工工艺为电镀）
如果工件的多数（包括全部）有相同表面结构的要求，可以采取下面的简化注法，统一标注在图样的标题栏附近				
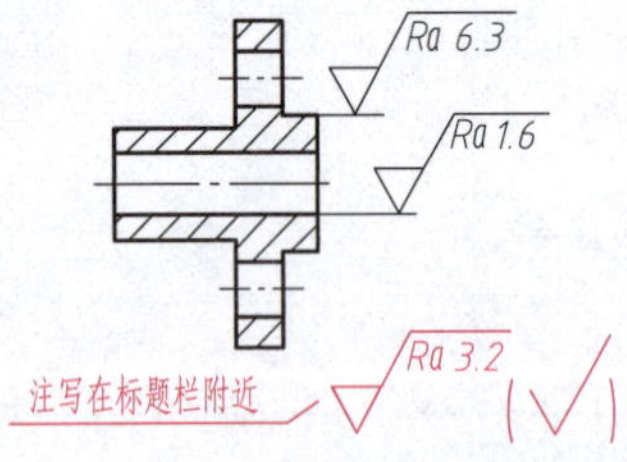	在圆括号内给出无任何其他标注的基本代号	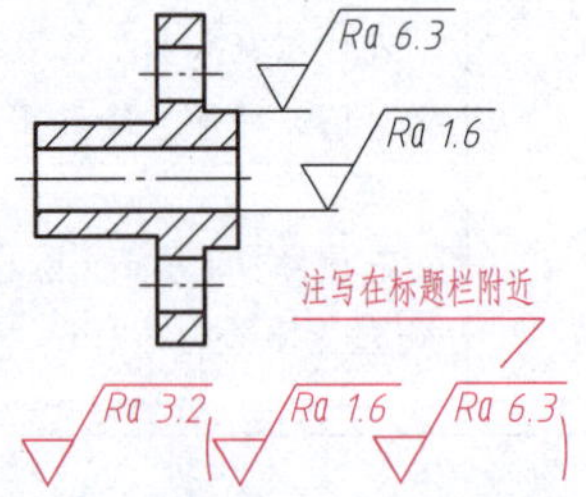	在圆括号内标注不同的表面结构代号
当多个表面具有相同的表面结构要求或图纸空间有限时，可以采用下面的简化注法				
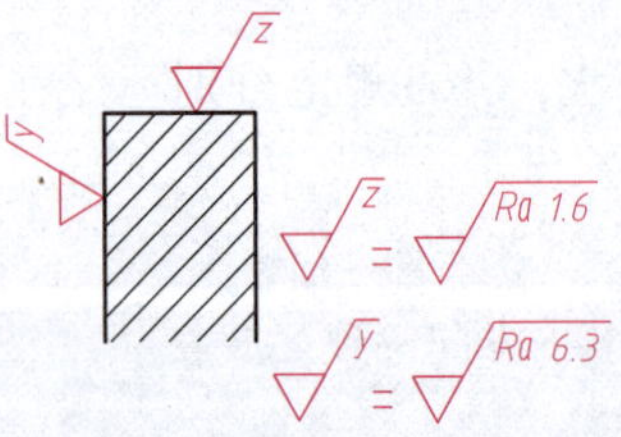	可用带字母的完整符号，以等式的形式，在图形或标题栏的附近进行标注	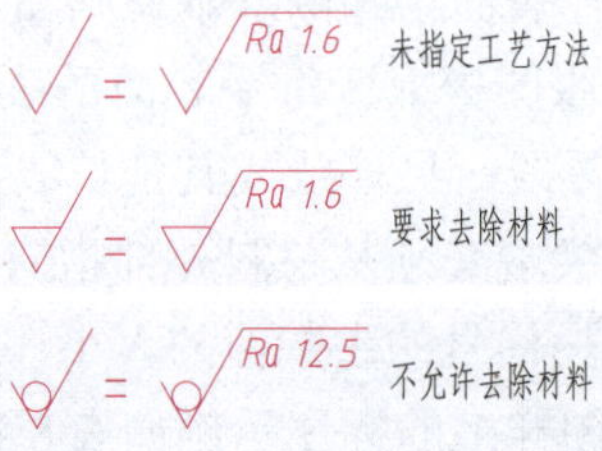	可以等式形式标注多个表面共同的表面结构代号

8.4.2 极限与配合（GB/T 1800.1—2020、GB/T 1800.2—2020）

1. 互换性与公差的概念

在成批或大量生产中，规格大小相同的零件或部件，不经选择地任取一个，不经任何辅助加工及修配，就可以顺利地装配到产品上，并达到使用要求的性质，称为互换性。零、部件具有互换性，有利于装配和维修，组织生产协作，降低生产成本，提高劳动效率。

在零件加工过程中，由于机床精度、刀具磨损、测量误差和经济性等因素的影响，零件的尺寸是不可能做到绝对精确的。为了使零件具有互换性，必须对尺寸限定变动的范围，这个变动范围的大小称为尺寸公差（简称公差）。

2. 有关基本术语

在国家标准中，轴与孔这两个名词有其特殊含义。所谓"轴"，主要指圆柱外表面，也包含非圆柱外表面（由两平行平面或切面形成的被包容面）；所谓"孔"，主要指圆柱内表面，也包含非圆柱内表面（由两平行平面或切面形成的包容面）。孔和轴的尺寸公差及公差带如图 8-19 所示。尺寸公差的相关名词解释如表 8-7 所示。

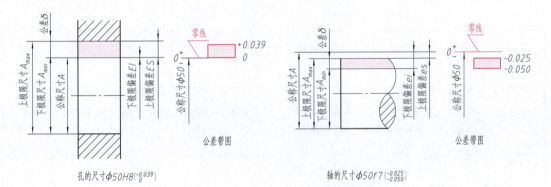

图 8-19 孔和轴的尺寸公差及公差带

表 8-7 尺寸公差的相关名词解释

名称	解释	计算示例及说明	
		孔	轴
公称尺寸	由图样规范确定的理想形状要素的尺寸	$A = 50$	$A = 50$
实际尺寸	零件加工之后，实际测量的尺寸	—	—
极限尺寸	允许零件尺寸变化的两个界限值	—	—
上极限尺寸 A_{max}	尺寸要素允许的最大尺寸	$A_{max} = 50.039$	$A_{max} = 49.975$

名称	解释	计算示例及说明	
		孔	轴
下极限尺寸 A_{min}	尺寸要素允许的最小尺寸	$A_{min} = 50$	$A_{min} = 49.95$
极限偏差	极限尺寸与公称尺寸所得的代数差	—	—
上极限偏差（孔 ES、轴 es）	上极限尺寸减其公称尺寸所得的代数差	$ES = 50.039 - 50 = 0.039$	$es = 49.975 - 50 = -0.025$
下极限偏差（孔 EI、轴 ei）	下极限尺寸减其公称尺寸所得的代数差	$EI = 50 - 50 = 0$	$ei = 49.95 - 50 = -0.050$
尺寸公差（简称公差）δ	上极限尺寸减下极限尺寸所得的代数差，或上极限偏差减下极限偏差所得的代数差。它是允许尺寸的变动量，公差值恒为正	$\delta = 50.039 - 50 = 0.039$ 或 $\delta = 0.039 - 0 = 0.039$	$\delta = 49.975 - 49.950 = 0.025$ 或 $\delta = -0.025 - (-0.050) = 0.025$
零线	偏差值为 0 的基准直线，零线常用公称尺寸的尺寸界线表示	—	—
公差带图	在零线区域内，由孔或轴的上、下极限偏差围成的方框简图	可明确地表示公差带（尺寸公差）的大小和公差带相对零线的位置	
公差带	在公差带图中，由代表上、下极限偏差的两条直线所限定的区域	—	—

3. 标准公差与基本偏差

公差带由"公差带大小"和"公差带位置"确定。标准公差确定公差带大小，基本偏差确定公差带位置。

1）标准公差

国家标准规定，用以确定公差带大小的公差称为标准公差，其由基本尺寸和公差等级所组成。如附表 C-3 所示，标准公差分为 20 个等级，即 IT01，IT0，IT1，…，IT18。IT 表示标准公差，阿拉伯数字表示公差等级，它反映了尺寸精度的高低。IT01 公差最小，尺寸精度最高；IT18 公差最大，尺寸精度最低。

2）基本偏差

国家标准规定，用以确定公差带相对于零线位置的上极限偏差或下极限偏差，即靠近零线的那个偏差称为基本偏差。孔和轴各有 28 个基本偏差，其代号用拉丁字母按其顺序表示，大写的字母表示孔，小写的字母表示轴，如图 8-20 所示。

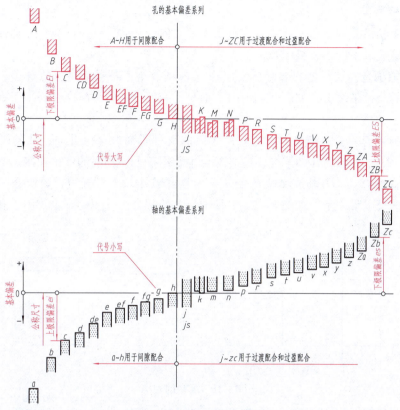

图 8-20 基本偏差系列

轴和孔的基本偏差值可根据公称尺寸从标准表中查取（见附表 C-1 和附表 C-2），根据标准公差即可计算出孔和轴的基本偏差。

3）公差代号

公差代号由基本偏差代号的字母和标准公差等级代号的数字（见附表 C-3）组成。

例如：

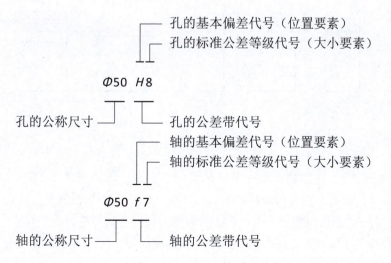

4. 配合的概念

公称尺寸相同并相互结合的孔与轴的公差带之间的关系，称为配合。根据使用要求的不同，国家标准规定了以下3类配合。

（1）间隙配合：孔与轴装配时产生间隙（包括最小间隙等于0）的配合。此时，孔的公差带在轴的公差带之上，如图8-21中Ⅰ轴与孔的配合。间隙配合主要用于孔、轴间的活动连接。

（2）过渡配合：孔与轴装配时可能产生间隙或过盈的配合。此时，孔与轴的公差带重叠，如图8-21中Ⅱ轴与孔的配合。过渡配合主要用于孔、轴间的定位连接。

（3）过盈配合：孔与轴装配时产生过盈（包括最小过盈等于0）的配合。此时，孔的公差带在轴的公差带之下，如图8-21中Ⅲ轴与孔的配合。过盈配合主要用于孔、轴间的紧固连接。

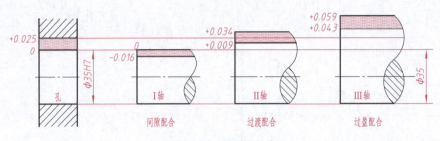

图8-21　配合的种类

5. 配合制度

为了便于选择配合，减少零件加工的专用刀具和量具，国家标准规定了两种配合制度。

（1）基孔制配合。基本偏差为一定值的孔的公差带，与不同基本偏差的轴的公差带形成各种配合的一种制度，称为基孔制配合，如图8-22所示。基孔制配合的孔为基准孔，其基本偏差代号为H，下极限偏差为0，上极限偏差为正值，由标准公差决定。

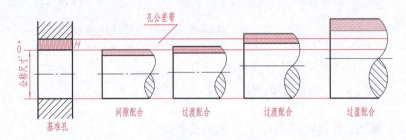

图8-22　基孔制配合

（2）基轴制配合。基本偏差为一定值的轴的公差带，与不同基本偏差的孔的公差带形成各种配合的一种制度，称为基轴制配合，如图8-23所示。基轴制配合的轴为基准轴，其基本偏差代号为h，上极限偏差为0，下极限偏差为负值，由标准公差决定。

由于孔的加工比轴的加工难度大，因此国家标准规定，优先选用基孔制配合，只在特殊情况下或与标准件配合时，才选用基轴制配合。

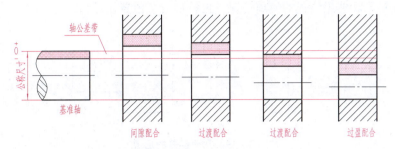

图 8 - 23　基轴制配合

6. 极限与配合的标注

在零件图中尺寸公差有 3 种标注形式：

（1）在孔和轴的公称尺寸后面标注公差带代号，如图 8 - 24（b）所示；

（2）在孔和轴的公称尺寸后面标注上、下极限偏差值，如图 8 - 24（c）所示；

（3）在孔和轴的公称尺寸后面，既要标注公差带代号，又要标注上、下极限偏差值，这时应将偏差值加上括号，如图 8 - 24（d）所示。

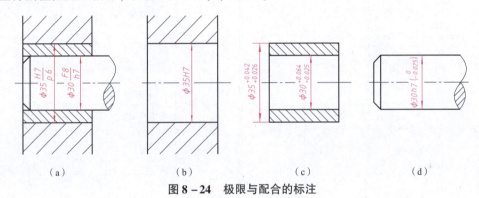

图 8 - 24　极限与配合的标注

在装配图上的标注：

国家标准规定，在装配图上采用分数形式标注，分子为孔的公差带代号，分母为轴的公差带代号，在分数形式前标注公称尺寸，如图 8 - 24（a）所示。例如：

$\phi35H7/p6$——公称尺寸为 35，7 级基准孔与 6 级轴的过渡配合；

$\phi30F8/h7$——公称尺寸为 30，7 级基准轴与 8 级孔的间隙配合。

8.4.3　几何公差

1. 几何公差的概念（GB/T 1182—2018）

几何公差包括形状、方向、位置和跳动公差，是指零件的实际形状和位置，对理想形状和位置的允许变动量。

如图 8 - 25（a）所示的圆柱体，由于加工误差，应该是直线的母线实际上加工成了曲线，这就形成了圆柱体母线的直线度形状误差。

如图 8 - 25（b）所示，由于加工误差，出现了两段圆柱体的轴线不在同一条直线上的情况，这就形成了轴线的实际位置与理想位置的位置误差。此外，零件上各几何要素相互垂直、平行、倾斜等对理想位置的偏离情况，也就形成了位置误差。

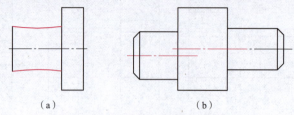

（a） （b）

图 8 - 25　几何误差的形成

（a）形状误差；（b）位置误差

2. 几何公差代号

几何公差的类型、几何特征和符号如表 8 - 8 所示。

表 8 - 8　几何公差的类型、几何特征和符号（摘自 GB/T 1182—2018）

公差类型	几何特征	符号	有无基准	公差类型	几何特征	符号	有无基准
形状公差	直线度	—	无	位置公差	位置度	⊕	有或无
	平面度	▱			同心度（用于中心点）	◎	有
	圆度	○					
	圆柱度	⌀			同轴度（用于轴线）	◎	
	线轮廓度	⌒					
	面轮廓度	⌓					
方向公差	平行度	∥	有		对称度	═	
	垂直度	⊥			线轮廓度	⌒	
	倾斜度	∠			面轮廓度	⌓	
	线轮廓度	⌒		跳动公差	圆跳动	↗	有
	面轮廓度	⌓			全跳动	↗↗	

3. 几何公差的标注

几何公差要求在矩形方框中给出。该方框由两格或多格组成，框格中的内容从左到右按几何公差符号、公差数值、基准代号字母的次序填写。几何公差符号及基准代号的画法如图 8 - 26 所示。几何公差的标注示例如图 8 - 27 所示，注意事项如下：

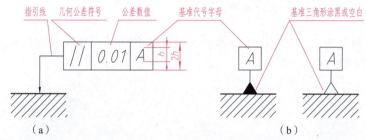

图 8 - 26 几何公差符号及基准代号的画法

(a) 几何公差符号的画法；(b) 基准代号的画法

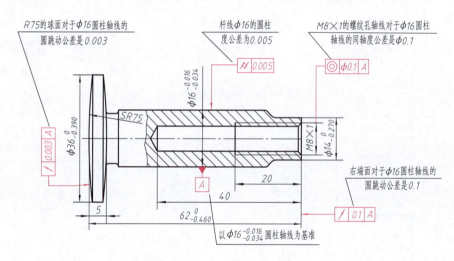

图 8 - 27 几何公差标注示例

(1) 当被测要素为线或表面时，从框格引出的指引线箭头，应指在该要素的轮廓或其延长线上；

(2) 当被测要素是轴线时，应将箭头与该要素的尺寸线对齐，如图 8 - 27 中 M8 × 1 轴线的同轴度注法；

(3) 当基准要素是轴线时，基准符号与该要素的尺寸线对齐，如图 8 - 27 中的基准 A。

8.5　读零件图

8.5.1　读零件图的要求

在零件的设计、生产加工以及技术改造过程中，都需要读零件图。因此，准确、熟练地读懂零件图，是工程技术人员必须掌握的基本技能之一。

读零件图的目的是：

（1）了解零件的名称、用途、材料等；

（2）了解零件各部分的结构、形状，以及它们之间的相对位置；

（3）了解零件的大小、制造方法和所提出的技术要求。

8.5.2　读零件图的方法与步骤

现以球阀的阀盖为例，介绍读零件图的一般方法和步骤。阀盖立体图如图 8 – 28 所示，阀盖零件图如图 8 – 29 所示。

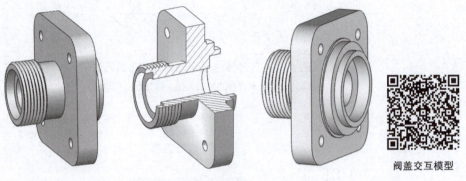

阀盖交互模型

图 8 – 28　阀盖立体图

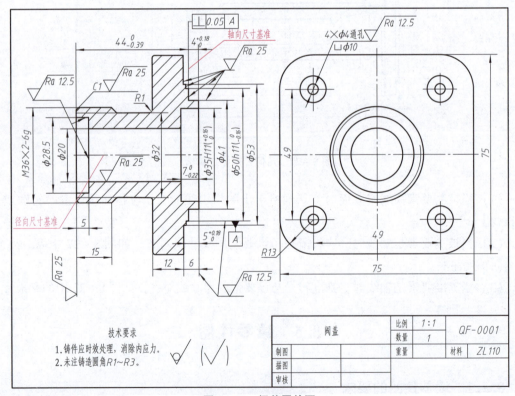

技术要求
1. 铸件应时效处理，消除内应力。
2. 未注铸造圆角R1~R3。

	阀盖	比例	1:1	QF-0001
		数量	1	
制图		重量		材料 ZL110
描图				
审核				

图 8 – 29　阀盖零件图

1. 看标题栏, 初步了解零件的概况

看标题栏的目的是了解零件的名称、材料和比例等内容。由零件名称可判断该零件属于哪一类零件, 由材料可大致了解其加工方法, 根据绘图比例想象零件的实际大小。除了看标题栏, 还应尽可能看装配图及相关的零件图, 进一步了解零件的功能, 以及它与其他零件的关系。

阀盖的读图

由标题栏可知零件是阀盖, 材料为铸铝, 牌号为 ZL110, 比例为 1 : 1。它与阀体配合, 主要起密封作用, 是用铸铝经过铸造及机械加工而成的。虽然阀盖中间凸缘为方形, 但其他各部分皆为回转体, 所以可看作轮盘类零件。

2. 视图与结构分析

零件的内、外结构形状是读零件图的重点。组合体的读图方法(形体分析法、线面分析法等)仍然适用于读零件图。先从主视图等基本视图中看出零件的大体内、外结构形状; 结合其他视图, 读懂零件的细节; 同时, 根据设计和加工方面的要求, 了解零件的一些结构的作用。因此, 要读懂零件的结构形状, 必须对零件图进行视图及结构分析。

该阀盖零件采用了两个基本视图表达。主视图采用零件轴线水平摆放, 既符合加工位置又符合阀盖的工作位置要求, 主视图采用全剖视图, 表达阀盖两端的阶梯孔、中间通孔的形状和相对位置、右端的圆柱凸缘, 以及左端用于连接管道系统的外螺纹。左视图用外形图表达了带圆角的方形凸缘形状和 4 个螺钉沉孔的分布情况, 也反映了左端外螺纹和 $\phi 28.5$、$\phi 20$ 孔的投影。

由形体分析法可知, 该阀盖从外形上看, 主要由以下 3 部分组成。

(1) 左端为具有外螺纹的螺柱: 外螺纹尺寸为 $M36 \times 2 - 6g$, 考虑到螺纹加工退刀, 螺柱与中部凸缘设有深度为 2 的槽;

(2) 中部为带圆角的方形凸缘: 外形尺寸为 75×75, 拥有 4 个螺钉沉孔 $4 \times \phi 4$, 用于与阀体安装;

(3) 右端为三段阶梯圆柱凸缘: 尺寸分别为 $\phi 53$、$\phi 50 h11$ ($_{-0.16}^{\ 0}$)、$\phi 41$;

阀盖的内腔结构从左到右有 3 段圆柱孔: 尺寸分别是 $\phi 28.5$、$\phi 20$、$\phi 35 H11$ ($_{\ 0}^{+0.16}$)。

3. 尺寸分析

通过形体分析和尺寸分析, 找出尺寸基准, 了解形体各部分的定形尺寸和定位尺寸, 分析清楚该形体的细节, 弄清楚该形体各部分的大小和形状。

由于阀盖主体是回转体, 从主视图上看, 圆柱孔的轴线是高度方向的尺寸基准, 也是径向的尺寸基准, 因此在主视图上注出了阀盖上同轴线回转体各部分的直径尺寸和螺纹尺寸。其中, $\phi 50 h11$ ($_{-0.16}^{\ 0}$) 带有公差, 说明这段圆柱与阀体有配合要求。

从主视图上看, 阀盖右凸缘的重要端面为长度方向主要尺寸基准, 也是轴向尺寸基准, 由此标注出了尺寸 $4_{\ 0}^{+0.018}$ 和 $44_{-0.39}^{\ 0}$。考虑到左端螺纹和孔的加工, 设定阀盖左端面为长度方向辅助尺寸基准(工艺基准), 标注了尺寸 15、5。

从左视图上看, 阀盖方形凸缘的前后对称中心面为宽度方向主要尺寸基准, 凸缘上下中心面与圆孔的轴线重合为高度方向主要尺寸基准, 由此标注了方形凸缘的宽、高的定形尺寸 75 和 4 个螺钉沉孔 $4 \times \phi 4$ 的宽度、高度方向的定位尺寸 49。

4. 技术要求分析

分析图中所标注的表面粗糙度、尺寸公差、几何公差和其他技术要求，了解零件的加工要求。

阀盖需与阀体及密封件连接，连接部位的技术要求较高，尺寸 $\phi50h11$ （$_{-0.16}^{0}$）、$\phi35H11$ （$_{0}^{+0.16}$）带有公差，与阀体及密封件有配合要求。工作时，阀盖与其余零件没有相对运动，因此各表面的表面粗糙度要求不高，较重要的加工面 Ra 值为 12.5 μm，一般加工面 Ra 值为 25 μm，作为长度方向主要尺寸基准的端面相对阀盖水平轴线有垂直度要求，其值为 0.05 mm。

阀盖是铸件，需要进行时效处理，消除内应力。图中未注尺寸的铸造圆角都是 $R1 \sim R3$。未在视图上标注表面粗糙度的表面皆为铸造表面，要求√注在标题栏的右上方。

综合上述各项内容的分析，便能得出阀盖的总体概念。

【本章内容小结】

内容		要点
零件图的作用与内容		作用：零件图是制造和检验零件的主要依据，是组织生产的主要技术文件之一
		内容：一组视图、一组尺寸、技术要求、标题栏
零件的构形设计与工艺结构	构形设计	由设计要求、加工方法、装配关系、技术经济思想和工业美学等要求决定
	铸造工艺结构	拔模斜度、铸造圆角与过渡线、铸件壁厚
	机加工工艺结构	倒角、倒圆、退刀槽、砂轮越程槽、钻孔结构、凸台与凹槽
零件的表达方案	主视图	主视图的安放位置：符合零件工作位置和加工位置原则
		主视图的投射方向：突出零件各部位的形状和位置特征
	其他视图	要根据零件的复杂程度和内、外结构情况等进行综合考虑，使每个视图或表达方法都有一个表达的重点。优先选择基本视图及在基本视图上作剖视图或断面图等
零件的尺寸标注	尺寸基准	(1) 标注或度量尺寸的起点 (2) 设计基准、工艺基准
	尺寸标注的基本原则	(1) 重要尺寸应从设计基准出发直接标注 (2) 尺寸不要标注成封闭的形式 (3) 尺寸标注要便于加工与测量

续表

内容		要点
零件图上的 技术要求	表面结构	代号、表面结构在零件图上的注法
	极限与配合	互换性：一批相同零件任取一个，不需修配便能装配且满足工作要求 基本术语：公称尺寸，实际尺寸，极限尺寸（上极限尺寸、下极限尺寸），极限偏差（上极限偏差、下极限偏差），尺寸公差，零线，公差带图，公差带 标准公差：确定公差带大小 基本偏差：确定公差带位置 配合种类：间隙配合、过渡配合、过盈配合 配合制度：基孔制配合、基轴制配合 配合标注：公称尺寸 + 公差带代号，公称尺寸 + 上、下极限偏差值，公称尺寸 + 公差带代号（上、下极限偏差值）
	几何公差	种类（形状、方向、位置和跳动公差），代号，标注
读零件图	读图方法 与步骤	看标题栏、视图与结构分析、尺寸分析、技术要求分析

【素质拓展】

尺寸精度决定产品的品质，尺寸精度的实现需要精密的加工和精益求精的工匠精神。看大国工匠——李峰如何讲述微米之间追求零公差的故事。

大国工匠　大技贵精

第9章　装配图

✓ 学习提示

　　本章介绍有关装配图的基本知识，着重阐述装配图的表达方法、阅读装配图和拆画零件图的方法。通过对本章的学习，应达到如下基本要求：

　　（1）理解装配图的表达方法和尺寸注法，初步具备绘制装配图的基本能力；

　　（2）理解阅读装配图的方法，初步具备由装配图拆画零件图的能力。

9.1　装配图的作用和内容

9.1.1　装配图的作用

　　装配图是表达机器或部件的图样。在机器或部件的设计或改装过程中，一般先画出装配图，再根据装配图拆画零件图。在制造零件时，先根据零件图生产零件，再根据装配图装配成机器或部件。因此，装配图是进行零件设计的依据，也是装配、检验、安装与维修机器或部件的技术依据。

9.1.2　装配图的内容

　　专用铣床上的铣刀头立体图如图 9-1 所示，该铣刀头由座体、传动轴、带轮等零部件组成。铣刀头的装配图如图 9-2 所示，从图中可以看出，完整的装配图应具备下列内容。

　　（1）一组视图。用装配图的规定画法和特殊画法，完整、正确、清晰地表达机器或部件的工作原理、零件之间的装配关系和主要零件的结构形状等。如图 9-2 所示的铣刀头装配图，选用了主视图、左视图为基本视图。

　　（2）必要的尺寸。必要的尺寸即机器或部件的性能（规格）尺寸、配合尺寸、安装尺寸、外形尺寸及设计时确定的其他重要尺寸。如图 9-2 中 $\phi120$、115 为规格尺寸；$\phi28H8/k7$、$\phi80K7/f6$ 为装配尺寸；150、115 和 $4 \times \phi11$ 为安装尺寸；418、190 为外形尺寸。

　　（3）技术要求。技术要求即用文字或符号标注说明机器或部件在装配、安装、调试、检验、使用和维护等方面的要求。

　　（4）序号、明细栏、标题栏。在装配图中，需对每种零部件编写序号，并在明细栏中依次对应列出每种零部件的序号、名称、数量、材料等内容。标题栏应填写机器或部件的名称、图号、绘图比例和有关人员的签名、日期等。

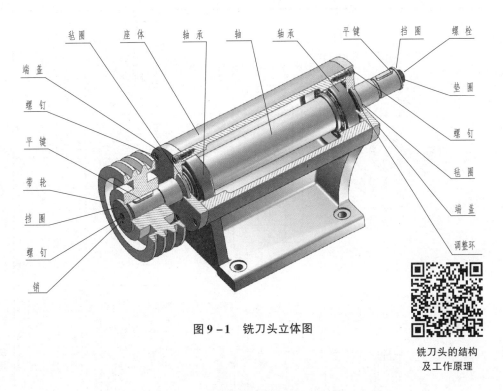

图 9 – 1　铣刀头立体图

铣刀头的结构
及工作原理

9.2　装配图的表达方法

装配图主要用于表达各零件之间的装配关系、工作原理和零件的主要结构形状等。国家标准规定在表达装配图时除了可采用绘制零件图的视图、剖视图、断面图等表达方法，还可采用一些规定画法和特殊画法。

9.2.1　装配图的规定画法

装配图的规定画法在第 7 章 7.2.3 节中已简单介绍过，这里再强调如下。

1. 相邻两零件的画法

相邻两零件的接触面和配合面规定只画一条线，但当相邻两零件的基本尺寸不相同时，即使间隙很小，也必须画出两条线。

如图 9 – 3 中 a、b 所示，滚动轴承与轴、滚动轴承与底座孔均为配合面，端盖与底座、调整环与底座和端盖为接触面，只画一条线。如图 9 – 3 中 1 所示，螺栓与端盖的光孔、轴与端盖孔是非接触面，画两条线，若间隙小，则可采用夸大画法。

2. 装配图上剖面线的画法

相邻两零件的剖面线的倾斜方向应相反，或者方向一致、间隔不等。在各视图上同一零件的剖面线倾斜方向和间隔应保持一致。如图 9 – 3 中 e 所示，座体与相邻的端盖绘制了方向不同的剖面线。

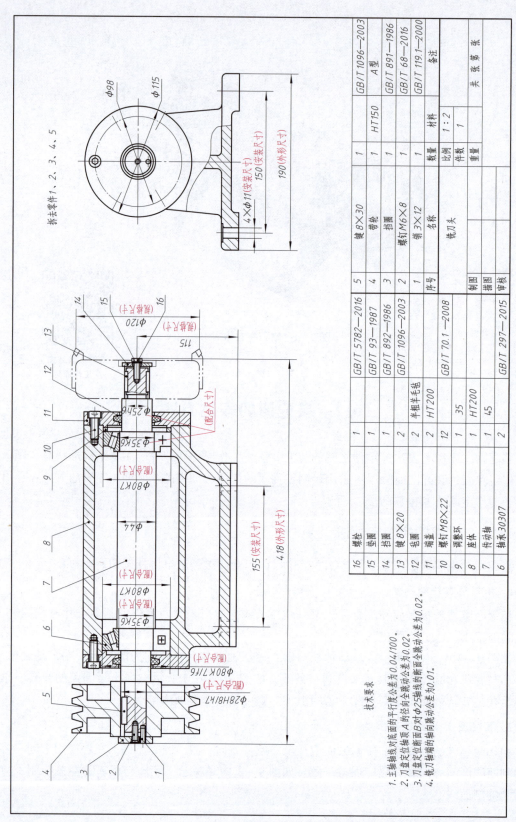

拆卡零件1、2、3、4、5

$\phi 98$
$\phi 115$

$4 \times \phi 11$（安装尺寸）
150（安装尺寸）
190（外形尺寸）

14
15 （配合尺寸）
$\phi 120$
13 （配合尺寸）
16
115

12
11 $\phi 25k6$
10 $\phi 35K6$
9 （配合尺寸）$\phi 80K7$
$\phi 44$
8
7 （配合尺寸）$\phi 80K7$
（配合尺寸）$\phi 35K6$
6

$\phi 80K7/f6$
5 （配合尺寸）
$\phi 28H8/k7$
4
3
2
1

155（安装尺寸）
418（外形尺寸）

技术要求

1. 主轴轴线对底面的平行度公差为0.04/100。
2. 刀盘定位轴顶A的径向全跳动公差为0.02。
3. 刀盘定位端面B对ϕ25轴线的断面全跳动公差为0.02。
4. 铣刀轴端的轴向跳动公差为0.01。

16	螺栓	1	GB/T 5782—2016		
15	垫圈	1	GB/T 93—1987		
14	挡圈	1	GB/T 892—1986		
13	键 8×20	2	GB/T 1096—2003		
12	毡圈	2	半粗羊毛毡		
11	端盖	2	HT200		
10	螺钉 M8×22	12	GB/T 70.1—2008		
9	调整环	1	35		
8	座体	1	HT200		
7	传动轴	1	45		
6	轴承 30307	2	GB/T 297—2015		
5	螺栓 8×30	1			GB/T 1096—2003
4	带轮	1	HT150		A型
3	挡圈	1			GB/T 891—1986
2	螺钉 M6×8	1			GB/T 68—2016
1	键 3×12	1			GB/T 119.1—2000
序号	名称	数量	材料		备注
	铣刀头		比例 1:2		
制图			件数 1		
描图			重量		
审核					共 张 第 张

图 9 – 2　铣刀头装配图

3. 螺纹紧固件及实心零件的画法

对于螺纹紧固件，以及轴、连杆、球、钩子、键、销等实心零件，当沿纵向剖切，且剖切面通过其对称平面或轴线时，这些零件均按不剖绘制，如图 9 - 3 中 i 所示。当需要特别表明轴等实心零件上的凹坑、凹槽、键槽、销孔等结构时，可采用局部剖视图来表达，如图 9 - 3 中 k 所示。

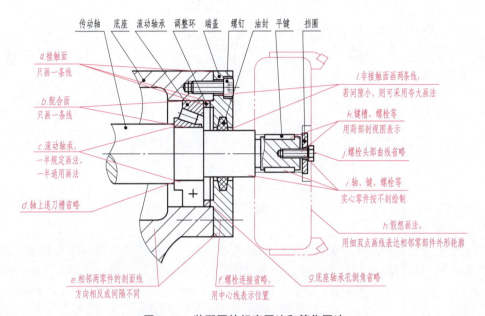

图 9 - 3　装配图的规定画法和简化画法

9.2.2　装配图的特殊画法

1. 拆卸画法

在装配图中，对于已经在其他视图中表达清楚的一个或多个零件，若它们遮住了需要表达的零件结构与装配关系，为使图形表达清晰，可假想将遮挡的零件拆卸后再投影绘图。采用拆卸画法的视图需标注"拆去零件××"等字样，如图 9 - 2 中铣刀头的左视图上标注有"拆去零件 1、2、3、4、5"。

2. 沿结合面剖切的画法

为清晰表达机器或部件的内部结构，可采用沿着两零件的结合面剖切的画法。此时，结合面上不画剖面线，其他被剖切到的零件断面则要画剖面线。如图 9 - 4 （a） 所示的 A—A 剖视图就是沿转子油泵的泵盖和泵体的结合面剖切后画出的，按上面规定，结合面未画剖面线，而被剖切到的螺栓和销的断面须画剖面线。

剖面厚度在 2 mm 以下的图形允许以涂黑来代替剖面线，如图 9 - 4 （b） 中垫片的画法。

3. 单独表达某个零件的画法

当某个零件的形状在装配图中不能表达清楚时，可以单独画出这个零件的视图，但要在视图上方标注该零件的名称，如图 9 - 4 （c） 所示的泵盖。

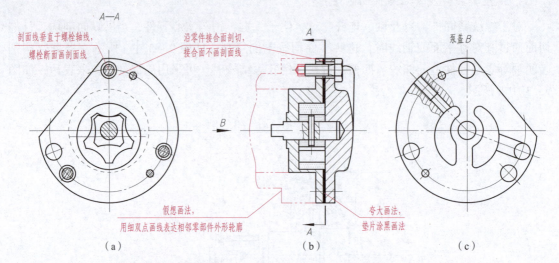

图 9 − 4　装配图的特殊表达方法

（a）沿结合面剖切的画法；（b）假想画法与夸大画法；（c）单独表达某个零件的画法

4. 展开画法

为了表示传动机构的传动路线和零件间的装配关系，可假想按传动顺序沿轴线剖切，然后依次展开使剖切面摊平并与选定的投影面平行，再画出它的剖视图，这种画法称为展开画法。如图 9 − 5 所示，左视图就采用了展开画法。

5. 假想画法

（1）在装配图中，当需要表达本装配体与相邻零部件（相邻零部件不属于本装配体）的连接关系时，可用细双点画线画出相邻零部件的外形轮廓，如图 9 − 3 中 h 和图 9 − 4（b）所示。

（2）在装配图中，当需要表示某些零件的运动范围和极限位置时，可用细双点画线画出这些零件的极限位置的外形轮廓。如图 9 − 5 中挂轮架手柄的运动极限位置的画法。

6. 夸大画法

在装配图中，如绘制直径或厚度小于 2 mm 的孔或薄片以及较小的斜度和锥度，允许该部分不按比例而夸大画出，如图 9 − 4（b）中垫片的画法。

7. 简化画法

（1）装配图中若干相同的零件组如螺栓连接等，允许只详细画出一组，其余只需用中心线表示位置即可，如图 9 − 3 中 f 所示。

（2）在装配图中用剖视图表达滚动轴承时，允许一半用规定画法，另一半用通用画法，如图 9 − 3 中 c 所示。

（3）装配图中零件的工艺结构如圆角、倒角、退刀槽等允许不画，螺栓头部、螺母的倒角及因倒角产生的曲线允许省略，如图 9 − 3 中 d、g、j 所示。

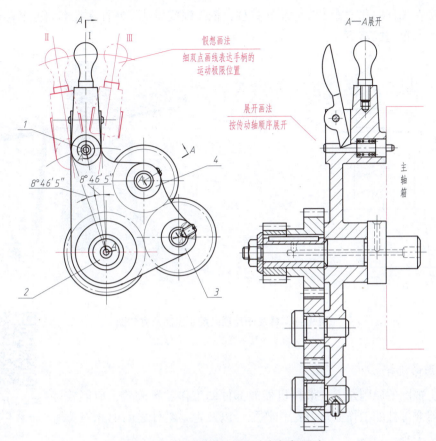

图9-5 装配图的展开画法和假想画法

9.3 装配图的绘制

9.3.1 装配图的图形绘制

画装配图时，首先要分析机器或部件的工作原理，然后选择一组视图，把部件的工作原理、装配关系和零件的主要结构形状表达清楚，最后绘制图形。

1. 分析机器或部件的工作原理

在绘制装配图之前，要对所画的装配图进行必要的分析，了解机器或部件的功用、工作原理、零件之间的装配关系和结构特点。

如图9-6所示，千斤顶是在汽车修理和机器安装工作中用于起重和顶举的部件，主要由底座、螺套、螺杆、铰杠和顶垫等零件组成。螺套镶嵌在底座中，用紧定螺钉定位，使螺纹磨损后更换方便。螺杆与螺套靠螺纹连接，通过旋转可上下移动；螺杆顶部呈球面状，外套一个顶垫。顶垫上部呈平面形状，放置预顶起的重物。顶垫用螺钉与螺杆连接而又不固定，其作用是使顶垫不脱落，且不影响其灵活转动。顶垫与螺杆的球面接触，便于顶垫在放置重物时顶面保持水平。

铰杠穿在螺杆的孔中，工作时旋转铰杠，依靠螺旋传动，螺杆在螺套内上下移动，实现顶垫上重物的顶起或落下。

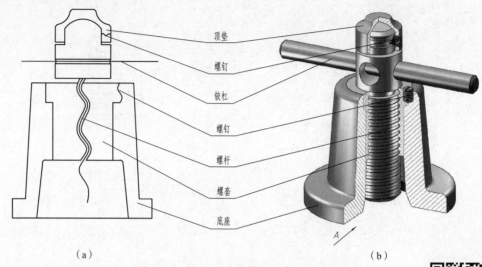

顶垫
螺钉
铰杠
螺钉
螺杆
螺套
底座

（a）　　　　　　　　　　　　　（b）

图 9 – 6　螺旋千斤顶装配示意图及立体图

（a）装配示意图；（b）立体图

螺旋千斤顶的结构
及工作原理

2. 视图的选择

选择主视图的原则是：一般按机器或部件的工作位置放置，应能较好地表达机器或部件的工作原理和结构特征，以及主要零件之间的相对位置和装配连接关系。

如图 9 – 6 所示的千斤顶按工作位置放置，投射方向选择 A 向比较好，主视图采用全剖视，主要表达了千斤顶的工作原理，以及螺套与底座的配合关系、螺套与螺杆的螺纹连接关系、顶垫与螺杆的固定关系、铰杠与螺杆的贯穿关系等，同时表达了上述零件的主体结构形状。

其他视图的选择要围绕主视图表达的不足来进行，使所选视图有明确的表达目的性。整个表达方案应力求简练、清晰、正确。例如，千斤顶的主视图采用全剖视后，其工作原理和装配关系基本上反映清楚了，选择反映外形的俯视图，进一步表达形状特征。为了突出铰杠与螺杆十字孔的结构与连接关系，再作 B—B 局部移出断面图（见图 9 – 8）表达。

3. 绘制图形

视图及表达方案选好后，就可以绘制图形，绘制千斤顶装配图的步骤如图 9 – 7 所示，绘制好的千斤顶装配图如图 9 – 8 所示。

9.3.2　装配图的尺寸标注和技术要求

1. 装配图的尺寸标注

装配图与零件图不同，不需要标注每个零件的全部尺寸。装配图所标注的尺寸，是为了说明机器或部件的性能、工作原理、装配关系和总装配时的安装要求，只需标注一些必要的尺寸。按作用的不同，可将标注的尺寸大致分为以下 5 种。

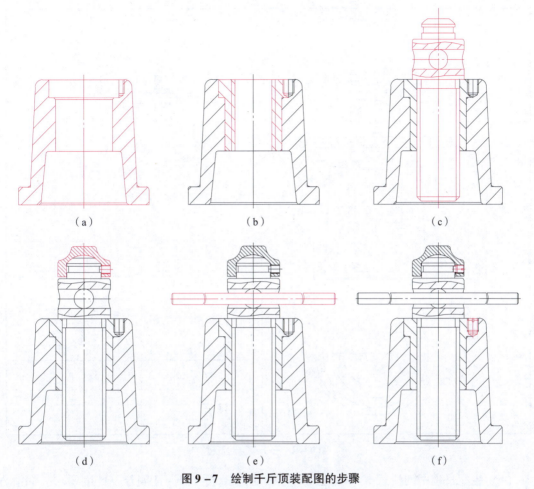

图 9 - 7 绘制千斤顶装配图的步骤

（a）画底座；（b）画螺套；（c）画螺杆；（d）画顶垫；（e）画铰杠；（f）画两螺钉

（1）规格尺寸：表示装配体的性能、规格或特征的尺寸。它常常是设计或选择使用装配体的依据，如图 9 - 8 所示的千斤顶的规格尺寸为 225、275。

（2）配合尺寸：用来保证零件间配合性质和相对位置的尺寸，如图 9 - 8 中螺杆与螺套的配合尺寸为 ϕ65H8/k7。

（3）安装尺寸：将部件安装在机器上，或机器安装在基础地基上所需的尺寸，如图 9 - 2 中底座的安装孔尺寸为 4×ϕ11 和安装螺钉的孔距尺寸为 150。

（4）外形尺寸：表示机器或部件总体的长、宽、高。它是包装、运输、安装和厂房设计时所需的尺寸，如图 9 - 2 中铣刀头的外形尺寸为 418、190，图 9 - 8 中千斤顶的外形尺寸为 ϕ150、225。

（5）其他重要尺寸：经计算或选定的不能包括在上述 4 种尺寸中的重要尺寸。

注意：上述 5 种尺寸不一定在装配图上都出现，标注时应根据装配图的具体情况进行尺寸标注。

2. 装配图的技术要求

装配图上一般应注写以下 4 方面的技术要求。

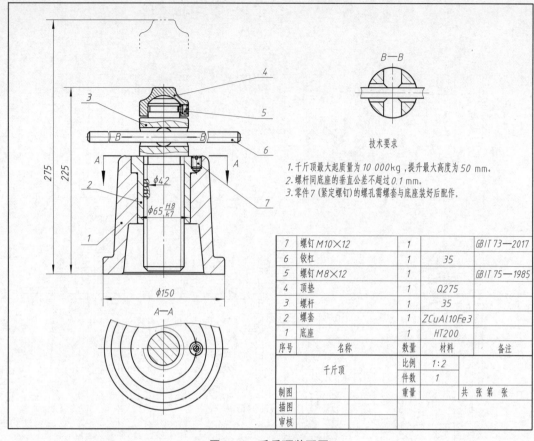

图9-8 千斤顶装配图

（1）装配过程中的注意事项和装配后应满足的要求，如保证间隙、精度要求、润滑方法、密封要求等。有的表面需装配后加工，有的孔需要将有关零件装好后配作等。

（2）检验、试验的条件和规范，以及操作要求。

（3）部件的性能、规格参数，包装、运输的注意事项和涂饰要求等。

（4）使用要求，如对装配体的维护、保养方面的要求及操作使用时应注意的事项等。

技术要求一般注写在明细栏的上方或图纸下部的空白处，如图9-8中的技术要求。

9.3.3 装配图上的序号与明细栏

由于机器或部件由许多零部件组成，为了便于读图、图样管理、指导生产，必须遵循国家标准的有关规定对其组成部分（零件或部件）编写序号，并将零部件相关内容按所编序号顺序填写明细栏。

1. 零件序号的编写

（1）装配图尺寸规格完全相同的零部件，只编写一个序号，一般只标注一次，并与明细栏中零部件的序号一致。

（2）序号编写要排列整齐、顺序明确，按水平或竖直方向排列在直线上，围绕视图按顺时针或逆时针方向顺序排列，如图9-2所示的铣刀头装配图。

（3）指引线用细实线绘制，从所指零件的可见轮廓内引出，并在末端画一圆点，若所指部分（很薄的零件或涂黑的剖面）内不宜画圆点，可在指引线的末端画箭头，并指向该部分的轮廓，如图 9 – 9（a）所示。

（4）各指引线不允许相交。当通过有剖面线的区域时，指引线不应与剖面线平行。指引线可画成折线，但只可曲折一次，如图 9 – 9（a）所示。

（5）一组紧固件或装配关系清楚的零件组可采用公共指引线，如图 9 – 9（b）、（c）所示。

（6）序号写在指引线的水平线上或圆圈内，序号字高比图中尺寸数字高度大一号，如图 9 – 9 所示。

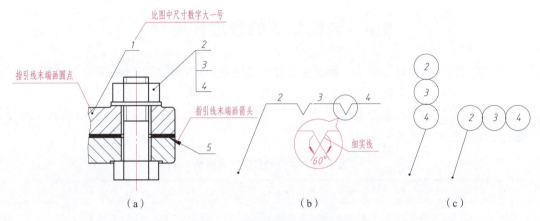

图 9 – 9　零件序号的编写形式

（a）序号指引线末端；（b）紧固件的连续画法；（c）组件共同指引线

2. 明细栏

明细栏中主要填写零部件的序号、名称、数量、材料等信息，明细栏绘制在标题栏的上方，如空间不够，可在标题栏的左侧续表。GB/T 10609.2—2009《技术制图　明细栏》推荐的明细栏格式如图 9 – 10 所示，院校推荐的简化明细栏格式如图 9 – 11 所示。

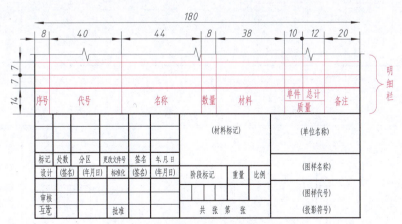

图 9 – 10　国家标准推荐的明细栏格式

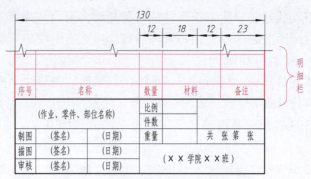

图 9 – 11　院校推荐的简化明细栏格式

9.4　装配结构的合理性简介

在机器或部件的设计过程中，既要考虑使机器或部件的结构能充分地满足其运转和功能方面的要求，又要考虑装配结构的合理性，从而使零件装配成机器或部件后既能达到性能的要求，又使零件的加工和装拆方便。因此，在设计装配图时，必须考虑装配结构的合理性。常见的装配工艺结构如表 9 – 1 所示。

表 9 – 1　常见的装配工艺结构

类别	图示				说明
接触面与配合面结构	不合理	合理	不合理	合理	两零件接触时，在同一方向上的接触面，最好只有一个，这样可满足装配要求，制造也方便经济
接触面转折处结构	不合理	不合理	合理	合理	两配合零件接触面的转折处应做成倒角、倒圆或凹槽，不应都做成尖角或相同的圆角

类别	图示	说明
螺纹防松结构	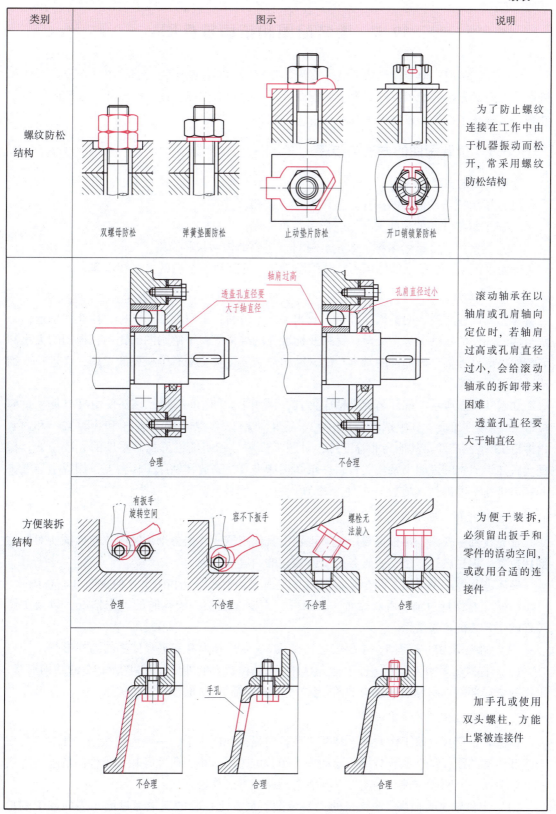 双螺母防松　　弹簧垫圈防松　　止动垫片防松　　开口销锁紧防松	为了防止螺纹连接在工作中由于机器振动而松开，常采用螺纹防松结构
	透盖孔直径要大于轴直径　　轴肩过高　　孔肩直径过小　合理　　不合理	滚动轴承在以轴肩或孔肩轴向定位时，若轴肩过高或孔肩直径过小，会给滚动轴承的拆卸带来困难 透盖孔直径要大于轴直径
方便装拆结构	有扳手旋转空间　容不下扳手　螺栓无法嵌入　合理　　不合理　　不合理　　合理	为便于装拆，必须留出扳手和零件的活动空间，或改用合适的连接件
	手孔　不合理　　合理　　合理	加手孔或使用双头螺柱，方能上紧被连接件

9.5 读装配图和拆画零件图

在设计、制造、使用及维修和技术交流等生产活动中，都要阅读装配图。在设计部件和机器时，通常先画装配图，然后根据装配图拆画零件图。因此，读装配图和由装配图拆画零件图是工程技术人员必备的一项技术。

9.5.1 读装配图的方法和步骤

读装配图的主要目的如下：

（1）了解机器或部件的用途、工作原理、结构；

（2）了解零件间的装配关系及它们的装拆顺序；

（3）弄清组成零件的名称、数量、材料、主要结构形状和作用。

下面以图 9 − 12 所示的钻床夹具装配图为例，介绍读装配图的方法和步骤。

1. 概括了解

首先阅读标题栏、明细栏、说明书及相关技术资料，了解部件的名称、性能和用途；了解组成该部件的零件名称、数量、材料及标准件的规格等；了解画图的比例、视图的大小和装配的外形尺寸等，对部件的基本功能、结构复杂程度及全貌有个概要的了解，为进一步细读装配图做准备。

如图 9 − 12 所示，部件名称为钻床夹具，采用 1 : 2 比例绘制，该部件由夹具体、钻模板等 13 种零件组成，其中螺母 2、垫圈 3、键 4、螺钉 7、螺母 10、销 11 和垫圈 12、和内六角螺钉 13 是标准件，其他为非标准件，对照零件序号和明细栏可找出零件的大致位置。根据实践知识或查阅说明书及相关资料，可知钻床夹具是安放在钻床工作台上，用以引导钻头和铰刀迅速、准确钻（或铰）工件上 $\phi 5H6$ 孔的专用夹具。

2. 分析视图，明确表达目的

首先找到主视图，再根据投影关系识别出其他视图，找出各个剖视图、断面图所对应的剖切位置，识别表达方法，明确各视图所表达的内容和目的。

钻床夹具装配图采用了两个基本视图（主视图、俯视图）和一个 A 向视图（右视图）。

（1）主视图通过前、后对称面作全剖视，主要表达钻、铰孔时的工作情况，以及主体零件的主要装配连接关系。

（2）俯视图为外形视图，主要表达钻模板 6、快换钻套 9 和夹具体 1 的结构形状。

（3）右视图采用 A 向视图，表达夹具体 1、钻模板 6 的外形和开口垫圈 12 的结构形状，采用两个局部剖视图分别表达销 11 的定位和内六角螺钉 13 的固定连接关系。

3. 分析装配关系和工作原理

读图时，应从反映工作原理、装配关系较明显的视图入手，一般为主视图，抓主要装配干线和传动路线，结合形状分析、运动分析和装配关系分析，研究各相关零件间的连接方式和装配关系，判断固定件与运动件，弄清传动路线和工作原理。

（1）定位轴 5 的轴线是该夹具的主要装配干线，定位轴的左端通过键 4 周向和中端轴的左轴肩轴向定位，通过螺母 2 固定在夹具体 1 上。工作原理是：加工时工件（用细双点画线假想表示）套在定位轴 5 上，并以定位轴的外圆柱面和中端轴的右轴肩定位，由开口垫圈 12 和螺母 10 夹紧后，即可钻（铰）ϕ5H6 孔。当工件被加工好以后，松开螺母 10，取下开口垫圈 12，即可卸下工件。

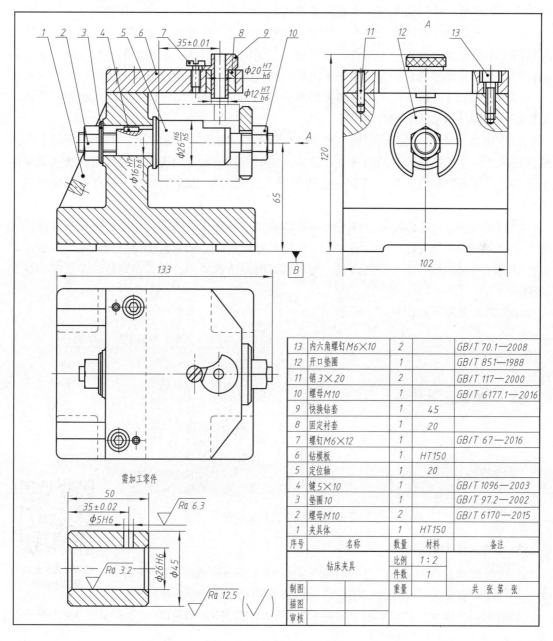

图 9-12　钻床夹具装配图

13	内六角螺钉M6×10	2		GB/T 70.1—2008
12	开口垫圈	1		GB/T 851—1988
11	销3×20	2		GB/T 117—2000
10	螺母M10	1		GB/T 6177.1—2016
9	快换钻套	1	45	
8	固定衬套	1	20	
7	螺钉M6×12	1		GB/T 67—2016
6	钻模板	1	HT150	
5	定位轴	1	20	
4	键5×10	1		GB/T 1096—2003
3	垫圈10	1		GB/T 97.2—2002
2	螺母M10	2		GB/T 6170—2015
1	夹具体	1	HT150	
序号	名称	数量	材料	备注

钻床夹具		比例	1:2	
		件数	1	
制图		重量		共 张 第 张
描图				
审核				

（2）另一条装配线是钻模板 6 上 ϕ20H7 孔的中心线，这条装配线上有 3 个零件相互配合。在钻模板上镶嵌固定衬套 8，采用 H7/k6 的过渡配合，是为使钻模板磨损后更换而设计的。

为保证在被加工孔的位置依次引导钻头、铰刀进行加工，在固定衬套 8 内还装有快换钻套 9，为了定位和便于快速装卸，采用 H7/h6 间隙配合。

4. 分析视图，确定零件的结构形状

夹具体、钻模板、定位轴和快换钻套是钻床夹具的主要零件，它们在结构和尺寸上都有非常密切的联系，要读懂装配图，必须看懂它们的结构，加深对工作原理的理解。

（1）夹具体 1。夹具体是钻床夹具的主体零件，它由长方形的底板和竖板组成，为增加夹具的工作稳定性，改善受力条件，在竖板的左侧制有前后两个三角形的肋板；为安装定位轴，竖板上制有键槽通孔；为减小加工面积，底板的底部开出两个方向的通槽。

（2）钻模板 6。钻模板主体为切去两角的长方形板，由两个销 11 定位，通过两个内六角螺钉 13 紧固在夹具体 1 的竖板上。

（3）快换钻套 9。快换钻套的凸肩部制有凹面和圆弧缺口，加工时，凹面与螺钉 7 凸肩的作用，可防止快换钻套 9 随刀具一起转动，或随刀具的抬起而脱出。而在更换快换钻套时也是如此，装入快换钻套后，转动一定的角度，使凹面置于螺钉 7 的凸肩之下，即可继续工作。

（4）定位轴 5。定位轴为直径不同的阶梯轴，左端轴颈制螺纹、开键槽用于夹具体的定位与安装；中端轴颈左侧设大台肩用于定位轴的轴向定位，右侧设小台肩用于工件的轴向定位；右端轴颈制螺纹用于工件的夹紧。为了加工时便于排屑和容屑，在定位轴 5 上制有纵向切槽。

钻床夹具立体图如图 9 – 13 所示。

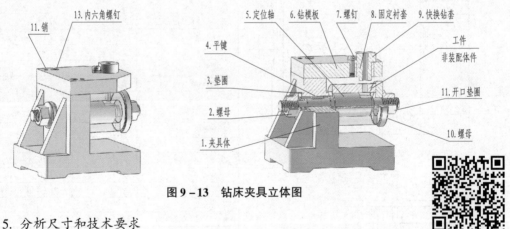

图 9 – 13　钻床夹具立体图

钻床夹具的结构
及工作原理

5. 分析尺寸和技术要求

分析装配图上所标注的尺寸，有助于进一步了解部件的规格、外形大小、零件间的装配关系、配合性质，以及该部件的安装方法等。

如图 9 – 12 所示，$\phi26H6/h5$ 为规格尺寸，$\phi20H7/k6$、$\phi12H7/h6$、$\phi16H7/h6$ 为配合尺寸，133、102、120 为总体尺寸。

6. 归纳总结

为了加深对所看装配图的全面认识，还需从装拆顺序、安装方法、技术要求等方面综合考虑，以加深对整个部件的进一步认识，从而对整台机器或部件有一个完整的概念。

9.5.2 由装配图拆画零件图

在设计过程中，根据装配图画出零件图，称为拆图。拆图时，要在全面看懂装配图的基础上，根据该零件的作用和与其他零件的装配关系，确定结构形状、尺寸和技术要求等内容。由装配图拆画零件图，是设计工作中的一个重要环节。

1. 分离零件

看懂装配图后，根据画装配图的基本原则，将需拆画的零件从装配图中分离出来，分离零件的基本步骤如下。

（1）先从明细栏中找到要拆画零件的序号和名称。根据该序号的指引线找到拆画零件在装配图中所在的位置，如夹具体是 1 号零件，从序号的指引线起始端原点，可以找到夹具体的位置和大致轮廓范围。

（2）根据同一零件剖面线方向一致、间隔相等的原则，结合投影关系，将该零件从有关的视图中分离出来。如果要分离的零件很复杂，其他零件比较简单，也可以采用"排除法"，把简单的零件一一去除，留下的就是要分离的零件。

①先在钻床夹具装配图上去除钻模板 6 以及所属装配零件，拆卸零件顺序：螺钉 7→快换钻套 9→固定衬套 8→销 11→内六角螺钉 13→钻模板 6，如图 9 – 14 所示。

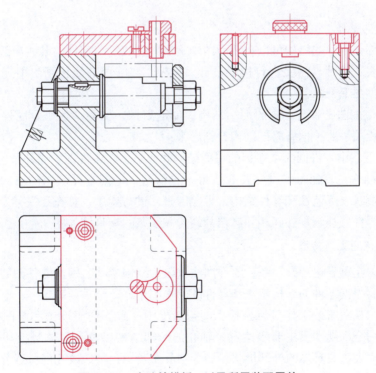

图 9 – 14　去除钻模板 6 以及所属装配零件

②再去除定位轴装配线上的相关零件，拆卸零件顺序：螺母 2、螺母 10→开口垫圈 12→垫圈 3→定位轴 5，如图 9 – 15 所示。

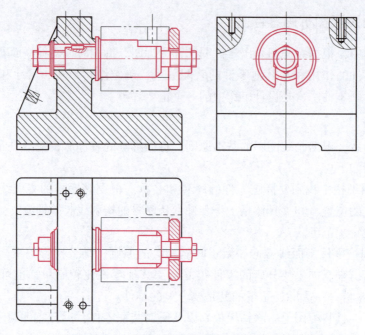

图 9 – 15 去除定位轴装配线上的相关零件

2. 确定零件形状

部件中大部分零件的结构可以在装配图中确定，少数复杂零件的某些局部结构，有时在装配图上无法表达清楚，需要进行构形设计。另外，装配图的简化画法中允许不画出的结构，需要在零件图上补画：

（1）对于装配图中省略不画的细小结构，如退刀槽、倒角、螺纹紧固件等，在拆画零件时，应查阅相关手册，把省略的结构补画出来；

（2）在装配图中零件间相互遮挡的一些结构和线条，在零件图中要补画出来；

（3）有些结构在装配图中没必要表达得十分清楚，根据零件已知的结构、作用、相邻零件间的连接形状、工艺性和零件结构常识等因素，进行构思、补充和完善。

去除其他零件，补画零件间相互遮挡的结构和线条的夹具体如图 9 – 16 所示。

3. 确定零件的表达方案

由于装配图注重表达装配关系，零件图注重表达结构形状，因此零件图的表达方案不能照搬装配图，要根据零件的结构特点和零件图的视图选择原则重新确定。

夹具体的主视图应按工作位置选择，即与装配图一致，便于读图和画图。根据结构形状，主视图采用全剖视图，主要表达定位轴孔的内部结构以及夹具体竖板和底板的连接关系；俯视图主要表达夹具体的外部形状、肋板的分布及销孔与螺纹孔的位置分布；左视图代替原装配图的 A 向（右视图），主要表达定位轴孔键槽、底板的通孔，采用两个局部剖视图表达销孔和螺纹孔的内部形状。拆画的夹具体零件图如图 9 – 17 所示。

4. 标注零件图的尺寸

标注零件图尺寸的方法一般有以下 4 种。

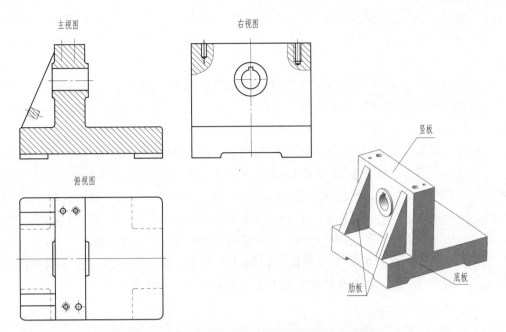

图 9 - 16　去除其他零件后的夹具体视图及立体图

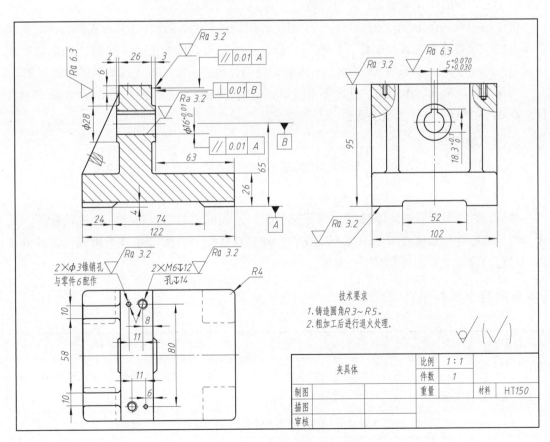

图 9 - 17　拆画的夹具体零件图

（1）直接抄注。在装配图中已标注出的尺寸，大多是重要尺寸，都是零件设计的依据。在拆画其零件图时，这些尺寸要完全照抄，如图 9 – 17 中夹具体宽 102、定位轴孔高 65。

对于配合尺寸，就应根据其配合代号，查出偏差数值，以上、下极限偏差在零件图上进行标注，如图 9 – 17 中 $\phi16_{0}^{+0.01}$ 是根据装配图 9 – 12 中 $\phi16H7/h6$ 查阅标准确定的。

（2）查表确定。对于零件上标准结构的尺寸，如螺栓通孔、螺纹孔直径、键槽、倒角、退刀槽等的尺寸，可根据装配图明细栏中标准件的国标代号和规格查阅相应的标准来确定，如图 9 – 17 中键槽尺寸 $5_{+0.030}^{+0.070}$、$18.3_{0}^{+0.1}$，锥销孔尺寸 $2\times\phi3$，螺纹孔尺寸 $2\times M6$。

（3）计算确定。某些尺寸数值，应根据装配图所给定的尺寸，通过计算确定，如齿轮轮齿部分的分度圆尺寸、齿顶圆尺寸等，应根据所给的模数、齿数来计算。

（4）量取确定。在装配图上没有标注出的其他尺寸，可从装配图中按比例直接量取。量得尺寸应圆整成整数，如夹具体的总长 122、总高 95 等。

5. 标注零件的技术要求

标注零件的技术要求时，应根据零件在部件中的功用及与其他零件的相互关系，并结合结构与工艺方面的知识来确定，必要时可参考同类产品的图纸要求。

由于钻床夹具在工作时，夹具体与体上的安装件没有相对运动，故其对表面结构的要求不高。较为重要的安装面（如定位轴的安装孔，端面及夹具体的上、下表面）的表面粗糙度选取 3.2 μm，一般面选取 6.3 μm，不接触表面仍为铸造表面，未注圆角半径为 $R3\sim R5$。

为保证钻床夹具装配图中的技术要求，对定位轴孔轴线、端面和夹具体的上端面分别设计了 0.01 的平行度和垂直度的形位公差的要求。

6. 填写标题栏

根据装配图中的明细栏，在零件图的标题栏中填写零件的名称、材料等信息。

7. 检查校对

最后，必须对所拆画的零件图进行仔细校核。校核时应注意：每张零件图的视图、尺寸、表面粗糙度和其他技术要求是否完整、合理，有装配关系的尺寸是否协调，零件的名称、材料、数量等是否与明细栏一致等。

【本章内容小结】

内容	要点
装配图的作用和内容	作用：装配图是进行零件设计的依据，也是装配、检验、安装与维修机器或部件的技术依据
	内容：一组视图、必要的尺寸、技术要求、序号、明细栏、标题栏

内容		要点
装配图的表达方法	装配图的规定画法	相邻两零件的画法，装配图上剖面线的画法，螺纹紧固件及实心零件的画法
	装配图的特殊画法	拆卸画法，沿结合面剖切的画法，单独表达某个零件的画法，展开画法，假想画法，夸大画法，简化画法
装配图的绘制	图形绘制	分析机器或部件的工作原理→视图的选择→绘制图形
	尺寸标注	规格尺寸、配合尺寸、安装尺寸、外形尺寸、其他重要尺寸 （上述 5 种尺寸不一定都出现，根据具体情况标注）
	技术要求	装配过程中的注意事项和装配后应满足的要求，检验、试验的条件和规范，操作要求，部件的性能、规格参数，包装、运输的注意事项和涂饰要求，使用要求
装配结构的合理性	常见的装配工艺结构	接触面与配合面结构、接触面转折处结构、螺纹防松结构、方便装拆结构等
拆画零件图	拆画零件图的方法与步骤	分离零件→确定零件形状→确定零件的表达方案→标注零件图的尺寸→标注零件的技术要求→填写标题栏→检查校对

【素质拓展】

2017 年 12 月 24 日，中国设计制造的 AG600 水陆两栖飞机研发试飞成功，填补了国内大型应急抢险装备的空白。AG600 水陆两栖飞机至少需要 57 个尖端技术的支撑，是国家实施的重大科技工程。在国家规划下，该项目汇集了国内 150 多所企事业单位、10 余所高校、超过 10 万科研人员，涉及多个跨行业、多领域的创新团队协同合作，是个大型集体创作的项目。

AG600 水陆两栖飞机的研发成功，一方面体现了中国集中力量办大事的独有制度优势，另一方面体现了团队协同合作的重要性。团队沟通和协作、尊重他人是工程师的基本素养，我们要有团队意识，从我做起，从现在做起。

AG600 水陆两栖飞机

第 10 章　计算机绘图基础

学习提示

本章主要介绍 AutoCAD 2014 常用的绘图、编辑、文字及尺寸标注命令的使用方法和应用技巧。通过对本章的学习，应达到如下基本要求：

（1）能够记住 AutoCAD 常用的绘图及编辑命令的用法；

（2）能够记住 AutoCAD 常用的正交、对象捕捉、对象追踪、极轴追踪等绘图辅助功能的用法；

（3）能够记住 AutoCAD 文字标注及尺寸标注的设置与标注方法；

（4）能够知晓在 AutoCAD 绘图环境下绘制平面图形、三视图、轴测图及零件图的方法和技巧。

10.1　AutoCAD 操作基础

AutoCAD 是由美国 Autodesk 公司开发的通用二维绘图、三维造型软件系统，它具有易于掌握、使用方便、体系结构开放等特点，深受广大工程技术人员的欢迎。在中国，AutoCAD 已成为工程设计领域中应用最为广泛的计算机辅助设计软件之一。本章将以 AutoCAD 2014 为基础，简要地介绍该软件的一些常见的基本绘图方法和操作。

10.1.1　AutoCAD 的启动

安装 AutoCAD 2014 后，系统会自动在 Windows 桌面上生成对应的快捷方式 。双击该快捷方式，即可启动 AutoCAD。与启动其他应用程序一样，也可以通过 Windows 资源管理器、Windows 任务栏等启动 AutoCAD。

AutoCAD 启动
与用户界面

10.1.2　AutoCAD 的工作界面

AutoCAD 2014 的工作界面由标题栏、菜单栏、工具栏、绘图窗口、光标、坐标系图标、命令窗口、状态栏、模型/布局选项卡、滚动条和菜单浏览器等组成，如图 10-1 所示。

1. 标题栏

标题栏与其他 Windows 应用程序类似，用于显示 AutoCAD 2014 的程序图标以及当前所操作的图形文件的名称。

2. 菜单栏

菜单栏是主菜单，可利用其执行 AutoCAD 的大部分命令。单击菜单栏中的某一项，会弹出相应的下拉菜单。在下拉菜单中，右侧有小三角的菜单项，表示它还有子菜单；右侧有

3 个小点的菜单项，表示单击该菜单项后将弹出一个对话框；右侧没有内容的菜单项，单击它后会执行对应的 AutoCAD 命令。

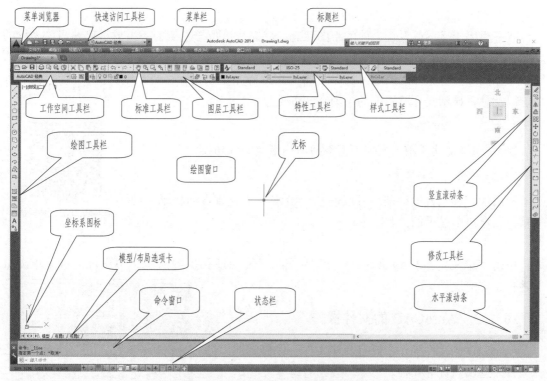

图 10 - 1　AutoCAD 2014 的工作界面

3. 工具栏

AutoCAD 2014 提供了 40 多个工具栏，每一个工具栏中均有一些形象化的按钮。单击某一按钮，可以执行对应的 AutoCAD 命令。用户可以根据需要打开或关闭任意工具栏，方法是：在已有工具栏中右击，AutoCAD 弹出工具栏快捷菜单，通过其可实现工具栏的打开与关闭。此外，通过选择"工具"→"工具栏"→"AutoCAD"，也可以打开 AutoCAD 的各工具栏。

4. 绘图窗口

绘图窗口类似于手工绘图时的图纸，是用户用 AutoCAD 绘图并显示所绘图形的区域。

5. 光标

当光标位于 AutoCAD 的绘图窗口时为十字形状，所以又称其为十字光标。十字线的交点为光标的当前位置。AutoCAD 的光标用于进行绘图、选择对象等操作。

6. 坐标系图标

坐标系图标通常位于绘图窗口的左下角，表示当前绘图所使用的坐标系的形式以及坐标方向等。AutoCAD 提供有世界坐标系（World Coordinate System，WCS）和用户坐标系（User Coordinate System，UCS）两种坐标系。世界坐标系为默认坐标系。

7. 命令窗口

命令窗口是 AutoCAD 显示用户从键盘输入的命令和软件提示信息的地方。默认时，

AutoCAD在命令窗口保留最后3行所执行的命令或提示信息，用户可以通过拖动窗口边框的方式改变命令窗口的大小，使其显示多于3行或少于3行的信息。

8. 状态栏

状态栏用于显示或设置当前的绘图状态。状态栏上位于左侧的一组数字反映当前光标的坐标，其余按钮从左到右分别表示当前是否启用了捕捉模式、栅格显示、正交模式、极轴追踪、对象捕捉、对象捕捉追踪、动态 UCS（用鼠标左键双击，可打开或关闭）、动态输入等功能以及是否显示线宽、当前的绘图空间等信息。

9. 模型/布局选项卡

模型/布局选项卡用于实现模型空间与图纸空间的切换。

10. 滚动条

利用水平和竖直滚动条，可以使图纸沿水平或竖直方向移动，即平移绘图窗口中显示的内容。

AutoCAD 的文件操作

11. 菜单浏览器

单击菜单浏览器，AutoCAD 会将浏览器展开，如图 10 – 2 所示。用户可通过菜单浏览器进行相应的操作。

10.1.3 AutoCAD 的文件操作

AutoCAD 的文件操作主要有新建文件、保存文件、打开文件及退出软件等几种。

1. 新建文件

功能：建立新的图形文件。

调用方法：

（1）图标：单击标准工具栏中的"新建文件"按钮。

（2）下拉菜单：选择"文件"→"新建"。

（3）命令：在命令行中直接输入 New。

执行"新建"命令后，AutoCAD 就会弹出"选择样

图 10 – 2　菜单浏览器

板"对话框，如图 10 – 3 所示。用户可根据需求选择预先定义好的各种样板中的一种（默认样板为 acadiso. dwt），然后单击"打开"按钮，即可开始绘制新图。

2. 保存文件

功能：保存已有的图形文件，防止出现意外事故时造成图形及数据的丢失。

调用方法：

（1）图标：单击标准工具栏中的"保存文件"按钮 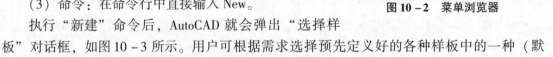。

（2）下拉菜单：选择"文件"→"保存"。

（3）命令：在命令行中直接输入 Save。

执行"保存"命令后，可将所绘图形保存在已经命名的文件中。如果文件尚未命名，则需要在弹出的"图形另存为"对话框中选择合适的文件夹，并输入文件名再进行保存。

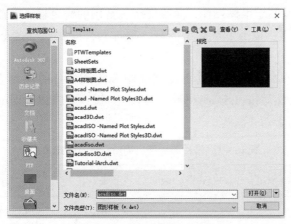

图 10 - 3　"选择样板"对话框

3. 打开文件

功能： 打开已经存盘的图形文件。
调用方法：

(1) 图标：单击标准工具栏中的"打开文件"按钮 ⏏。

(2) 下拉菜单：选择"文件"→"打开"。

(3) 命令：在命令行中直接输入 Open。

执行"打开"命令后，弹出"选择文件"对话框，从中选取需要打开的文件后，单击"打开"按钮，文件即可被打开。

4. 退出软件

功能： 图形绘制、编辑等工作完成后，退出 AutoCAD 绘图软件。
调用方法：

(1) 下拉菜单：选择"文件"→"退出"。

(2) 命令：在命令行中直接输入 Exit。

执行"退出"命令后，若当前文件没有保存，会弹出警告对话框，询问是否将最近修改的结果保存或者放弃，也可以单击"取消"按钮来终止退出操作。

10.2　AutoCAD 的基本绘图与编辑命令

10.2.1　命令与数据的输入方式

命令是用户与软件系统之间进行交流的载体，用户通过执行 AutoCAD 中的命令来实现图形的绘制、编辑、标注等功能，命令输入包括命令名及命令所需数据的输入。

1. 命令输入方法

AutoCAD 命令的输入常采用以下 4 种方法。

(1) 图标操作：在已打开的工具栏上直接单击所需输入命令的图标。

命令输入方法

该方法形象、直观，且便于鼠标操作，是绘图中最常用的命令输入方法。

（2）下拉菜单操作：单击下拉菜单的某一项标题，即在该标题下出现菜单项，再单击所需的菜单项即可。

（3）输入命令：在命令行中通过键盘直接输入命令名（可用命令全称或快捷命令名，大小写不限，下同），然后按〈Space〉键、〈Enter〉键或右击鼠标即可。常用的绘图、编辑命令及快捷命令如表 10-1 所示。

表 10-1 常用的绘图、编辑命令及快捷命令

命令	命令名	快捷命令	命令	命令名	快捷命令
直线	Line	L	镜像	Mirror	MI
圆	Circle	C	修剪	Trim	TR
圆弧	Arc	A	延伸	Extend	EX
矩形	Rectang	REC	旋转	Rotate	RO
正多边形	Polygon	POL	缩放（比例）	Scale	SC
多段线	Pline	PL	倒角	Chamfer	CHA
椭圆	Ellipse	EL	分解	Explode	X
缩放	Zoom	Z	单行文字	Text	T
移动	Move	M	图案填充（剖面线）	Hatch	H
复制	Copy	CO	样式（尺寸）	Dimstyle	D
阵列	Array	AR	创建（块）	Block	B
删除	Erase	E	写块	Wblock	W
偏移	Offset	O	块插入	Insert	I

（4）重复命令：不管上个命令是采用何种输入方法输入，均可采用右击鼠标（在弹出的快捷菜单中选择），或按〈Space〉键、〈Enter〉键的方式，来重复输入上个命令。

不管采用上述何种命令输入方法，用户均应注意按命令窗口中的提示逐步进行操作。对于命令的提示，可用数据等给予响应；也可按〈Space〉键、〈Enter〉键或右击鼠标给予空响应（默认提示的值，该值一般位于提示后的尖括号内）。

若需终止正在执行的命令，按键盘左上角的〈Esc〉键即可。

2. 数据输入方法

输入命令后，AutoCAD 系统一般要求用户输入一些执行该命令所需的数据，如点的坐标、数值、字符或字符串等。常用的数据输入方法如表 10-2 所示。

表 10 – 2　常用的数据输入方法

数据输入方法	说明	操作示例
绝对直角坐标的输入：(x, y)	绝对直角坐标是指当前点相对于坐标原点（0，0）在水平和竖直方向上的坐标增量值。采用二维坐标输入时，直接输入 (x, y) 的坐标值。两数值之间用逗号"，"分隔。 例如，点 A 坐标"（100，80）"表示点 A 与坐标原点在水平方向的坐标增量值为 100 个绘图单位，在竖直方向的坐标增量值为 80 个绘图单位	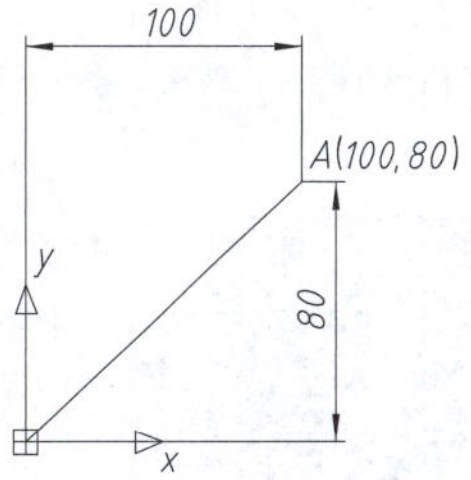
相对直角坐标的输入：$(@x, y)$	相对直角坐标是指当前点相对于前一点的坐标增量值。输入时，相对坐标值前需加前缀符号"@"，且沿 x、y 轴正方向的增量为正，反之为负。 例如，点 B 相对于点 A 的坐标"@ –80，–80"表示点 B 相对于点 A 在水平方向的坐标增量值为 –80 个绘图单位，在竖直方向的坐标增量值为 –80 个绘图单位	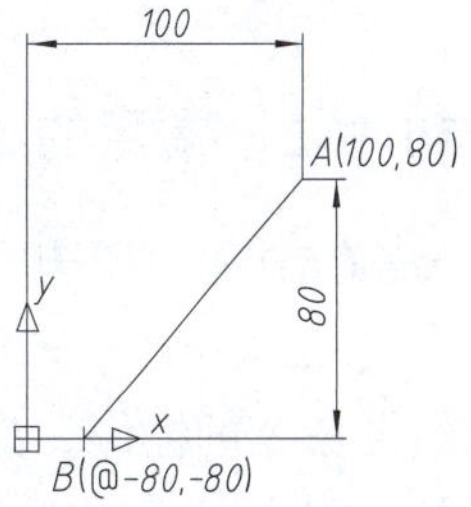
绝对极坐标的输入：$(r < \alpha)$	绝对极坐标 $(r < \alpha)$ 是输入当前点到坐标原点（0，0）连线的长度 r 以及该连线与零角度方向（通常为 x 轴正方向）的夹角 α，逆时针方向为正，顺时针方向为负。输入方式为：长度 < 角度。 例如，点 A 坐标"100 < 45"表示点 A 与原点的距离为 100 个绘图单位，点 A 与零角度方向之间的夹角为 45°	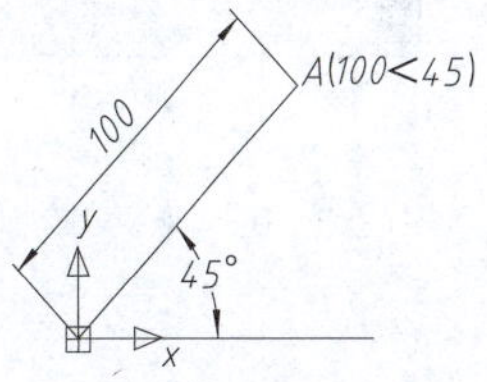
相对极坐标的输入：$(@r < \alpha)$	相对极坐标是输入当前点到前一点连线的长度 r 以及该连线与零角度方向的夹角 α。输入时，相对极坐标值前需加前缀符号"@"。 例如，点 B 相对于点 A 的坐标"@80 < 60"表示点 B 与点 A 的距离为 80 个绘图单位，点 B 与点 A 的连线与过点 A 的零角度方向之间的夹角为 60°	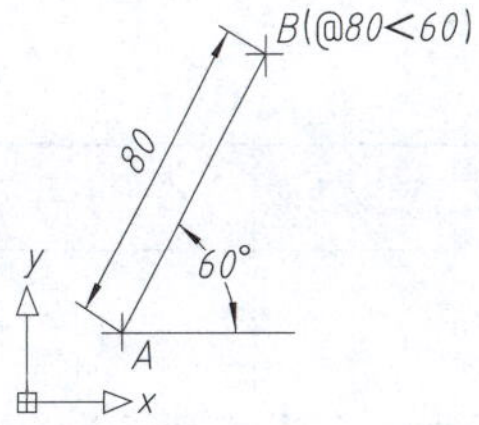
定向距离的输入	实际作图中经常采用此法，尤其是采用正交模式绘制水平或竖直线时。具体的操作为：当命令提示输入一个点时，移动光标，则自前一点拉出一"橡皮筋"线，指示出所需的方向；再用键盘输入距离值即可。 例如，水平向右前进 100，在拉出一水平的"橡皮筋"线后直接输入"100"即可	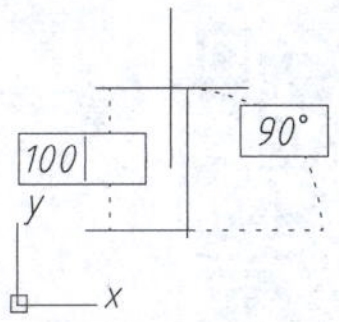

数据输入方法	说明	操作示例
利用"对象捕捉"工具精确取点（特殊点）	利用 AutoCAD 的"对象捕捉"工具，可以很方便地捕捉一些特殊点，如圆心、切点、中点、垂足等。 例如，右图为捕捉垂足	（垂足）

10.2.2　常用的绘图命令

　　AutoCAD 提供了丰富的绘图命令，包括：点、直线、圆、圆弧、椭圆、矩形、多段线、样条曲线和多边形等。下面以图 10 - 4 所示的绘图工具栏为参照，在表 10 - 3 中介绍常用的二维绘图命令的操作。为区别计算机给出的提示与用户输入的数据，在表中计算机提示内容下增加了阴影（下同）。

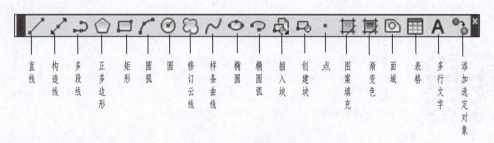

直线　构造线　多段线　正多边形　矩形　圆弧　圆　修订云线　样条曲线　椭圆　椭圆弧　插入块　创建块　点　图案填充　渐变色　面域　表格　多行文字　添加选定对象

图 10 - 4　绘图工具栏

表 10 - 3　常用的二维绘图命令简介

图标/命令/功能	操作说明	操作示例
Line（L） 绘制直线	命令:Line 指定第一点:10,10 指定下一点或[放弃(U)]:20,10 指定下一点或[放弃(U)]:@0,8 指定下一点或[放弃(U)]:@ -10,0 指定下一点或[闭合(C)/放弃(U)]:C 说明: (1)　直接按〈Enter〉键或通过鼠标右键结束命令； (2)　U 表示取消上一坐标点； (3)　C 表示与起点相连后结束命令	（@-10,0）　（@0,8） （10,10）　（20,10）

图标/命令/功能	操作说明	操作示例
Polygon（POL） 绘制正多边形	命令：Polygon 输入侧面数 <4 >：6 指定正多边形的中心点或［边(E)］：50,50 输入选项［内接于圆(I)/外切于圆(C)］< I >：C 指定圆的半径：10 说明： （1）正多边形的默认边数为 4； （2）可通过指定圆心或起始边的方式绘制	（给圆心、半径方式）　（给边数 E 方式）
Rectang（REC） 绘制矩形	命令：Rectang 指定第一个角点或［倒角(C)/标高(E)/圆角(F)/厚度(T)/宽度(W)］：10，10 指定另一个角点或 ［面积(A)/尺寸(D)/旋转(R)］：25，20 说明： （1）通过指定矩形的两对角点坐标绘制矩形； （2）选项 C、F 和 W 使绘制的矩形带有倒角、圆角及线宽	（矩形）　（圆角 F 矩形） （倒角 C 矩形）　（线宽 W 矩形）
Arc（A） 绘制圆弧	命令：Arc 指定圆弧的起点或［圆心(C)］：10,10 指定圆弧的第二个点或［圆心(C)/端点(E)］：20，20 指定圆弧的端点：5，20 说明： （1）圆弧方向为逆时针； （2）通过指定圆弧上三点或圆心、起点、角度等选项绘制圆弧	(5,20)　(20,20) (10,10)
Circle（C） 绘制圆	命令：Circle 指定圆的圆心或［三点(3P)/两点(2P)/切点、切点、半径（T)］：10，10 指定圆的半径或 ［直径（D)］ <8.0000 >：8 说明： （1）绘制圆命令可采用圆心与半径、圆心与直径、三点、两点、连接圆半径等方式绘制圆； （2）圆的半径或直径可通过在屏幕上指定两点获得； （3）3P：过圆上三点绘制圆； （4）2P：过圆上直径两端点绘制圆； （5）T：通过与已有两对象相切及圆半径绘制圆	（T 方式绘制圆） (10,10) （圆心、半径绘制圆）　（三点绘制圆）

图标/命令/功能	操作说明	操作示例
Spline（SPL） 绘制样条曲线	命令：Spline 当前设置：方式＝拟合节点＝弦 指定第一个点或[方式(M)/节点(K)/对象(O)]：P_1 输入下一个点或［起点切向(T)/公差(L)］：P_2 输入下一个点或［端点相切(T)/公差(L)/放弃(U)］：P_3 输入下一个点或［端点相切(T)/公差(L)/放弃(U)/闭合(C)］：P_4 说明： 绘制的曲线通过给定的一组坐标点，常用来绘制波浪线	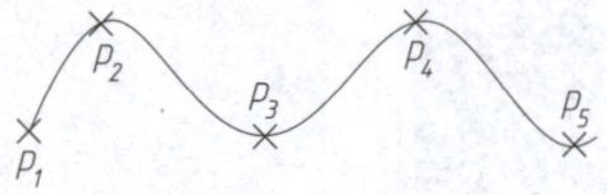
Ellipse（EL） 绘制椭圆	命令：Ellipse 指定椭圆的轴端点或[圆弧(A)/中心点(C)]：P_1 指定轴的另一个端点：P_2 指定另一条半轴长度或［旋转(R)］：10 说明： （1）绘制椭圆命令可采用指定椭圆的轴端点的方式或指定椭圆中心点的方式； （2）指定椭圆的轴端点是指用椭圆某一轴上两端点确定椭圆位置，如右图中点 P_1、P_2； （3）选择中心点（C）选项，表示以椭圆中心定位的方式画椭圆或椭圆弧，如右图指定中心点 P_1 及轴上一端点 P_2； （4）选择圆弧（A）选项，表示用来绘制椭圆弧	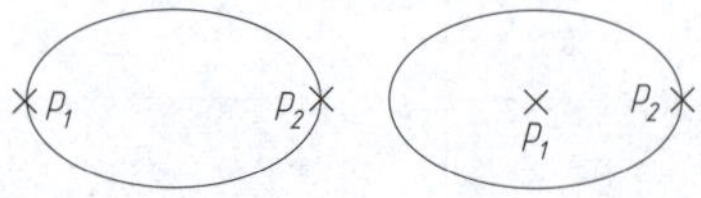 （指定椭圆轴端点）　（指定中心点 C）

10.2.3 常用的选择对象的方法

"对象"是 CAD 制图中绘制工程图样的基本信息单元。其中，"几何对象"表示物理形状，如圆、弧、线、点、样条曲线等；"非几何对象"表示注释和说明，如用文字表述的技术要求等。

在进行图形的编辑和修改操作中，其首要任务便是准确地确定对象。选择对象是 CAD 制图的基本操作，该操作的命令提示为"选择对象："，同时在屏幕上显示供选择对象用的方形光标。该提示在每次选择对象后将重复显示，直至输入"空响应"方才结束对象的选择。输入空响应的方法为右击鼠标或按〈Enter〉键、〈Space〉键。

AutoCAD 提供了多种选择对象的方式，常用的选择对象的方式如表 10 - 4 所示。

表 10 - 4　常用的选择对象的方式

选择对象的方式	说明	操作示例
单击方式	当系统提示"Select object：(选择对象)"时，直接将方形光标移动至待选对象上，单击即可，连续多次选择即可构成选择集（注意：被选择的对象在屏幕上显示成虚线）	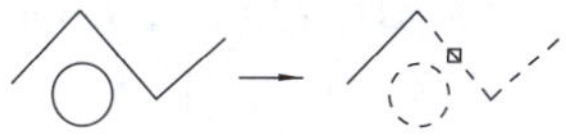
窗口方式（W）	当系统提示"Select object：(选择对象)"时，用鼠标从左到右拉出矩形窗口套住待选对象，只有完全落在该窗口内的对象才被选择	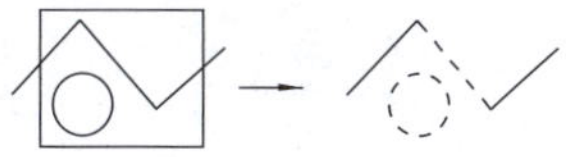
交叉窗口方式（C）	当系统提示"Select object：(选择对象)"时，用鼠标从右到左拉出矩形窗口，落在窗口内及与该窗口边界相交的对象均被选择	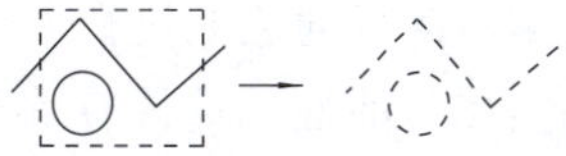
全部方式（All）	在系统提示"Select object：(选择对象)"时，输入 All 后按〈Enter〉键，即选择图中所有对象	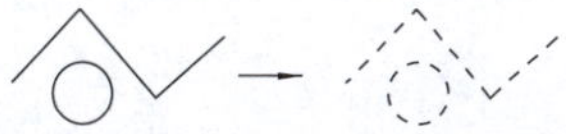
去除方式（R）	在已经构造了选择集的情况下，再在"Select object：(选择对象)"提示下输入 R 后按〈Enter〉键，即转为扣除方式。然后再在"Remove object：(扣除对象)"提示下，用以上方式选择要扣除的对象，即可从多选的对象中扣除 1 个或几个对象	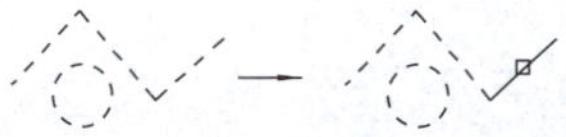
添加方式（A）	在"Remove object：(扣除对象)"提示下输入 A 后按〈Enter〉键，系统提示"Select object：(选择对象)"，即返回到添加方式	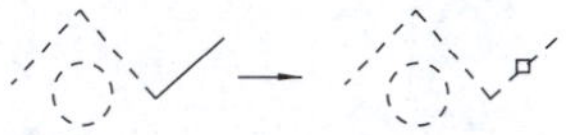
取消方式（U）	在"Select object：(选择对象)"提示下输入 U 后按〈Enter〉键，即放弃前次的实体选择操作	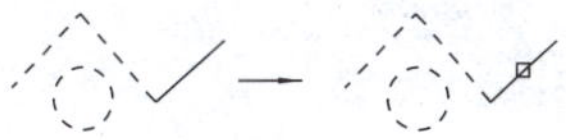

10.2.4　常用的图形编辑命令

图形编辑即对所绘制的图形进行修改操作。

AutoCAD 提供了丰富的图形编辑功能，包括图形的复制、移动、旋转、缩放、删除等命令，其命令按钮如图 10-5 所示，利用这些编辑功能可以帮助用户合理地构造与组织图形，保证作图准确度，减少重复的绘图操作，从而提高绘图的效率。

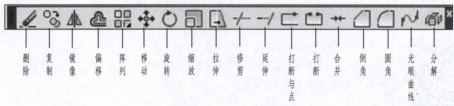

图 10-5　修改工具栏

删除　复制　镜像　偏移　阵列　移动　旋转　缩放　拉伸　修剪　延伸　打断与点　打断　合并　倒角　圆角　光顺曲线　分解

AutoCAD 提供了两种图形编辑方式：先发出命令，再选择对象来编辑；先选择对象，再选择编辑命令对它们进行编辑。选择的对象将变成虚线，同时提示选择的实体数量。如果选择的实体与前面的选择有重复，还会提示有多少实体重复。常用的编辑命令操作如表 10-5 所示。

表 10-5　常用的编辑命令操作

图标/命令/功能	操作说明及示例
Erase　删除图中对象	命令：Erase 选择对象：找到1个（用鼠标选择圆） 选择对象：（可以连续选择对象） 选择对象：（按〈Enter〉键或右击鼠标结束命令）
Copy　复制图中对象	命令：Copy 选择对象：找到1个 选择对象：（选择圆后右击鼠标） 当前设置：复制模式 = 多个 指定基点或［位移(D)/模式(O)］<位移>：（指定圆心为基点） 指定第二个点或［阵列(A)］<使用第一个点作为位移>：（指定复制对象要放置的点） 指定第二个点或［阵列(A)/退出(E)/放弃(U)］<退出>：（按〈Enter〉键或右击鼠标结束命令）

图标/命令/功能	操作说明及示例
 Mirror 创建对象镜像	命令：Mirror 选择对象：找到 9 个（选择图中左侧的半圆及线部分） 选择对象：（可以连续选择对象） 选择对象：（右击鼠标结束选择） 指定镜像线的第一点：（选中上面的交点 P_1） 指定镜像线的第二点：（选中下面的交点 P_2） 要删除源对象吗？［是(Y)/否(N)］<N>：（按〈Enter〉键或右击鼠标结束命令） 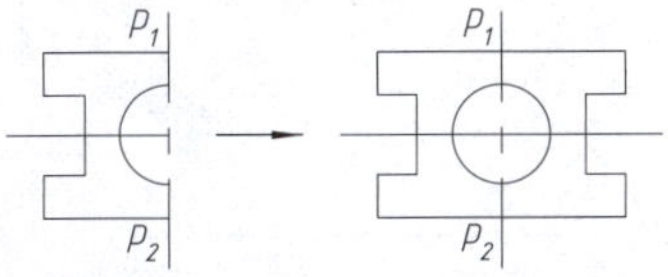 （镜像前）　　　　　（镜像后）
 Offset 创建等距线	命令：Offset 指定偏移距离或［通过(T)/删除(E)/图层(L)］<通过>：5 选择要偏移的对象或［退出(E)/放弃(U)］<退出>：（选择圆弧） 指定要偏移的那一侧上的点，或［退出(E)/多个(M)/放弃(U)］<退出>：圆弧内侧单击 选择要偏移的对象，或［退出(E)/放弃(U)］<退出>：（按〈Enter〉键或右击鼠标结束命令） 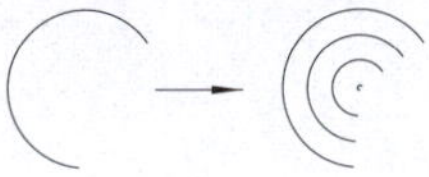
 Array 阵列图中对象	（1）矩形阵列 命令：Arrayrect 选择对象：找到 1 个（用鼠标选择小矩形） 选择对象：（右击鼠标结束选择） 为项目数指定对角点或［基点(B)/角度(A)/计数(C)］<计数>：（拖动鼠标形成所要阵列的行数和列数后单击确定） 指定对角点以间隔项目或［间距(S)］<间距>：（拖动鼠标形成所要阵列的行距和列距或输入 S 后在提示输入行距和列距时输入具体的数值） 按〈Enter〉键接受或［关联(AS)/基点(B)/行(R)/列(C)/层(L)/退出(X)］<退出>：（按〈Enter〉键或右击鼠标结束矩形阵列命令） （2）圆形阵列 命令：Arraypolar 选择对象：找到 1 个（用鼠标选择三角形） 选择对象：（右击鼠标结束选择） 指定阵列的中心点或［基点(B)/旋转轴(A)］：（选择圆心点 P） 输入项目数或［项目间角度(A)/表达式(E)］<4>：6 指定填充角度（ + = 逆时针，− = 顺时针）或［表达式(EX)］<360>：（输入填充的角度） 按〈Enter〉键接受或［关联(AS)/基点(B)/项目(I)/项目间角度(A)/填充角度(F)/行(ROW)/层(L)/旋转项目(ROT)/退出(X)］<退出>：（按〈Enter〉键或右击鼠标结束环形阵列命令） 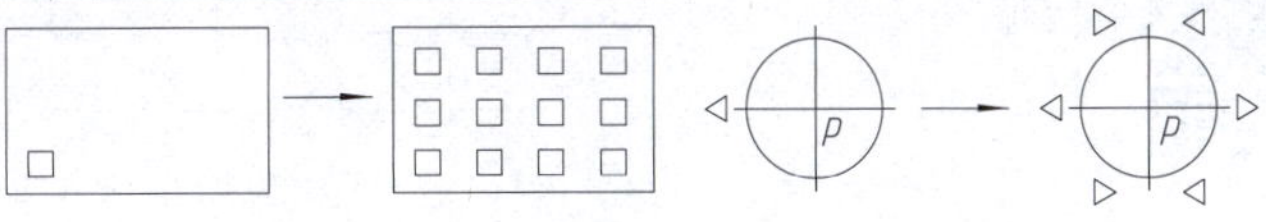 （矩形阵列）　　　　　（环形阵列）

续表

图标/命令/功能	操作说明及示例
 Move 平移图中对象	命令：Move 选择对象：找到 1 个（用鼠标选择小矩形） 选择对象：（右击鼠标结束选择） 指定基点或［位移(D)］<位移>：（用鼠标选择小矩形左下角点为基点） 指定第二个点或<使用第一个点作为位移>：（移动鼠标指定第二点或用相对坐标输入第二点后结束移动命令） 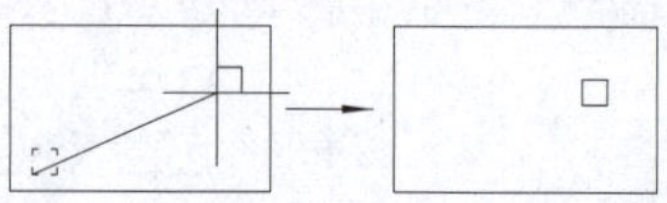
 Rotate 旋转图中对象	命令：Rotate 选择对象：找到 2 个（用鼠标选择大、小矩形） 选择对象：（右击鼠标结束选择） 指定基点：（用鼠标选择大矩形左下角点为基点） 指定旋转角度，或［复制(C)/参照(R)］<30>：30（输入旋转角度，逆时针为正，按〈Enter〉键结束旋转命令） 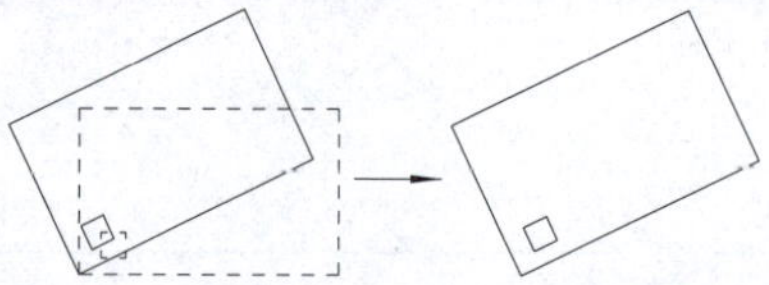
 Scale 比例缩放对象	命令：Scale 选择对象：找到 1 个（用鼠标选择矩形） 选择对象：（右击鼠标结束选择） 指定基点：（用鼠标选择矩形左下角点为基点） 指定比例因子或［复制(C)/参照(R)］：2（输入比例因子后按〈Enter〉键结束命令） 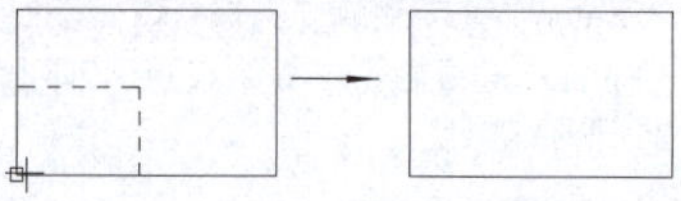
 Stretch 拉伸图中对象	命令：Stretch 选择对象：找到 10 个（用鼠标从右下角到左上角拉出虚线窗口） 选择对象：（右击鼠标结束选择） 指定基点或［位移(D)］<位移>：（选中心线与右边界线焦点） 指定第二个点或<使用第一个点作为位移>：（指定第二个点后按〈Enter〉键结束命令） 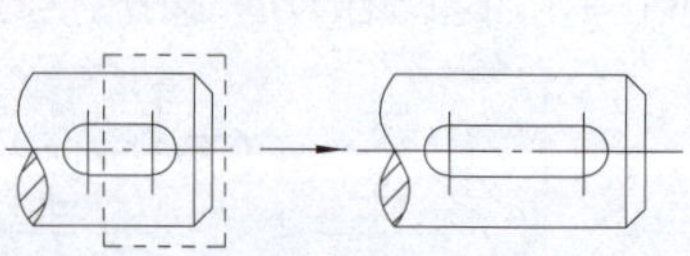

图标/命令/功能	操作说明及示例
  Trim 修剪图中对象	命令：Trim 当前设置：投影 = UCS，边 = 无　选择剪切边… 选择对象或 < 全部选择 >：找到 2 个（选择修剪的边界：如下图虚线所示） 选择对象：（右击鼠标结束边界选择） 选择要修剪的对象，或按住〈Shift〉键选择要延伸的对象，或 [栏选(F)/窗交(C)/投影(P)/边(E)/删除(R)/放弃(U)]：（单击选择待修剪的部分） 选择要修剪的对象，或按住〈Shift〉键选择要延伸的对象，或 [栏选(F)/窗交(C)/投影(P)/边(E)/删除(R)/放弃(U)]：（按〈Enter〉键结束修剪命令） 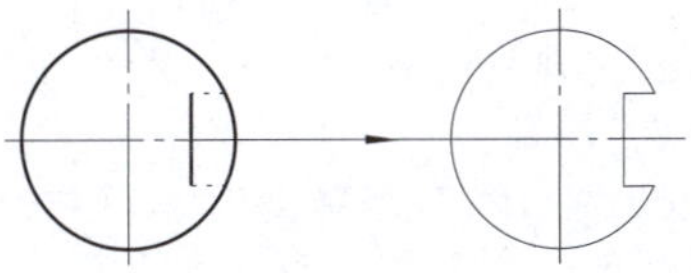
  Extend 延伸对象到 指定边界	命令：Extend 当前设置：投影 = UCS，边 = 无 选择边界的边… 选择对象或 < 全部选择 >：找到 1 个（选择的延伸边界：如下图虚线所示） 选择对象：（右击鼠标结束边界选择） 选择要延伸的对象，或按住〈Shift〉键选择要修剪的对象，或 [栏选(F)/窗交(C)/投影(P)/边(E)/放弃(U)]：（在待延长线的延长端单击，对于超出延伸边界的线，可按住〈Shift〉键选择要修剪的对象） 选择要延伸的对象，或按住〈Shift〉键选择要修剪的对象，或 [栏选(F)/窗交(C)/投影(P)/边(E)/放弃(U)]：（按〈Enter〉键结束延伸命令） 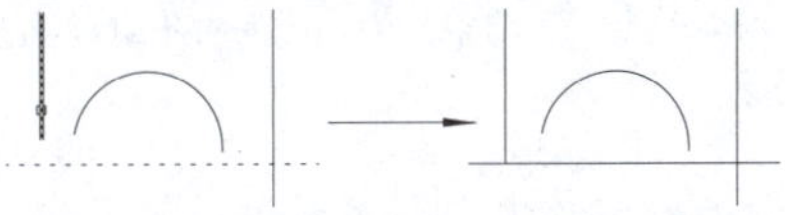
  Chamfer 两对象间作倒角	命令：Chamfer 选择第一条直线或 [放弃(U)/多段线(P)/距离(D)/角度(A)/修剪(T)/方式(E)/多个(M)]：D 指定第一个倒角距离 < 20.0000 >：10 指定第二个倒角距离 < 10.0000 >：8 选择第一条直线或 [放弃(U)/多段线(P)/距离(D)/角度(A)/修剪(T)/方式(E)/多个(M)]：（选择第一倒角距离所在的直线段 P_1） 选择第二条直线，或按住〈Shift〉键选择直线以应用角点或 [距离(D)/角度(A)/方法(M)]：（选择另一条倒角距离所在的直线段 P_2） 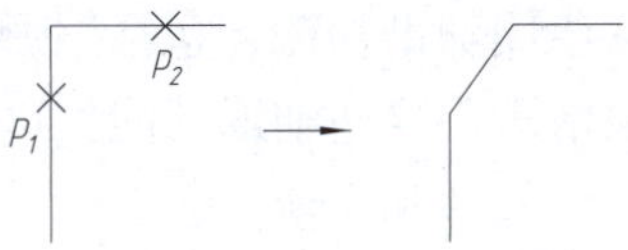

图标/命令/功能	操作说明及示例
 Fillet 两对象间作圆角	（1）普通线段的圆角 命令：Fillet 当前设置：模式 = 修剪，半径 = 0.0000 选择第一个对象或［放弃(U)/多段线(P)/半径(R)/修剪(T)/多个(M)］：R 指定圆角半径 < 0.0000 > ：10 选择第一个对象或［放弃(U)/多段线(P)/半径(R)/修剪(T)/多个(M)］：（选择第一个对象） 选择第二个对象，或按住〈Shift〉键选择对象以应用角点或［半径(R)］：（选择第二个对象） （2）多段线的圆角 命令：Fillet 当前设置：模式 = 修剪，半径 = 10.0000 选择第一个对象或［放弃(U)/多段线(P)/半径(R)/修剪(T)/多个(M)］：R 指定圆角半径 < 10.0000 > ：5 选择第一个对象或［放弃(U)/多段线(P)/半径(R)/修剪(T)/多个(M)］：P 选择二维多段线或［半径(R)］：（选择需倒圆角的矩形对象） （普通线段的圆角）　　　　（多段线的圆角）
	分解命令，可将定义为一体的对象组（如多段线、尺寸、文本、图块等）分解为若干单一对象 命令：Explode 选择对象：找到 1 个（选择尺寸） 选择对象：（右击鼠标结束分解命令） 20　　　　20

注：在命令行中输入命令时，可采用简化的快捷命令名，详见表 10 – 1。

10.3　AutoCAD 的绘图辅助功能

AutoCAD 提供了许多绘图辅助功能，包括图形的显示与控制、正交、对象捕捉、极轴追踪、对象捕捉追踪等，灵活运用这些辅助功能，可以方便、迅速、准确地绘制出所需要的图形，从而极大地提高绘图的效率和质量。

10.3.1 图形的显示与控制

AutoCAD 中提供了很多可控制界面显示的命令，用于控制绘图区域的图形外观的放大、缩小或移动。在标准工具栏内有缩放的工具条 ，在进行图形的显示与控制时经常用到。表 10 - 6 介绍了相应的功能。

注意：该类命令只能改变图形对象显示的大小和观察的部位，而不能改变图形对象的真实大小和位置。

显示与控制命令

表 10 - 6　图形的显示与控制命令

图标	功能	说明
	移动图标	按住鼠标左键，可拖动图样，在相同的比例下浏览画面
	动态缩放	按住鼠标左键，上下移动鼠标或滚动鼠标滚轮，可动态缩放屏幕
	窗口缩放	用鼠标拖出待放大区域，可将该区域内的图形放大
	回到上一个显示状态	常用于局部放大修改后，回到原来的显示状态

10.3.2 绘图技巧

1. 功能键

功能键是 AutoCAD 系统常用操作的快捷键。常用的 AutoCAD 功能键如表 10 - 7 所示。

常用 AutoCAD 功能键

表 10 - 7　常用的 AutoCAD 功能键

功能键	功能	功能键	功能
F1	帮助键	F8	"正交" 开关键
F2	"图形/文本窗口" 切换键	F9	"捕捉" 开关键
F3	"对象捕捉" 开关键	F10	"极轴追踪" 开关键
F5	"轴测面" 切换键	F11	"对象捕捉追踪" 开关键
F6	"动态 UCS" 开关键	F12	"动态输入" 开关键
F7	"栅格显示" 开关键	Esc	取消或终止当前命令

2. 正交

功能：限制坐标数值沿水平或竖直方向变化，主要用于绘制水平线和竖直线。

当选择以正交模式绘图时，光标只能沿水平或竖直方向移动。若画线时打开正交模式，则只需输入线段的长度值，AutoCAD 就自动画出水平线或竖直线。

调用方法：

状态栏：单击状态栏中的"正交"按钮 ▢，使图标变亮为打开，使图标变暗为关闭。

快捷键〈F8〉：按下该键可使"正交"在打开和关闭之间切换。

3. 极轴追踪

功能：用于沿指定角度值（称为增量角）的倍数角度（称为追踪角）移动十字光标。

例如：指定的"增量角"为15°，即可沿15°的倍数移动，如30°、45°等，系统沿设定的增量角显示临时的对齐路径（以虚线显示），将命令的起点和光标对齐，用精确的位置和角度绘制对象，其中文字提示为当前点相对于前一点的相对极坐标。

如在"附加角"中设置了其他角度，则在附加角处也显示临时的对齐路径。

设置方法：

菜单：选择"工具"→"草图设置"→"极轴追踪"，如图10-6所示。

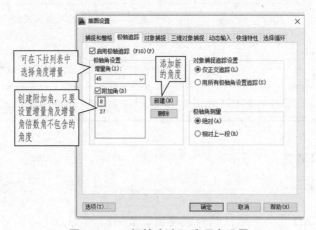

图10-6 "极轴追踪"选项卡设置

极轴追踪的设置

在"增量角"下拉列表中可以选择增量角。单击"新建"按钮，还可添加附加角，添加附加角后，在绘制图形时，就会在增量角、增量角的整数倍及其附加角上显示临时的对齐路径。

调用方法：

状态栏：单击状态栏中的"极轴追踪"按钮 ⬚，使图标变亮为打开，使图标变暗为关闭。

快捷键〈F10〉：按下该键可使"极轴追踪"在打开和关闭之间切换。

【例10-1】 利用极轴追踪和定向距离输入法，画边长为100的菱形框，如图10-7（a）所示。

解：

（1）如图10-6所示，在"极轴追踪"选项卡中，选择"增量角"为45°，在"极轴角测量"中选中"绝对"单选按钮，单击"确定"按钮。

（2）画 *AB*、*BC*、*CD*、*DA* 线。如图10-7所示，执行"直线"命令，命令行提示如下。

Line 指定第一点：（用鼠标在屏幕上拾取一点，作为 *A* 点）

指定下一点或［放弃(U)］：100（拖动鼠标追踪 45°方向，出现 45°虚引线时输入 100，绘制 AB）

指定下一点或［放弃(U)］：100（拖动鼠标追踪 135°方向，出现 135°虚引线时输入 100，绘制 BC）

指定下一点或［闭合(C)/放弃(U)］：100（拖动鼠标追踪 225°方向，出现 225°虚引线时输入 100，绘制 CD）

指定下一点或［闭合(C)/放弃(U)］：C（输入图形闭合 C 选项，绘制 DA，完成菱形框的绘制）

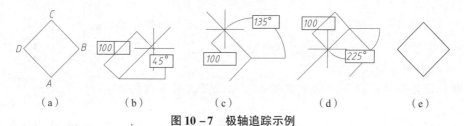

（a）　　　　　（b）　　　　　（c）　　　　　　（d）　　　　　　（e）

图 10 - 7　极轴追踪示例

（a）原图；（b）追踪角 45°；（c）追踪角 135°；（d）追踪角 225°；（e）C 方式封闭

4. 对象捕捉

在绘图过程中，有时要精确地找到已经绘出的图形上的特殊点，如直线的端点和中点、圆的圆心、直线与圆弧的切点、两对象的交点及两直线的垂足等，而单凭肉眼是难以非常准确地找到这些点的。AutoCAD 提供了"对象捕捉"功能，使用户可以迅速、准确地捕捉到这些特殊点，从而大大提高作图的准确性和速度。

在 AutoCAD 中，对象捕捉运行方法分为自动对象捕捉和单一点对象捕捉。

1）自动对象捕捉

功能：自动运行预设的对象捕捉方式，无论是否选择点均保持捕捉有效，直至关闭。

设置方法：

菜单：选择"工具"→"草图设置"→"对象捕捉"，如图 10 - 8 所示。

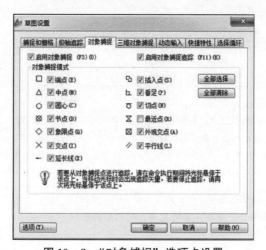

对象捕捉追踪设置

图 10 - 8　"对象捕捉"选项卡设置

在"对象捕捉"选项卡的"对象捕捉模式"中可以勾选对应特殊点前的复选框，如勾选"端点""中点""圆心"复选框等。其中，各特殊点前的"符号"为特殊点在捕捉时"显示的符号"。

注意：设置的特殊点捕捉只有在打开对象捕捉模式时才有效。

调用方法：

状态栏：单击状态栏中的"对象捕捉"按钮，使图标变亮为打开，使图标变暗为关闭。

快捷键〈F3〉：可使"对象捕捉"在打开和关闭之间切换。

注意：使用自动对象捕捉时，只有在命令行提示输入"点"时，将光标移至对象的捕捉点附近，系统才会在捕捉点上显示相应的标记和文字提示，此时单击即可捕捉该点。

2）单一点对象捕捉

功能：设置针对特定一点的捕捉模式，此设置仅对当前的点的选择有效。

设置方法：

图标：单击"对象捕捉"工具栏中的相应的捕捉图标即可，如图 10 - 9（a）所示。

快捷菜单：按住〈Shift〉或〈Ctrl〉键，同时右击鼠标，将在光标位置弹出"对象捕捉"快捷菜单，如图 10 - 9（b）所示，选择菜单中的相应捕捉类型即可。

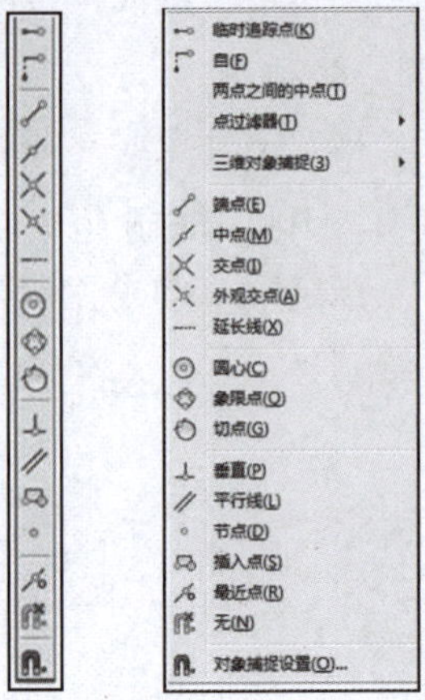

（a） （b）

图 10 - 9 单一点对象捕捉设置
（a）"对象捕捉"工具栏；
（b）"对象捕捉"快捷菜单

注意：单一点对象捕捉功能的有效性仅有 1 次，单一点对象捕捉设置优先于自动对象捕捉设置，且不受状态栏内"对象捕捉"按钮的控制。

常用的对象捕捉方式及示例如表 10 - 8 所示。

常用的对象捕捉模式

表 10 - 8　常用的对象捕捉方式及示例

图标/命令/捕捉类型	功能	捕捉标记和提示图例
End 端点	可捕捉直线、圆弧、多段线等对象的端点	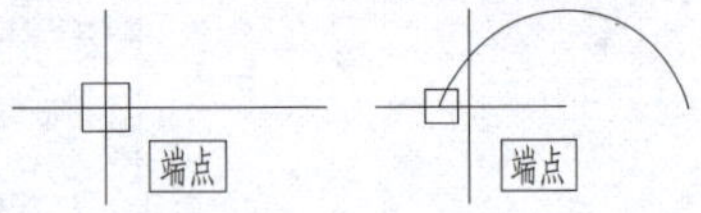
Mid 中点	可捕捉直线、圆弧、多段线、样条曲线等对象的中点；靶框落在对象上即可	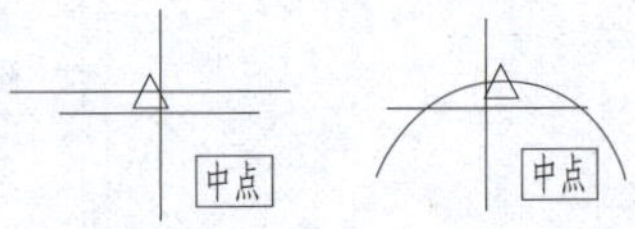
Int 交点	可捕捉直线、圆、圆弧、多段线、样条曲线等中任意两对象的交点；靶框应落在交点处	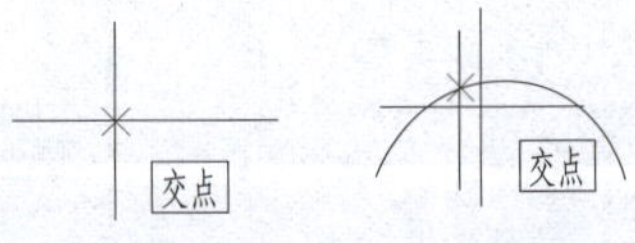

图标/命令/捕捉类型	功能	捕捉标记和提示图例
⊡ Ext 延伸线	可捕捉直线和圆弧的延伸线	范围: 12.5315<10°
◉ Cen 圆心	可捕捉圆、圆弧及椭圆的圆心	圆心
◈ Qua 象限点	可捕捉圆、圆弧及椭圆上最近的象限点（即圆、圆弧和椭圆上 0°、90°、180°、270° 点）	象限点
⊙ Tan 切点	可捕捉与圆、圆弧及椭圆相切的切点；靶框落在切点附近即可	切点
⊥ Per 垂足	可捕捉与圆、圆弧、椭圆、直线、多段线等对象正交的点，也可捕捉到对象延长线的垂足	垂足
∥ Par 平行线	可捕捉选定对象的平行线上的一点，用于绘制平行线	平行: 433.4291<345°
⊞ Ins 插入点	可捕捉到图块、文字、属性等对象的插入点；靶框落在对象上即可	技术要求　插入点
⊡ Nod 节点	可捕捉到用"点"命令绘制的点对象	节点
⊿ Nea 最近点	可捕捉一对象（圆、圆弧、椭圆、直线、多段线等）上距离靶框中心最近的位置	最近点

5. 对象捕捉追踪

功能： 与自动对象捕捉配合使用，实现以自动对象捕捉点为基点，沿水平方向、竖直方向或极轴追踪角方向显示对齐路径、进行对齐追踪，对齐路径是基于自动对象捕捉点的。

注意： 对象捕捉追踪的追踪点只能是"自动对象捕捉"的捕捉点。

设置方法：

菜单：选择"工具"→"草图设置"→"对象捕捉"，勾选"启用对象捕捉追踪"复选框，如图 10-10 所示。

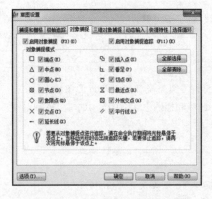

对象捕捉追踪设置

图 10-10　对象捕捉追踪设置

调用方法：

状态栏：单击状态栏中的"对象捕捉追踪"按钮 ∠，使图标变亮为打开，使图标变暗为关闭。

快捷键〈F11〉：按下该键可使"对象捕捉追踪"在打开和关闭之间切换。

【例 10-2】　参照图 10-11（a）所示的图形，在图 10-11（b）中添加一圆，圆心在图形的中心处。

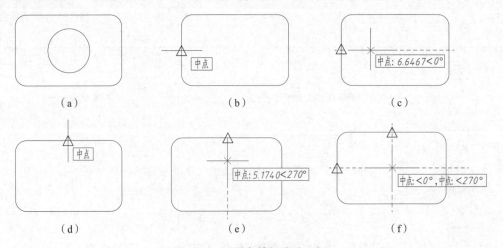

（a）　　　　　　　　　　（b）　　　　　　　　　　（c）

（d）　　　　　　　　　　（e）　　　　　　　　　　（f）

图 10-11　对象捕捉追踪示例

（a）原图；（b）捕捉竖直边中点；（c）水平方向对齐路径；（d）捕捉水平边中点；
（e）竖直方向对齐路径；（f）捕捉对齐路径的交点

解:

（1）用给定圆角半径方式画矩形的命令，绘制带圆角的矩形的外轮廓。

（2）设置状态栏中的"对象捕捉"的捕捉点为"中点"，并使状态栏中的"对象捕捉"和"对象捕捉追踪"按钮变亮。

（3）单击绘图工具栏中的"画圆"按钮 ⊘ ，执行"画圆"命令。

（4）当"画圆"命令提示输入圆心点时，在竖直边上移动光标，捕捉竖直边直线的中点，如图 10 – 11（b）所示。

（5）沿着水平方向移动光标即可显示对齐路径，如图 10 – 11（c）所示。

（6）在水平边上移动光标，捕捉水平边直线的中点，如图 10 – 11（d）所示。

（7）沿着竖直方向移动光标即可显示对齐路径，如图 10 – 11（e）所示。

（8）光标移动至与竖直边中点追踪路径接近时，将同时追踪两点，即显示对齐路径的交点，如图 10 – 11（f）所示。

（9）单击该点，以该点为圆心，输入半径，完成图形，如图 10 – 11（a）所示。

10.3.3　线段连接

在画二维图形时，经常用到圆弧或直线光滑连接另外的圆弧或直线段，这种作图方法称为线段连接，圆弧与直线或圆弧与圆弧之间的光滑连接就是平面几何中的相切。

常见的线段连接类型及其图例、操作方法如表 10 – 9 所示。

常见线段连接类型

表 10 – 9　常见的线段连接类型及其图例、操作方法

线段连接类型	图例	操作方法
直线与两圆弧连接		（1）用"画圆"命令画出两个已知圆 （2）用"直线"命令绘制两圆的公切线。直线两切点的输入使用"对象捕捉"中的"切点"捕捉方式
圆弧与两直线连接		（1）先画已知的相交线段 （2）用"圆角"命令绘制连接圆弧（相交部位的多余线段会自动修剪）
圆弧与一直线、一圆弧连接		（1）先画已知圆弧及直线（可画成相交线段） （2）用"圆角"命令绘制连接圆弧
圆弧与两圆弧连接	（圆弧与圆内切） （外侧）（外侧） （内侧）（圆弧与圆外切）（内侧）	先画两已知圆弧（或圆），再画连接圆弧 （1）若为外切连接，一般用"圆角"命令；也可用"画圆"命令中的 T 方式画连接圆（两拾取点应均在两切点的内侧），再用"修剪"命令剪去多余线段 （2）若为内切连接，则只能用"画圆"命令中的 T 方式画连接圆（两拾取点应均在两切点的外侧），再用"修剪"命令剪去多余线段

10.3.4　图层

一张完整的图形包含许多要素，如各种线型、文字、数字、尺寸、表面结构符号等。为便于各种图形要素的管理，AutoCAD 引入了图层。可以将"层"理解为一张无厚度的透明纸，在这张透明纸上可以绘制图形、标注尺寸、书写文本等。在画图时，把不同颜色、不同线型和不同线宽的图形，画在不同的透明纸上，再把各张纸叠在一起，得到一张完整的图形。

AutoCAD 的图形对象总是位于某个图层上。默认情况下，当前层是 0 层，此时所画图形对象在 0 层上。AutoCAD 允许在一张图上设置多个图层，每个图层可以设定不同的颜色、线型和线宽。通过将不同性质的对象，放置在不同的图层上，就可以对处于同一图层上的相同性质的对象进行统一控制。

1. 图层设置

用 AutoCAD 绘图时，要根据绘图需要设置图层，其设置的个数没有限制。

设置方法：

图标：单击图层工具栏中的 按钮。

下拉菜单：选择"格式"→"图层（L）…"。

命令：在命令行中直接输入 Layer。

图层的定义与设置

操作说明：

执行命令后，弹出如图 10 – 12 所示的"图层特性管理器"对话框。在该对话框中可以进行详细的设置，主要包括新建图层、设置图层特性、管理图层等。

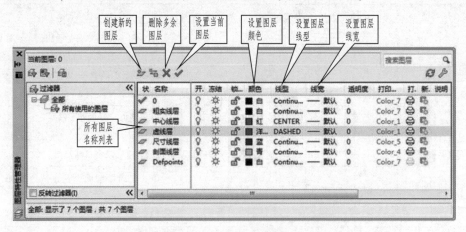

图 10 – 12　"图层特性管理器"对话框

（1）新建图层：创建一个新的图层。

单击"图层特性管理器"对话框中的"新建"按钮。出现图层名称为"图层 1"的提示框，将所需定义的图层名依次输入，如图 10 – 12 所示，单击某一图层名，可选择某一图层，并可进行图层特性及图层状态的定义。

（2）删除图层：删除当前图形中多余的图层。

在图层列表中选择要删除的图层，单击"删除"按钮 即可。

注意：当前图层、包含对象的图层、Defpoints 图层、锁定的图层及 0 层不能删除。

（3）设置当前图层：用于设置正在绘制、编辑的图形元素所在的图层。

由于绘图必须在当前图层上进行，所以绘图前或改变线型前均需设定当前图层。

设置当前图层的方法：

（1）在"图层特性管理器"对话框中选定一图层，并单击 ✔ 按钮，即可将选定的图层作为当前图层。当前图层相当于图纸绘图中使用的处于最上位置的图纸。

（2）直接从图层工具栏的"图层控制"下拉列表中选取（图 10 – 13），实际绘图时常采用此方法设置当前图层。

图 10 – 13　"图层"对话框

2. 图层特性设置

图层特性是指某一图层所带有的名称、颜色、线型及线宽等属性。

设置方法：

（1）颜色设置：单击某一图层中的"颜色"按钮，出现"选择颜色"对话框，如图 10 – 14 所示。双击所需颜色的色块即可。

（2）线型设置：单击某一图层的线型名，如"Continuous"，出现"选择线型"对话框，如图 10 – 15 所示，单击所需线型后再单击"确定"按钮即可。若该对话框中无所需的线型，可单击"加载"按钮，并在"加载或重载线型"对话框中选择所需的线型，如图 10 – 16 所示，双击所选的线型即可。

图 10 – 14　"选择颜色"对话框

图 10 – 15　"选择线型"对话框

（3）线宽设置：单击某一图层的线宽值，出现"线宽"对话框，如图 10 – 17 所示，选择所需的线宽值即可。

图 10-16 "加载或重载线型"对话框　　　　图 10-17 "线宽"对话框

3. 图层状态控制

图层状态控制包括："打开/关闭""解冻/冻结""解锁/锁定""打印/不打印"等。

设置方法：

（1）打开/关闭：单击"开/关"按钮💡，可进行图层"开/关"的切换。灯泡（💡）亮时，图层处于打开状态；灯泡（💡）暗时，图层处于关闭状态。已关闭图层上的对象不可见。打开和关闭图层时，不会重新生成图形。

（2）解冻/冻结：单击"解冻/冻结"按钮☀，可进行图层"解冻/冻结"的切换。已冻结图层上的对象不可见，且不可打印。冻结不需要的图层将加快显示和重新生成的操作速度。

（3）解锁/锁定：单击"解锁/锁定"按钮🔓，可进行图层"解锁/锁定"的切换。图标为打开的锁时，图层处于解锁状态。锁定某个图层时，该图层上的所有对象可见但不可修改，直到解锁该图层。锁定图层可以减小对象被修改的可能性，而且可以将对象捕捉应用于锁定的图层上，并可以执行不会修改对象的其他操作。

（4）打印/不打印：用于控制图形输出时是否输出该图层对象。图标🖨按钮亮时打印输出。

注意：若已在"图层特性管理器"对话框中设定了图层的颜色、线型和线宽，则应在特性工具栏中将上述3项的下拉列表分别设置为Bylayer，如图10-18所示。

图 10-18 特性工具栏

【例 10-3】 按表 10-10 设置图层内容，并将其保存为名为"图层设置"的文件。

表 10-10 图层内容

名称	颜色	线型	线宽
粗实线层	黑色	Continuous	0.3
细实线层	蓝色	Continuous	默认
中心线层	红色	Center	默认

名称	颜色	线型	线宽
虚线层	洋红	Dashed	默认
尺寸线层	蓝色	Continuous	默认
剖面线层	绿色	Continuous	默认

解：

（1）单击图层工具栏的 ▦ 按钮，在弹出的"图层特性管理器"对话框中，单击"新建图层"按钮 ▧ ，并按表 10-10 设置图层的颜色、线型及线宽等，设置完成后关闭"图层特性管理器"对话框。

（2）单击标准工具栏中的 ▤ 按钮，在弹出的"保存文件"对话框中，设置文件名为"图层设置"。

（3）将建好的图层保存为文件，以便于在以后的绘图中调用。

10.3.5 绘制平面图形

【例 10-4】 绘制图 10-19 所示的平面图形，不标注尺寸。

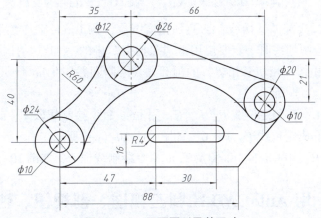

图 10-19 平面图形及其尺寸

平面图形的绘制

分析：

（1）尺寸分析：该图形中线性尺寸 88 以及圆或圆弧尺寸 R60、R4、φ10、φ24、φ12、φ26、φ20 均为定形尺寸；尺寸 40、21、35、66、47、30 均为定位尺寸。

（2）线段分析：根据尺寸分析的结果，该图形中 φ10、φ24、φ12、φ26、φ20 和 R4 均为已知线段；而圆弧 R60 及中间与 3 个圆都相切的圆弧均为连接圆弧。

解：

（1）创建两个图层，如表 10-11 所示。

（2）绘制圆的定位线：切换到中心线层，用 Line 命令绘制圆的定位线 A、B，其长度约为 35，再用 Copy 命令，形成其他定位线，如图 10-20（a）所示。

表 10 - 11　创建的两个图层

名称	颜色	线型	线宽
粗实线层	白色	Continuous	0.3
中心线层	红色	Center	默认

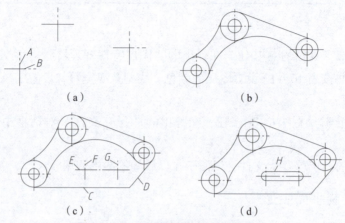

（a）　　　　　　　　　　　　　（b）

（c）　　　　　　　　　　　　　（d）

图 10 - 20　平面图形的绘制过程切线

（a）绘制圆的定位线；（b）绘制圆、过渡圆弧及切线；（c）绘制线段 C、D 和定位线 E、F、G；（d）绘制线框 H

（3）绘制圆、过渡圆弧及切线：切换到粗实线层，用 Circle 命令绘制圆；用 Line 命令绘制两圆的切线，绘制切线时一定要启用"对象捕捉"中的"切点"捕捉；用 Fillet 命令绘制 R60 圆弧；用"相切 - 相切 - 相切"的画圆方式绘制圆并用 Trim 命令剪切成中间的圆弧形式，如图 10 - 20（b）所示。

（4）绘制线段 C、D 和定位线 E、F、G：用 Line 命令绘制线段 C、D，再使用 Offset 命令及 Lengthen 命令形成定位线 E、F、G，如图 10 - 20（c）所示。

（5）绘制线框 H：用 Circle、Line 及 Trim 命令绘制线框 H，如图 10 - 20（d）所示。

10.4　用 AutoCAD 绘制三视图、剖视图、轴测图

10.4.1　设置绘图环境

绘图环境设置

手工绘图需要先确定图纸的大小、绘图比例、绘图单位及与图面表达有关的其他内容。利用 AutoCAD 绘图前也必须通过一系列的设置后再开始绘图。其设计内容包括：图形尺寸的度量单位及精度、绘图区域的大小、各类线型所处的图层、标注样式等。初次绘图时，一般应根据我国现行的制图标准进行绘制。按 A4 ~ A0 的图幅格式和要求进行相关的设置，并以样板图的形式保存。具体操作步骤如下。

1. 设置度量单位及精度

选择"格式"→"单位"，弹出"图形单位"对话框。在该对话框中一般只需确定绘制

图形的尺寸精度，其他选项均采用系统的默认值，如图 10 - 21 所示。

图 10 - 21　"图形单位"对话框

2. 设置图幅

下拉菜单：选择"格式"→"图形界限"。

命令：在命令行中直接输入 Limits。

按命令提示分别输入图幅"左下角点"和"右上角点"的坐标。图幅的默认值为 A3 幅面，即左下角点的坐标为（0，0），右上角点的坐标为（420，297）。若需要设置其他幅面的图纸，可将右上角点的坐标值进行相应修改。

3. 显示变更的图幅

重新设置图幅边界后，如将 A3 幅面设置成 A4 幅面后，必须用"缩放（Zoom）"命令中的"全部（A）"选项显示变更后的图幅。

4. 设置图层

可根据图形中的内容表达设置相应的图层，并对图层的属性和状态进行设置，具体方法见 10.3.4 节。

5. 设置文字标注样式和尺寸标注样式

具体方法见 10.5.1 节和 10.5.2 节。

6. 绘制图框和标题栏

用"直线""矩形"等绘图命令按标准图幅的尺寸绘制图框和标题栏（注意图层的切换），并用"单行文字"命令书写图幅中的所有文字。

7. 保存绘图环境设置

以图幅代号作为文件名将绘图环境的设置保存。为便于调用，可将文件保存为样板图文件，如 A3. dwt。

10.4.2　绘制三视图

用 AutoCAD 绘制三视图和用手工绘制三视图的要求相同，绘图方法也基本相同。在绘制三视图时，应灵活、恰当地运用 AutoCAD 的"对象捕捉""对象捕捉追踪"与"极轴追踪"功能，减少作图辅助线，提高绘图速度，保证精确作图。

【例 10 - 5】　绘制如图 10 - 22 所示的轴承座的三视图，不标注尺寸。

分析：

该轴承座主要包括两个部分：底板、竖板；底板主体形状为长方体，在长方体的前面左右对称有 $R15$ 圆角和与圆角同心的两个 $\phi15$ 圆孔；竖板主体形状为半圆头长方体，并且在半圆头长方体上部有同心的 $\phi25$ 圆孔。

解：

（1）建立新文件。

选择样板图文件 acadiso. dwt；设置图形界限宽为 210，长为 297；并用 Zoom 命令全屏显示设置好的绘图区。

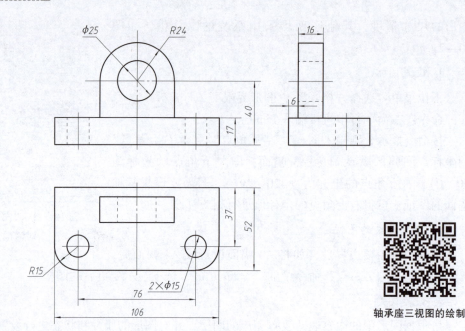

图 10 - 22　轴承座三视图

（2）设置图层、颜色、线型及线宽。

新建 3 个图层，如表 10 - 12 所示，并将 0 层设为当前图层供绘制草图使用。

表 10 - 12　图层设置内容

名称	颜色	线型	线宽
粗实线层	白色	Continuous	0.3
中心线层	红色	Center	默认
虚线层	洋红	Dashed	默认

（3）绘制图形。

画底板的三视图：

①俯视图：用"矩形"命令绘制俯视图矩形轮廓；用"圆角"命令倒圆角；用"圆"命令绘制两个 φ15 圆，绘制 φ15 圆时，用"对象捕捉"中的"圆心"捕捉，捕捉 R15 圆角的圆心；用"直线"命令绘制竖直中心线，如图 10 - 23（a）所示。

②主视图：用"矩形"命令绘制主视图中的矩形轮廓；用"直线"命令绘制竖直中心线；用"圆"及"圆弧"命令绘制孔和半圆的投影，绘图时应利用"对象捕捉追踪"功能追踪俯视图中圆的"象限点"等，如图 10 - 23（b）所示。

③左视图：用"直线"命令绘制左视图中的矩形轮廓，用"直线"命令绘制孔的投影，绘图时应利用"对象捕捉追踪"功能追踪主视图中的相应点。

画竖板的三视图：

①主视图：在用"圆弧"和"圆"命令绘制的上半圆和孔的基础上，用"直线"命令绘制半圆下边的两条线，如图 10 - 23（c）所示。

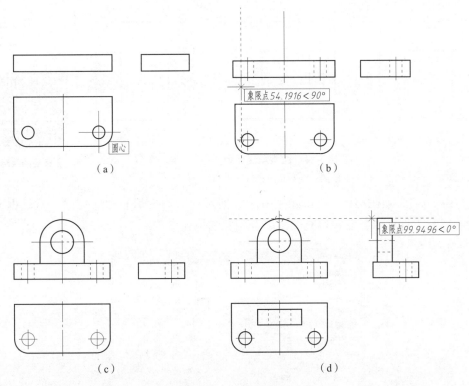

图 10 – 23　三视图绘图步骤

(a) 画底板三视图；(b) 画底板上圆的三视图；(c) 画竖板主视图；(d) 补画竖板俯视图、左视图

②俯视图：用"矩形"命令绘制俯视图中的矩形轮廓，绘图时应追踪主视图中直线的"端点"。

③左视图：用"直线"命令绘制左视图中的矩形轮廓，绘图时应追踪主视图中的象限点、端点等，如图 10 – 23 (d) 所示。

10.4.3　绘制剖视图

在工程图样中，经常会采用剖视图和断面图的表达形式。AutoCAD 是以图案填充的命令完成剖视图、断面图中的剖面符号（简称剖面线）的绘制的。在进行图案填充时，用户需要确定的内容有三个：一是绘制剖面线填充的区域，二是设置填充图案的类型与参数，三是确定剖面线的填充边界。

下面以绘制图 10 – 24 (c) 所示的剖视图为例，说明绘制剖视图的基本步骤。

1. 绘制剖面线填充的区域

用"矩形""直线"等命令绘制需要填充剖面线的封闭线框，如图 10 – 24 (a) 所示。

2. 设置填充图案的类型与参数

图标：单击绘图工具栏中的"图案填充"按钮 ▨。

下拉菜单：选择"绘图"→"图案填充"。

命令：在命令行中直接输入 Hatch。

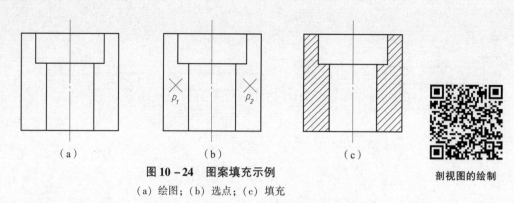

图 10 - 24　图案填充示例

（a）绘图；（b）选点；（c）填充

剖视图的绘制

执行命令后，AutoCAD 会弹出如图 10 - 25 所示的"图案填充和渐变色"对话框，切换至"图案填充"选项卡，设置填充图案以及相关的填充参数。

图 10 - 25　"图案填充和渐变色"对话框

（1）类型和图案。AutoCAD 可供用户选择的类型与图案有 3 种：

①预定义——共有 69 种图案可供选择；

②用户定义——由一组平行线组成；

③自定义——由用户创建一种新图案。

剖面线可在"类型"下拉列表中选择"预定义"、在"图案"下拉列表中选择"ANSI31"。

（2）角度和比例。若选择了"ANSI31"，则可在"角度""比例"文本框中输入剖面线的角度和缩放比例，如"角度"为"0"，"比例"为"1"。

3. 确定剖面线的填充边界

选择填充边界的方法分为区域内部点法和选择边界对象法。

（1）区域内部点法（拾取点）。如图 10 - 25 所示，在"边界"中单击"添加：拾取点 (K)"按钮▦，此时屏幕切换到图形状态，用光标在要绘制剖面线的 2 个区域中各拾取 1

个点，如图 10 – 24（b）中的点 P_1、P_2 所示，并按〈Enter〉键，返回对话框，单击"确定"按钮，完成剖面线绘制，如图 10 – 24（c）所示。

（2）选择边界对象法（选择对象）。在"边界"中单击"添加：选择对象（B）"按钮 ，用光标选取封闭的边界。当图形实体是独立的、头尾相连的封闭线框时，才能用此方式，否则图案填充会出错。

10.4.4　绘制正等轴测图

轴测图能在一个投影上同时反映物体的左面、顶面和右面的形状，因此表达形体更加直观、富有立体感。正等轴测图是轴测图中常用的一种，空间 3 个相互垂直的坐标轴 OX、OY、OZ 的轴间角均为 120°。

1. "正等轴测投影"绘图方式的设置

下拉菜单：选择"工具"→"草图设置"→"捕捉和栅格"。

在"捕捉类型"中选中"等轴测捕捉"单选按钮，如图 10 – 26 所示，设置完成后，单击"确定"按钮，回到绘图状态。此时，标准十字光标切换成 3 个正等轴测光标，代表物体的顶面、左面和右面。

图 10 – 26　"草图设置"对话框

正等轴测图的
设置与绘制

XOY（Top）：选顶面为当前绘图面时，光标的十字线改为 30°和 150°的方向。

YOZ（Left）：选左面为当前绘图面时，光标的十字线改为 150°和 90°的方向。

XOZ（Right）：选右面为当前绘图面时，光标的十字线改为 30°和 90°的方向。

绘图时可以按快捷键〈F5〉在"左面""顶面""右面"之间切换。如果同时在状态栏中选择了正交模式，可画出与 OX、OY、OZ 轴测轴平行的线段。

2. 平行于坐标面的圆的正等轴测图的画法

平行于坐标面的圆在正等轴测投影中变成了椭圆，在绘制正等轴测图时经常需要画圆的正等轴测投影。

调用方法：

图标：单击绘图工具栏中的"椭圆"按钮 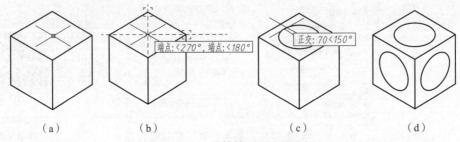。

下拉菜单：选择"绘图"→"椭圆"。

命令：在命令行中直接输入 Ellipse。

执行该命令后，命令行提示如下：

命令：Ellipse

指定椭圆轴的端点或［圆弧（A）/中心点（C）/等轴测圆（I）］：I（进入正等轴测投影椭圆绘图模式）

指定等轴测圆的圆心：给定圆心点

指定等轴测圆的半径或［直径（D）］：给定半径值（按〈Enter〉键后，在指定的轴测平面上画出一个椭圆）

【例10-6】 用正等轴测投影绘制如图10-27（d）所示的正方体及圆，其中正方体的边长为200，圆的半径为70。

解：

（1）设置等轴测捕捉模式，按图10-26设置。

（2）绘制正方体的外框线。用"直线"命令分别在顶、左、右面画出正方体的外框线，如图10-27（a）所示，画图时启用正交模式。

（3）设置画椭圆方式为正等轴测椭圆的绘图模式，并在正方体的顶面用"对象捕捉追踪"方式捕捉椭圆的圆心点，如图10-27（b）所示。

（4）在顶面上捕捉确定圆心点后，输入半径值70，绘制出椭圆，如图10-27（c）所示。

（5）按〈F5〉键切换到左面和右面，用同样的方法分别画出其他两面上的椭圆，如图10-27（d）所示。

（a）　　　　　　　（b）　　　　　　　（c）　　　　　　　（d）

图10-27　正等轴测图作图示例

（a）画出正方体；（b）在顶面捕捉圆心；（c）在顶面画椭圆；（d）在左、右面画椭圆

10.5　用 AutoCAD 绘制零件图

零件图是组织生产、进行零件加工和检验的主要技术文件之一。一张完整的零件图包括：一组视图、一组尺寸、技术要求和标题栏。零件图中图形的绘制可采用前面介绍的三视图及剖视图的绘制方法。本节仅介绍零件图上的文字、尺寸、尺寸公差、几何公差以及表面结构代号的标注方法。

10.5.1 文字标注

在机械图样中许多部分都与文字标注有关,如技术要求、标题栏等。在 AutoCAD 中,标注文字的操作主要包括设置文字样式、输入文字、编辑文字等。

1. 设置文字样式

设置文字样式包括设置文本的字体、高度、宽度比例、角度、方向和其他文字特性,在图形文件中可以创建多种文字样式,使其满足不同的文本标注需求。文字样式设置后可以保存在样本图中,以便长期使用。

调用方法:

图标:单击样式工具栏或文字工具栏中的"文字样式"按钮 。

下拉菜单:选择"格式"→"文字样式…"。

命令:在命令行中直接输入 Style。

执行"文字样式"命令后,弹出"文字样式"对话框,如图 10 - 28 所示。用户可以在其中进行相应的设置,以满足书写的要求。

为了满足标注要求,在"我的样式"的"效果"中设置"宽度因子"为"0.7000","倾斜角度"为"15",如图 10 - 28 所示。若需修改样式,则在样式名称列表中选中相应的样式,然后修改对应的选项即可。

文字样式的设置

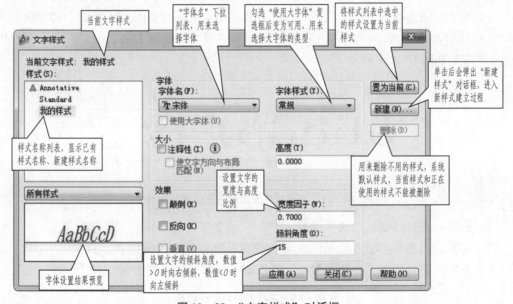

图 10 - 28 "文字样式"对话框

2. 输入单行文字

功能:在图中标注单行文字,标注时可以按〈Enter〉键换行,也可以在另外的位置单击,以确定一个新的起始位置。

无论换行还是重新确定起始位置,都会将每次输入的一行文本作为一个独立的实体。

调用方法：

图标：单击文字工具栏中的"单行文字"按钮 [A]。

下拉菜单：选择"绘图"→"文字"→"单行文字"。

命令：在命令行中直接输入 Dtext（DT）。

执行该命令后，命令行提示如下：

命令：Dtext

当前文字样式："Standard"　　文字高度：2.5000　注释性：否

指定文字的起点或［对正（J）/样式（S）］：j（见下面选项说明）

输入选项

［对齐（A）/布满（F）/居中（C）/中间（M）/右对齐（R）/左上（TL）/中上（TC）/右上（TR）/左中（ML）/正中（MC）/右中（MR）/左下（BL）/中下（BC）/右下（BR）］：BC（可以输入适当的对齐方式，如图 10-29 所示）

指定文字的中下点：（指定文字的对齐点）

指定高度 < 0.2000 >：（输入文本的高度值）

指定文字的旋转角度 < 0 >：（输入文字行的旋转角度）

选项说明：

（1）指定文字的起点：该选项为默认选项，输入或拾取标注文字的起点位置。

（2）对正：该选项用于确定文本的对齐方式。确定文本位置采用 4 条线，即顶线（Top Line）、中线（Middle Line）、基线（Base Line）和底线（Bottom Line），文字对齐方式中各定位点的位置如图 10-29 所示。

图 10-29　文字对齐方式中各定位点的位置

（3）样式：选择已定义的文字样式。

（4）特殊代码书写：输入文字时，有一些特殊符号是不能从键盘上直接输入的，AutoCAD 为这些特殊符号提供了专用的代码，常用的特殊字符代码如表 10-13 所示。

表 10-13　常用的特殊字符代码

代码	代表的符号	应用示例
％％c	直径代号 φ	％％c50→φ50
％％d	角度符号°	％％d45→45°
％％p	公差符号±	100％％p 0.2→100±0.2
％％o	添加文字的上划线	％％o Abcdefgh→A̅b̅c̅d̅e̅f̅g̅h̅
％％u	添加文字的下划线	％％u Abcdefgh→ Abcdefgh

3. 输入多行文字

功能：利用多行文字编辑器标注文字。

调用方法：

图标：单击文字工具栏中的"多行文字"按钮 。

下拉菜单：选择"绘图"→"文字"→"多行文字"。

命令：在命令行中输入 Mtext（MT）。

选择上述任一方式输入，命令行提示如下：

命令：Mtext

当前文字样式:"Standard"　文字高度：　50　注释性：　否

指定第一角点：（指定虚拟框的第一个角点，命令行继续提示）

指定对角点或 ［高度(H)/对正(J)/行距(L)/旋转(R)/样式(S)/宽度(W)/栏(C)］：

按照 AutoCAD 提示指定对角点确定一输入文字的矩形，矩形确定文字对象的位置，矩形内的箭头指示段落文字的走向。矩形的宽度即文字行的宽度，但矩形的高度不限制文字沿竖直方向的延伸。

在指定对角点之后，AutoCAD 将显示多行文字编辑器，如图 10 – 30 所示。可以在其中进行输入文字、设置文字高度和对齐方式等操作，也可以在指定对角点前在命令行设置文字的高度、对齐方式等。

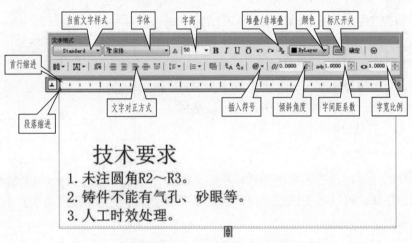

图 10 – 30　"文字样式"对话框

下面重点说明"堆叠"按钮 的使用。

功能："堆叠"按钮 用来选用分数、公差与配合的输出形式。

堆叠有如下 3 种形式。

（1）用"/"堆叠控制码堆叠成分数形式。

例如：输入"H8/h7"，选中H8/h7后单击 按钮，则显示为 " $\dfrac{H8}{h7}$ "。

（2）用"#"堆叠控制码堆叠成分数形式。

例如：输入"H8#h7"，选中H8#h7后单击 按钮，则显示为"H8/h7"。

（3）用"^"堆叠控制码堆叠成分数形式。

例如：输入"＋0.03^－0.02"，选中 ＋0.03^－0.02 后单击 按钮，则显示为" $^{+0.03}_{-0.02}$ "。

4. 编辑文字

功能：对输入的文字进行编辑处理。

调用方法：

图标：单击文字工具栏中的"编辑文字"按钮 。

下拉菜单：选择"修改"→"对象"→"文字"→"编辑"。

命令：在命令行中直接输入 Ddedit。

执行命令后，命令行提示如下：

选择注释对象或 ［放弃(U)］：选择需编辑、修改的文字对象，然后编辑

选择注释对象或 ［放弃(U)］：系统将重复该提示，直到以空响应结束命令

10.5.2　尺寸标注的基本组成与尺寸标注样式设置

尺寸组成和
标注样式设置

1. 尺寸标注的基本组成

在 AutoCAD 中，完整的尺寸标注由尺寸线、尺寸界线、尺寸文本和尺寸箭头（这里的"箭头"是广义的概念，也可以用短划线、点或其他标记代替尺寸箭头）组成，如图 10－31 所示。

在通常情况下，AutoCAD 将构成尺寸的尺寸线、尺寸界线、尺寸文本及尺寸箭头，以图块的形式放在图形文件中。因此，可以认为一个尺寸是一个对象。在进行编辑操作时，只要选中其中一项就可以进行整体编辑。如果要改变其中某一项，必须用"分解"命令将其分解。

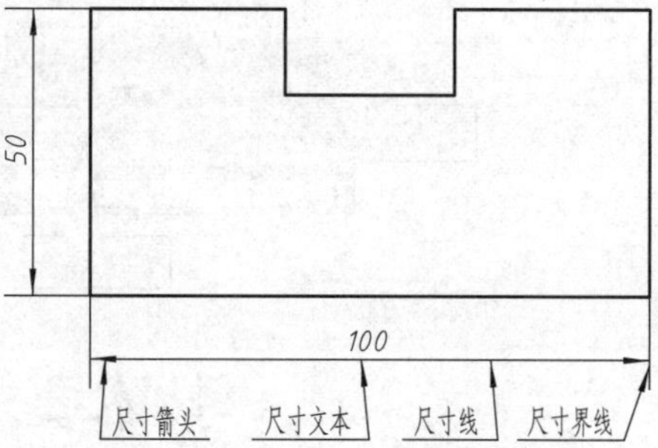

图 10－31　尺寸标注的基本组成

2. 尺寸标注样式设置

AutoCAD 的尺寸标注样式用于控制标注的形式和外观。用标注样式可以方便地建立符合国家标准的尺寸标注，并且更易于实现对标注形式及其用途的修改。

在标注尺寸时，AutoCAD 将首先使用当前的标注样式。由于在建立新的图形文件时选择样板 acadiso，系统将 ISO－25 设置为默认的标注样式（与我国的尺寸标注习惯比较接近），因此在该类图中仅需对尺寸标注样式进行微调，即可基本符合我国的制图标准。

功能：用于创建和修改标注样式。

调用方法：

图标：单击标注工具栏或样式工具栏中的"标注样式"按钮 。

下拉菜单：选择"格式"→"标注样式…"。

命令：在命令行中直接输入 Dimstyle。

选择上述任一方式调入标注样式后，会弹出"标注样式管理器"对话框，如图 10－32 所示。

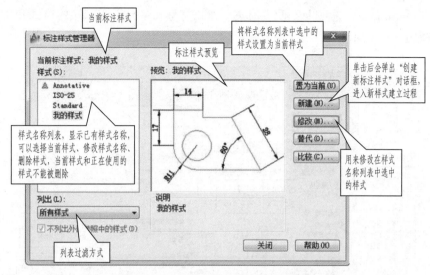

当前标注样式

将样式名称列表中选中的样式设置为当前样式

标注样式预览

单击后会弹出"创建新标注样式"对话框，进入新样式建立过程

样式名称列表，显示已有样式名称，可以选择当前样式、修改样式名称、删除样式，当前样式和正在使用的样式不能被删除

用来修改在样式名称列表中选中的样式

列表过滤方式

图 10 –32　"标注样式管理器"对话框

在"标注样式管理器"对话框中，根据标注需要，可以建立自己的标注样式，并按我国新的制图标准修改相应的标注参数。下面以新建的"我的样式"为例，说明标注参数的修改过程。

在图 10 –32 所示的"标注样式管理器"对话框中，单击"新建"按钮后，基于 ISO –25 的标注样式建立一个名称为"我的样式"的新样式，单击"修改"按钮，弹出"修改标注样式：我的样式"对话框，该对话框包含 7 个选项卡，每个选项卡又包含若干个选项区和一个预览区，用户可根据标注需要设置各选项卡中的相应内容。

（1）"线"选项卡：设置尺寸线、尺寸界线等格式和特性，其选项含义如图 10 –33 所示。

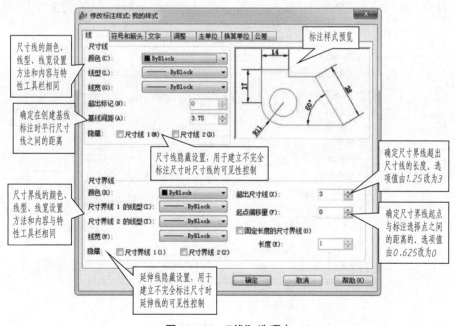

尺寸线的颜色、线型、线宽设置方法和内容与特性工具栏相同

标注样式预览

确定在创建基线标注时平行尺寸线之间的距离

尺寸线隐藏设置，用于建立不完全标注尺寸时尺寸线的可见性控制

确定尺寸界线起出尺寸线的长度，选项值由1.25改为3

尺寸界线的颜色、线型、线宽设置方法和内容与特性工具栏相同

确定尺寸界线起点与标注选择点之间的距离，选项值由0.625改为0

延伸线隐藏设置，用于建立不完全标注尺寸时延伸线的可见性控制

图 10 –33　"线"选项卡

（2）"符号和箭头"选项卡：设置箭头、弧长符号和半径折弯标注的格式和位置，其选项含义如图 10-34 所示。

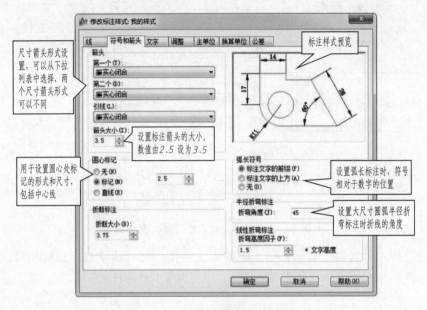

图 10-34 "符号和箭头"选项卡

（3）"文字"选项卡：设置标注文字的外观、位置和对齐，其选项含义如图 10-35 所示。

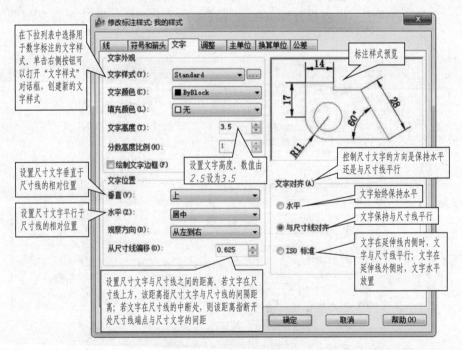

图 10-35 "文字"选项卡

（4）"调整"选项卡：控制尺寸标注中文字、箭头和尺寸线的放置规律。

（5）"主单位"选项卡：用于设置标注单位的格式和精度。

（6）"换算单位"选项卡：用于设置除角度标注外其他标注的换算单位格式和精度。

（7）"公差"选项卡：用于控制标注文字中公差的格式及显示。

完成上述标注样式的微调之后，关闭"标注样式管理器"对话框，即可进行图样上各类尺寸的标注。

10.5.3　尺寸标注的基本命令

1. 尺寸类型、命令调用方法

AutoCAD 提供了丰富的尺寸标注命令，可将尺寸标注分为线性标注、对齐标注、弧长标注、半径标注、折弯标注、直径标注、角度标注、基线标注、连续标注、引线标注等多种类型，而线性标注又分为水平标注、竖直标注和旋转标注等。

调用方法：

（1）单击标注工具栏中相应的图标，如图 10 – 36 所示。

图 10 – 36　标注工具栏

（2）选择"标注"下拉菜单中相应的菜单项。

（3）在命令行中输入相应的标注命令。

2. 常用的尺寸标注命令

常用的尺寸标注命令如表 10 – 14 所示。

表 10 – 14　常用的尺寸标注命令

图标/菜单/功能	说明	标注图例
⊢⊣ "标注"→"线性" 用于标注水平、竖直或倾斜的线性尺寸 （二维码）	命令：Dimlinear 指定第一条尺寸界线原点或＜选择对象＞：（拾取起点 P_1） 指定第二条尺寸界线原点：（选择第二点 P_2） 指定尺寸线位置或［多行文字（M）/文字（T）/角度（A）/水平（H）/竖直（V）/旋转（R）］：（输入点 P_3 或选项） 标注文字 = 25（25 为计算机自动测量的尺寸）	P_3　25 　　　P_2 P_1 20

图标/菜单/功能	说明	标注图例
"标注"→"对齐" 用于倾斜尺寸的标注	命令：Dimaligned 指定第一条尺寸界线原点或＜选择对象＞：（拾取起点 P_1） 指定第二条尺寸界线原点：（选择第二点 P_2） 指定尺寸线位置或［多行文字(M)/文字(T)/角度(A)］：（输入点 P_3 或选项） 标注文字 = 15	
"标注"→"弧长" 用于标注圆弧的弧长尺寸	命令：Dimarc 选择弧线段或多段线弧线段：（拾取圆弧 P_1） 指定弧长标注位置或［多行文字(M)/文字(T)/角度(A)/部分(P)/引线(L)］：（输入点 P_2 或选项） 标注文字 = 30	
"标注"→"半径" 用于标注圆或圆弧的半径尺寸	命令：Dimradius 选择圆弧或圆：（拾取圆弧 P_1） 指定尺寸线位置或［多行文字(M)/文字(T)/角度(A)］：（输入点 P_2 或选项） 标注文字 = 14	
"标注"→"折弯" 用于标注大圆弧的半径尺寸	命令：Dimjogged 选择圆弧或圆：（拾取圆弧 P_1） 指定中心位置替代：（拾取折弯中心位置 P_2） 标注文字 = 20 指定尺寸线位置或［多行文字(M)/文字(T)/角度(A)］：（输入点 P_3 或选项） 指定折弯位置：（拾取折弯中心位置 P_4）	

图标/菜单/功能	说明	标注图例
⊘ "标注"→"直径" 用于标注圆或圆弧的直径尺寸	命令：Dimdiameter 选择圆弧或圆：（拾取圆 P_1） 标注文字 = 24 指定尺寸线位置或［多行文字(M)/文字(T)/角度(A)］：（输入点 P_2 或选项）	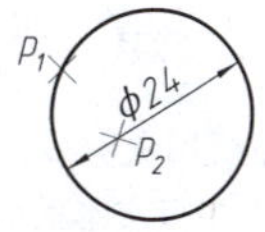
△ "标注"→"角度" 用于标注一段圆弧的圆心角或两直线之间的夹角	（1）标注圆弧圆心角 命令：Dimangular 选择圆弧、圆、直线或<指定顶点>：（拾取圆弧 P_1） 指定标注弧线位置或［多行文字(M)/文字(T)/角度(A)］： （选择尺寸线位置 P_2，则系统按测量值标注角度） 标注文字 = 90 （2）标注直线间的夹角 命令：Dimangular 选择圆弧、圆、直线或<指定顶点>：（拾取直线一上点 P_1） 选择第二条直线：（拾取直线二上点 P_2） 指定标注弧线位置或［多行文字(M)/文字(T)/角度(A)］： （选择尺寸线位置 P_3，则系统按测量值标注角度） 标注文字 = 40	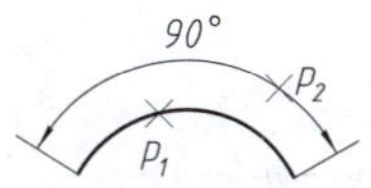 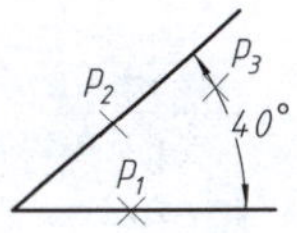
⊢ "标注"→"基线" 用于以同一条尺寸界线为基准标注多个尺寸	在采用基线方式标注之前，一般应先标注出一线性尺寸（如右图中的尺寸 10），再执行该命令 命令：Dimbaseline 选择基准标注：（拾取已标出的尺寸 10） 指定第二条尺寸界线原点或［放弃(U)/选择(S)］<选择>： （拾取点 P_1，则以前一尺寸的起点为基准标注一尺寸） 标注文字 = 22 指定第二条尺寸界线原点或［放弃(U)/选择(S)］<选择>： （系统重复该选项，采用空响应可结束该命令）	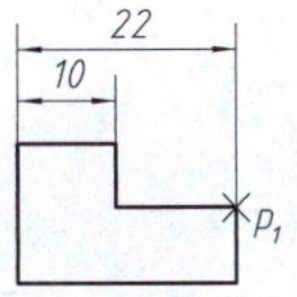
⊢⊢⊣ "标注"→"连续" 用于首位相连的尺寸标注	在采用连续方式标注之前，一般应先标注出一线性尺寸（如右图中的尺寸 10），再执行该命令 命令：Dimcontinue 指定第二条尺寸界线原点或［放弃(U)/选择(S)］<选择>： （拾取一点 P_1） 标注文字 = 14 指定第二条尺寸界线原点或［放弃(U)/选择(S)］<选择>： （系统重复该选项，采用空响应可结束该命令）	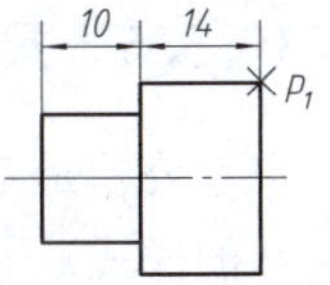

续表

图标/菜单/功能	说明	标注图例
〔图标〕 "标注"→"引线" 用于多行文本的引出标注 **〔二维码〕**	引线型（旁注）尺寸标注命令，可以实现多行文本的引出功能，旁注指引线既可以是折线也可以是样条曲线；旁注指引线的起始端可以有箭头，也可以没有箭头 **命令：Qleader** **指定第一个引线点或[设置(S)]<设置>：**（拾取引线起点P_1，若输入S，则可进行该命令的设置，其设置内容如图10－37所示） **指定下一点：**（给定第二点P_2） **指定下一点：**（给定折线上一点P_3，折线不宜过长） **指定文字宽度<0>：**（空响应） 输入注释文字的第一行<多行文字（M）>：C2 输入注释文字的下一行：（空响应，结束该命令）	〔图例〕

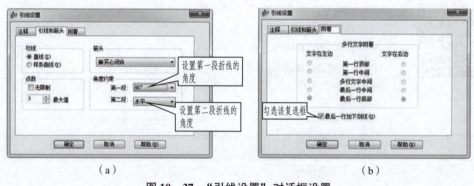

（a） （b）

图10－37 "引线设置"对话框设置

（a）"引线和箭头"选项卡设置；（b）"附着"选项卡设置

10.5.4　尺寸标注的编辑命令

尺寸标注完成以后，用户还可以方便地对其进行编辑修改。例如，改变尺寸文本的内容、位置及其旋转角度，或使尺寸界线倾斜一定的角度等，尺寸标注的编辑命令如表10－15所示。

10.5.5　尺寸公差标注

尺寸公差是零件图上经常标注的内容之一，标注尺寸公差时，可以先在"修改标注样式：我的样式"对话框的"公差"选项卡中进行设置后标注；也可以先标出尺寸，然后通过编辑尺寸加注公差的形式实现。

表 10 – 15　尺寸标注的编辑命令

图标/菜单/功能	说明	标注图例
"标注"→"编辑标注" 用于编辑标注文字和延伸线	命令：Dimedit 输入标注编辑类型［默认(H)/新建(N)/旋转(R)/倾斜(O)］＜默认＞：（输入选项） 各选项含义如下： 输入 H，则按默认位置、方向放置尺寸文字； 输入 N，则使用"文字编辑"对话框，重新修改尺寸文字（如右图所示将水平尺寸 25 编辑成 20）； 输入 R，可对尺寸文字进行旋转； 输入 O，则可对尺寸界限的方向进行调整（如右图所示尺寸 20）	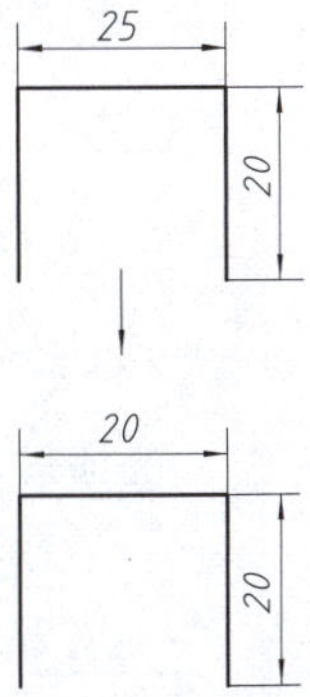
"标注"→"编辑标注文字" 用于移动和旋转标注文字或重新定位尺寸线的位置	命令：Dimtedit 选择标注：（选择尺寸对象，如右图所示水平尺寸 25） 指定标注文字的新位置或［左(L)/右(R)/中心(C)/默认(H)/角度(A)］：（输入选项 R，如右图所示；或指定文字的新位置） 各选项含义如下： 输入 L，则尺寸文字沿尺寸线左对齐，该选项适用于线性、半径和直径标注； 输入 R，则尺寸文字沿尺寸线右对齐，该选项适用于线性、半径和直径标注（如右图所示）； 输入 H，将标注的文字移至默认位置； 输入 A，则将标注的文字旋转至指定的角度	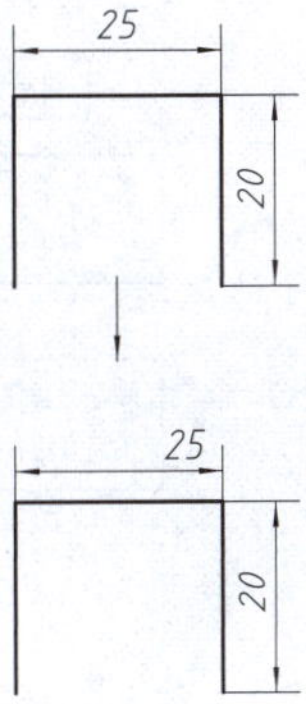
 "标注"→"标注更新" 用于修改标注的样式，如将文字水平的标注改为文字平行的标注等	命令：Dimstyle 当前标注样式：ISO – 25 输入标注样式选项 ［保存(S)/恢复(R)/状态(ST)/变量(V)/应用(A)/?］＜恢复＞：（输入新的标注样式，如文字水平的样式） 选择对象：单击要更改标注样式的尺寸（如右图所示的尺寸 20） 选择对象：按〈Enter〉键或右击鼠标结束样式的更新命令	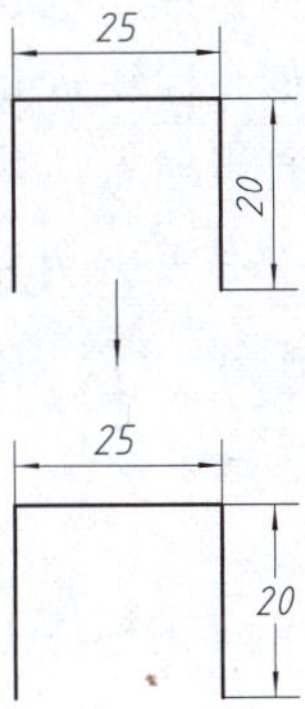

下面以图 10 – 38 所示的尺寸公差标注为例进行说明。

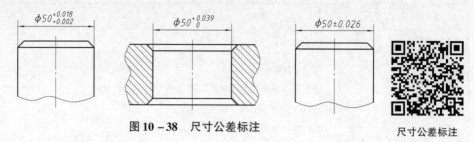

图 10 – 38　尺寸公差标注

尺寸公差标注

1. 设置"公差"选项卡中选项值

"公差"选项卡：用于控制标注文字中公差的格式及显示，其选项含义如图 10 – 39 所示。

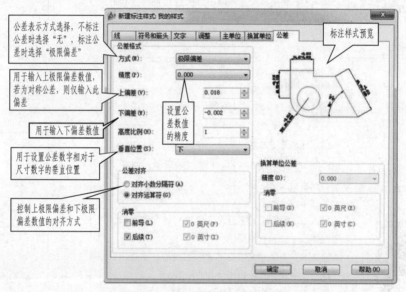

图 10 – 39　"公差"选项卡

标注 $\phi50^{+0.018}_{+0.002}$ 在"公差"选项卡中的设置如图 10 – 39 所示。其中，$\phi50$ 上极限偏差设置为 +0.018，下极限偏差设置为 +0.002（这里注意下极限偏差 +0.002 在输入时应输成 –0.002）。

又如，标注 $\phi50^{+0.039}_{0}$：上极限偏差设置为 +0.039、下极限偏差设置为 0。

又如，标注 $\phi50\pm0.026$：除可将上极限偏差设置为 +0.026 外，也可采用用户输入文字的形式直接输入（其中："ϕ"为%%c，"$\pm$"为%%p）。

2. 修改标注内容

【例 10 – 7】　如图 10 – 40 所示，给尺寸 $\phi50$ 加注公差，上极限偏差为 – 0.009，下极限偏差为 – 0.034。

解：

（1）单击标注工具栏中的 按钮。

（2）命令行提示：输入标注编辑类型 ［默认（H）/新建（N）/旋转（R）/倾斜（O）］＜默认＞：N。

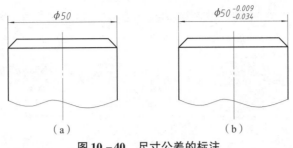

（ a ）　　　　　　　　　　　（ b ）

图 10 - 40　尺寸公差的标注

（3）在弹出的"文字样式"编辑器中输入"%%c50 - 0.009^ - 0.034"，如图 10 - 41（a）所示。

（4）将 - 0.009^ - 0.034 选中并单击"堆叠"按钮，此时尺寸变为公差形式，如图 10 - 41（b）所示。

（5）单击"文字样式"编辑器中的"确定"按钮，关闭"文字样式"编辑器，选中要编辑的尺寸标注 $\phi50$，即可完成尺寸公差的标注，如图 10 - 40（b）所示。

（ a ）　　　　　　　　　　　　（ b ）

图 10 - 41　尺寸公差编辑标注

此方法方便、灵活，并且不需要在"公差"选项卡中进行设置。

10.5.6　几何公差标注

AutoCAD 可以执行"快速引线"命令（Qleader）来标注几何公差。"快速引线"命令可创建引线和引线注释，常用来标注几何公差、倒角和装配图中的零部件序号。

几何公差标注的基本步骤如下：

（1）在"引线设置"对话框中进行设置；

（2）指定几何公差符号在图形中的标注位置；

（3）设置要标注的几何公差符号。

几何公差的标注

1. "引线设置"对话框的设置

在命令行输入 Qleader 后，系统提示：指定第一个引线点或［设置(S)］<设置 >：按〈Enter〉键或输入 S，将弹出"引线设置"对话框。

在"注释"选项卡中选中"注释类型"中的"公差"单选按钮，如图 10 - 42（a）所示。

在"引线和箭头"选项卡的"箭头"下拉列表中选择"实心闭合"选项，其他各项均默认，如图 10 - 42（b）所示。

2. 指定几何公差符号在图形中的标注位置

在"引线设置"对话框中完成上面的设置后，单击"确定"按钮，系统提示：

（a）　　　　　　　　　　　　　　　（b）

图 10 - 42　"引线设置"对话框

（a）"注释"选项卡；（b）"引线和箭头"选项卡

指定第一个引线点或［设置（S）］＜设置＞：P_1（图 10 - 43）

指定下一个：P_2

指定下一个：P_3

3. 设置要标注的几何公差符号

按提示指定点 P_1、P_2、P_3 后，弹出如图 10 - 44 所示的"形位公差"对话框。

单击"符号"下面的黑方框，会弹出如图 10 - 45 所示的"特征符号"对话框，确定所需要的符号，如同轴度符号；

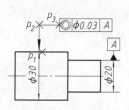

图 10 - 43　几何公差标注示例

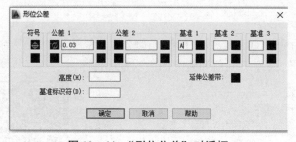

图 10 - 44　"形位公差"对话框

图 10 - 45　"特征符号"对话框

单击"公差 1"下面左侧的黑方框，添加直径符号 ϕ；

单击"公差 1"下面右侧的黑方框，可以添加"包容条件代号"；

单击"公差 1"下面的文本框，输入公差值"0.03"；

单击"基准 1"下面的文本框，输入 A，单击"确定"按钮，完成几何公差标注，如图 10 - 43 所示。

另外，在标注几何公差时所用到的基准代号的标注，可以采用图块制作方法，将基准代号定义成图块（详见 10.5.7 节），并标注在基准要素处。

10.5.7　表面结构标注

在 AutoCAD 绘图环境下，不能直接标注表面结构，一般采取创建图块、插入图块的方法进行标注。图块是将作图中需反复使用的图形及其文字信息组合起来，并赋予整体名称，绘图编辑时，AutoCAD 会把图块作为一个独立的对象进行处理。

表面结构标注的基本步骤：

（1）绘制表面结构基本代号；

（2）定义表面结构参数的块的属性；

（3）创建表面结构代号的属性块；

（4）标注时插入可变参数的属性块。

表面结构标注

1. 绘制表面结构基本代号

根据表面结构基本代号的形状及其尺寸绘制表面结构代号，如图 10 – 46（a）所示。

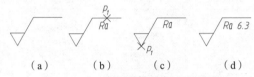

图 10 – 46　表面结构代号定义过程

（a）表面结构代号；（b）定义属性插入点；（c）定义图块的拾取基点；（d）完成的表面结构代号

2. 定义表面结构参数的块的属性

将表面结构参数值定义成块的属性，有助于不同参数的表面结构代号的插入。

下拉菜单：选择"绘图"→"块"→"块的属性"。

命令：在命令行中直接输入 Attdef。

执行命令后，弹出"属性定义"对话框，如图 10 – 47 所示。

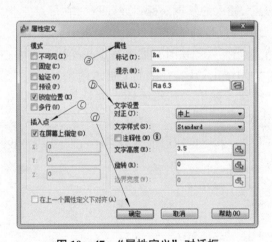

图 10 – 47　"属性定义"对话框

（1）在"属性"中设置"标记"为"Ra"，"提示"为"Ra = "，"默认"为"Ra 6.3"。

（2）在"文字设置"中设置"对正"为"中上"，"文字高度"为"3.5"，"旋转"为"0"。

（3）在"插入点"中勾选"在屏幕上指定"复选框。

（4）单击"确定"按钮，在屏幕上拾取表面结构代号上顶线的中点 P_1，如图 10 – 46

（b）所示，作为属性符号 *Ra* 的插入点，完成块的属性的定义。

3. 创建表面结构代号的属性块

图标：单击绘图工具栏中的"创建图块"按钮。

下拉菜单：选择"绘图"→"块"→"创建…"。

命令：在命令行中直接输入 Block。

执行命令后，弹出如图 10 - 48 所示的"块定义"对话框，进行如下设置。

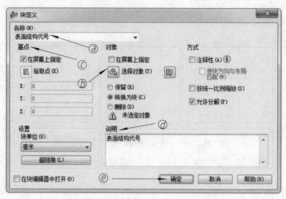

图 10 - 48　"块定义"对话框

（1）在"名称"文本框中输入块名"表面结构代号"。

（2）单击"选择对象"按钮，对话框暂时关闭，选中包含块定义中的图形与属性符号，按〈Enter〉键，对话框重新打开。

（3）在"基点"中输入插入的基点坐标；或勾选"在屏幕上指定"复选框，用光标捕捉图形的插入基点（表面结构代号的下端尖点），如图 10 - 46（c）所示，此时对话框中会自动显示捕捉点的坐标值。当插入图块时，插入基点与光标十字中心重合。

（4）在"说明"文本框中输入块特征的简要提示信息，便于有多个块时可迅速检索。

（5）单击"确定"按钮，弹出"编辑属性"对话框，如图 10 - 49 所示，在"Ra = "后面的文本框中输入"Ra6.3"。

（6）单击"确定"按钮，完成创建内部块的操作，如图 10 - 46（d）所示。

图 10 - 49　"编辑属性"对话框

上述方法只是将块存储在当前图形中，称为内部块，内部块只能被当前图形所调用。如果其他图形也需要调用该块，就需要将该块保存为独立的图形文件，即创建一个外部块。

具体方法如下。

在命令行中输入 Wblock，弹出如图 10-50 所示的"写块"对话框，进行如下设置。

图 10-50　"写块"对话框

（1）在"源"中有 3 个单选按钮，决定外部块的来源。

①块：在右边的下拉列表中选择已建好的内部块，如"表面结构代号"。

②整个图形：将整个图形作为外部块。

③对象：直接在当前图形中选择图形实体作为外部块，选中该单选按钮，基点和对象的设置与创建内部块的操作相同。

（2）在"目标"中设置外部块保存的路径和文件名。

（3）单击"确定"按钮，完成创建外部块的操作。

4. 标注时插入可变参数的属性块

绘制机械图样，标注表面结构时，将已制作好的表面结构符号属性块插入图样中需要确定标注的位置。

调用方法：

图标：单击绘图工具栏中的"插入图块"按钮。

下拉菜单：选择"绘图"→"块"→"插入"。

命令：在命令行中直接输入 Insert。

执行命令后，弹出如图 10-51 所示的"插入"对话框，选择图块的名称，输入"插入点""比例"和"旋转"的值，或勾选"在屏幕上指定"复选框，单击"确定"按钮，返回绘图窗口内操作。

【例 10-8】　将制作的表面结构代号属性块插入零件图，如图 10-52 所示。

解：

（1）Ra 1.6 的插入。

执行"插入（Insert）"命令后，命令行提示如下：

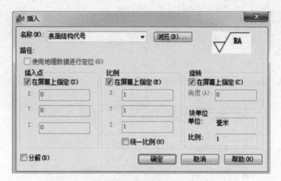

图 10−51 "插入"对话框

指定插入点或［基点(B)/比例(S)/X/Y/Z/旋转(R)］：（利用对象捕捉"最近点"方式，在图上确定点 P_1 的位置，如图 10−53 所示）

输入 X 比例因子，指定对角点，或［角点(C)/XYZ(XYZ)］<1>：1（输入 X 比例因子为 1）

输入 Y 比例因子或 <使用 X 比例因子>：（空响应）

指定旋转角度 <0>：0

输入属性值 Ra =：Ra 1.6（按〈Enter〉键后，命令结束）

（2）Ra 3.2 的插入。

指定插入点或［基点(B)/比例(S)/X/Y/Z/旋转(R)］：（利用对象捕捉"最近点"方式，在图上确定点 P_2 的位置，如图 10−53 所示）

输入 X 比例因子，指定对角点，或［角点(C)/XYZ(XYZ)］<1>：1（输入 X 比例因子为 1）

输入 Y 比例因子或 <使用 X 比例因子>：（空响应）

指定旋转角度 <0>：90

输入属性值 Ra =：Ra 3.2（按〈Enter〉键后，命令结束）

（3）Ra 6.3 的插入、Ra 12.5 的插入。

执行"快速引线"命令（Qleader），先绘制引线，引线插入点分别为 P_3、P_5，再按照 Ra 1.6 的插入方法插入，在提示输入属性值 Ra =：时，分别输入"Ra 6.3"和"Ra 12.5"即可，如图 10−53 所示。

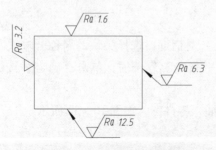

图 10−52 标注表面结构代号示例

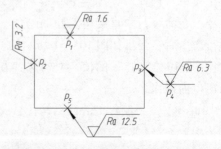

图 10−53 标注表面结构代号的过程

10.5.8　零件图作图举例

前面介绍了图形的绘制、尺寸、公差、表面结构符号的标注以及技术要求的书写等。下面以图 10-54 所示的底座零件图为例，介绍零件图的一般绘制方法。

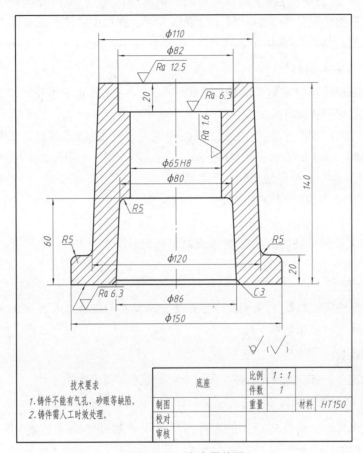

底座零件图的绘制

图 10-54　底座零件图

1. **建立绘图环境**

在绘制零件图之前，应对绘图边界、单位格式、光标捕捉、图层、线型、比例、尺寸变量等进行设置，建立一个适合绘制机械图样的绘图环境。为了避免每幅图在绘图前的重复设置，建议绘制一幅通用的样板图，并保存为样板图格式，以后画新图时均可调用这幅样板图。

（1）新建文件并设置绘图界限：选择 acadiso. dwt 文件为模板，并设置其长度为 420，宽度为 297。

（2）设置图层、颜色、线型：根据绘图的需要，新建 6 个图层，如表 10-10 所示。

（3）设置文字标注样式：参照 10.5.1 节的相应内容。

（4）设置尺寸标注样式：参照 10.5.2 节的相应内容。

（5）用"直线""矩形"等命令绘制图框和标题栏。

保存样板图为 A3. dwt。

2. 绘制零件图的图形

按照尺寸1：1绘制零件图中的图形，绘图时为了保证绘图尺寸的准确及三视图之间的"三等"关系，要借助于"正交""对象捕捉""对象捕捉追踪"等绘图辅助功能，运用常用的绘图和编辑命令（操作过程中，注意作图的准确和快速），即可完成表达零件具体结构和形状的一组图形的绘制。为了标注尺寸拾取点方便，图形中的剖面线暂不绘制，在尺寸标注完成之后再填充，具体绘图步骤略。

3. 标注尺寸及表面结构代号

零件的一组图形绘制完成后，调用尺寸标注命令，完成尺寸标注及尺寸公差的标注。

1）选择"标注"层为当前层标注尺寸

（1）使用"我的样式"（参照10.5.2节的相应内容），执行"线性"命令标注出 $\phi110$、$\phi82$、$\phi65H8$、$\phi80$、$\phi120$、$\phi86$、$\phi150$ 及 20、60、140 尺寸，可用%%c输入"ϕ"。

（2）执行"半径"命令完成 $R5$ 的标注。

（3）执行"快速引线"命令完成倒角 $C2$ 的标注。

2）标注表面结构代号

（1）使用定义带属性块的方法建好"表面结构符号"的图块。

（2）执行"插入"命令在需要标注的位置插入，详见【例10-8】。

3）填充剖面线

在尺寸全部标注完成以后填充剖面线，系统会自动将与剖面线有冲突的尺寸文字位置的剖面线断开，使尺寸看起来清晰。

4. 注写技术要求

使用"多行文本"或"单行文本"等命令完成这些要求的注写。

5. 填写标题栏内容，完成全图

填写标题栏内容后，将已经画好的零件图形利用"移动"命令移动到图框中的合适位置，即完成了零件图的绘制，结果如图10-54所示。

【本章内容小结】

内容	要点
AutoCAD 的文件操作	新建文件：建立新的图形文件，默认 acadiso.dwt 模板 保存文件：保存已有的图形文件 打开文件：打开已经存盘的图形文件
命令输入方法	图标：在相关工具栏，直接单击所需输入命令的按钮 下拉菜单：单击下拉菜单的某一项标题，再单击所需的菜单项 命令：在命令行中直接输入命令名后按〈Enter〉键
点的坐标输入方法	绝对直角坐标：直接输入 (x, y) 相对直角坐标：输入 $(@x, y)$ 绝对极坐标：输入方式为长度 < 角度，如 $(r < \alpha)$ 相对极坐标：输入时，相对极坐标值前需加前缀符号 "@"，如 $(@r < \alpha)$

续表

内容	要点
AutoCAD 的绘图辅助功能	正交：用于绘制水平线和竖直线 对象捕捉：可以迅速、准确地捕捉到已知对象上的特殊点，如端点、中点、圆心、切点等 对象捕捉追踪：与自动对象捕捉配合使用，实现以自动对象捕捉点为基点的沿水平或竖直方向显示对齐路径、进行对齐追踪，对齐路径是基于自动对象捕捉点的 极轴追踪：用于沿指定角度值（称为增量角）的倍数角度（称为追踪角）移动十字光标
用 AutoCAD 绘制平面图形	创建图层，分层绘图。熟练掌握基本绘图及编辑命令：绘图命令包括直线、圆、圆弧、正多边形、矩形、椭圆等；编辑命令包括删除、复制、镜像、偏移、阵列、剪切、圆角、倒角等。掌握直线与圆弧、圆弧与圆弧的相切连接画法
用 AutoCAD 绘制三视图	首先，设置绘图环境；其次，在三视图的绘图中要灵活运用"对象捕捉""对象捕捉追踪"功能保证"长对正、高平齐、宽相等"的"三等"关系；最后，按形体分析法，依次绘出各基本体的三视图
用 AutoCAD 绘制剖视图	绘制剖面线填充的区域，设置填充图案的类型与参数，确定剖面线的填充边界
用 AutoCAD 绘制轴测图	"等轴测投影"绘图方式的设置；按快捷键〈F5〉在"左面""顶面""右面"之间切换；圆在正等轴测投影中变成了椭圆，可以用"椭圆"命令中的等轴测圆绘制
用 AutoCAD 绘制零件图	建立绘图环境：设置绘图边界、单位格式、光标捕捉、图层、尺寸标注样式、文字标注样式等。绘制零件图的图形。标注尺寸及表面结构代号。注写技术要求。填写标题栏内容，完成全图

【素质拓展】

　　计算机绘图是机械设计与制造的基础，伴随计算机软硬件技术和网络技术的发展，工业设计与制造的方法也在不断地升级。从二维绘图到三维造型，从数控加工到 5G - A 柔性生产，每一个技术都引领着制造业飞速发展。我们要养成不断学习、终身学习的习惯，不断地提升自己的能力，不断攀登新的科技高峰。

5G - A 柔性生产

附　　录

附录 A　螺纹

附表 A-1　普通螺纹牙型、直径及螺距尺寸　　　　　　（单位：mm）

普通螺纹基本牙型尺寸（摘自 GB/T 192—2003）

普通螺纹直径与螺距及基本尺寸（摘自 GB/T 196—2003）

$D_2 = D - 2 \times 3/8H$;　　D—内螺纹基本大径（公称直径）;

$d_2 = d - 2 \times 3/8H$;　　d—外螺纹基本大径（公称直径）;

$D_1 = D - 2 \times 5/8H$;　　D_2—内螺纹基本中径;

$d_1 = d - 2 \times 5/8H$;　　d_2—外螺纹基本中径;

　　　　　　　　　　　　D_1—内螺纹基本小径;

$H = \sqrt{3}/2P$　　　　　　d_1—外螺纹基本小径;

　　　　　　　　　　　　H—原始三角形高度;

　　　　　　　　　　　　P—螺距。

标记示例：

M24（公称直径为 24 mm、螺距为 3 mm、右旋、粗牙普通螺纹）

M24×1.5 LH（公称直径为 10 mm、螺距为 1.5 mm、左旋、细牙普通螺纹）

公称直径 D、d		螺距 P		小径 D_1、d_1	公称直径 D、d		螺距 P		小径 D_1、d_1
第一系列	第二系列	粗牙	细牙		第一系列	第二系列	粗牙	细牙	
3		0.5	0.35	2.459		22	2.5	2、1.5、1	19.294
	3.5	0.6		2.850	24		3		20.752
4		0.7	0.5	3.242		27	3		23.752
	4.5	0.75		3.688	30		3.5	(3)、2、1.5、1	26.211
5		0.8		4.134		33	3.5	(3)、2、1.5	29.211
6		1	0.75	4.917	36		4	3、2、1.5	31.670
8		1.25	1、0.75	6.647		39	4		34.670
10		1.5	1.25、1、0.75	8.376	42		4.5		37.129
12		1.75	1.25、1	10.106		45	4.5		40.129
	14	2	1.5、1.25、1	11.835	48		5	4、3、2、1.5	42.587
16		2	1.5、1	13.835		52	5		46.587
	18	2.5	2、1.5、1	15.294	56		5.5		50.046
20		2.5		17.294					

注：1. 优先选择第一系列，圆括号内尺寸尽可能不用，第三系列未列出。

　　2. M14×1.25 仅用于火花塞，M35×1.5 仅用于滚动轴承锁紧螺母。

附表 A-2　管螺纹

55°密封管螺纹

（摘自 GB/T 7306.1—2000 和 GB/T 7306.2—2000）

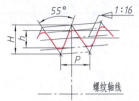

标记示例：

R 1/2（尺寸代号 1/2，右旋圆锥外螺纹）

Rc 1/2 LH（尺寸代号 1/2，左旋圆锥内螺纹）

55°非螺纹密封管螺纹

（摘自 GB/T 7307—2001）

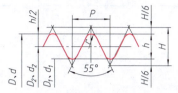

标记示例：

G 1/2 LH（尺寸代号 1/2，左旋内螺纹）

G 1/2 A（尺寸代号 1/2，A 级右旋内螺纹）

尺寸代号	大径 d、D/mm	中径 d_2、D_2/mm	小径 d_1、D_1/mm	螺距 P/mm	牙高 h/mm	每 25.4 mm 内的牙数 n	圆弧半径 $r\approx$/mm
1/4	13.157	12.301	11.445	1.337	0.856	19	0.184
3/8	16.662	15.806	14.950	1.337	0.856	19	0.184
1/2	20.955	19.793	18.631	1.814	1.162	14	0.249
3/4	26.441	25.279	24.117	1.814	1.162	14	0.249
1	33.249	31.770	30.291				
1 1/4	41.910	40.431	38.952				
1 1/2	47.803	46.324	44.845	2.309	1.479	11	0.317
2	59.614	58.135	56.656				
2 1/2	75.184	73.705	72.226				
3	87.884	86.405	84.926				
4	113.030	111.551	110.072				
5	138.430	136.951	135.472	2.309	1.479	11	0.317
6	163.830	162.351	160.872				

注：大径、中径、小径值，对于 GB/T 7306.1—2000、GB/T 7306.2—2000 为基准平面内的基本直径，对于 GB/T 7307—2001 为基本直径。

附录 B　常用的标准件

附表 B−1　六角头螺栓、全螺纹六角头螺栓　　　　　　（单位：mm）

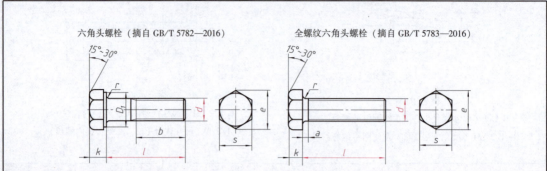

六角头螺栓（摘自 GB/T 5782—2016）　　　全螺纹六角头螺栓（摘自 GB/T 5783—2016）

标记示例：螺栓　GB/T 5782　M12×80

（螺纹规格 d = M12、公称长度 l = 80 mm、性能等级为 8.8 级、表面不经处理、产品等级为 A 级的六角头螺栓）

螺纹规格 d		M3	M4	M5	M6	M8	M10	M12	(M14)	M16	(M18)	M20	(M22)	M24	(M27)	M30	M36	M42	M48
s		5.5	7	8	10	13	16	18	21	24	27	30	34	36	41	46	55	65	75
k		2	2.8	3.5	4	5.3	6.4	7.5	8.8	10	11.5	12.5	14	15	17	18.7	22.5	26	30
r		0.1	0.2	0.2	0.25	0.4	0.4	0.6	0.6	0.6	0.6	0.8	0.8	0.8	1	1	1	1.2	1.6
e_{min}	A	6.01	7.66	8.79	11.05	14.38	17.77	20.03	23.36	26.75	30.14	33.53	37.72	39.98	—	—	—	—	—
	B	5.88	7.50	8.63	10.89	14.20	17.59	19.85	22.78	26.17	29.56	32.95	37.29	39.55	45.2	50.85	60.79	71.3	82.6
b 参 数	$l \leqslant 125$	12	14	16	18	22	26	30	34	38	42	46	50	54	60	66	—	—	—
	$125 < l \leqslant 200$	18	20	22	24	28	32	36	40	44	48	52	56	60	66	72	84	96	108
	$l > 200$	31	33	35	37	41	45	49	53	57	61	65	69	73	79	85	97	109	121
l	GB/T 5782	20~30	25~40	25~50	30~60	40~80	45~100	50~120	60~140	66~160	70~180	80~200	90~220	90~240	100~260	100~300	140~360	160~400	180~400
	GB/T 5783	6~30	8~40	10~50	12~60	16~80	20~100	25~120	30~140	30~150	35~150	40~150	45~150	50~150	55~200	60~200	70~200	80~200	100~200
L 系列		\multicolumn{18}{l}{6, 8, 10, 12, 16, 20, 25, 30, 35, 40, 45, 50, (55), 60, (65), 70, 80, 90, 100, 110, 120, 130, 140, 150, 160, 180, 200, 220, 240, 260, 280, 300, 320, 340, 360, 380, 400, 420, 440, 460, 480, 500}

注：1. A 用于 d = 1.6~24 mm 和 $l \leqslant 10d$ 或 150 mm 的螺栓；B 用于 $d > 24$ mm 和 $l > 10d$ 或 150 mm 的螺栓（按较小值）。

　　2. 不带括号的为优选系列。

附表 B－2　双头螺柱　　　　　　　　　（单位：mm）

双头螺柱 ［GB 897—1988（$b_m = 1d$）、GB 898—1988（$b_m = 1.25d$）、GB 899—1988（$b_m = 1.5d$）、GB 900—1988（$b_m = 2d$）］

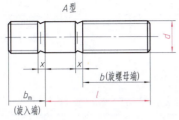　　　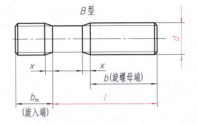

标记示例：螺柱　GB 900 M10×50

（两端均为粗牙普通螺纹、d = M10、l = 50 mm、性能等级为 4.8 级、不经表面处理、B 型、$b_m = 2d$ 的双头螺柱）

螺纹规格 d	旋入端长度 b_m				螺柱长度 l／旋螺母端长度 b
	GB 897	GB 898	GB 899	GB 900	
M4	—	—	6	8	(16~22)/8、(25~40)/14
M5	5	6	8	10	(16~22)/10、(25~50)/16
M6	6	8	10	12	(20~22)/10、(25~30)/14、(32~75)/18
M8	8	10	12	16	(20~22)/12、(25~30)/16、(32~90)/22
M10	10	12	15	20	(25~28)/14、(30~38)/16、(40~120)/26、130/32
M12	12	15	18	24	(25~30)/16、(32~40)/20、(45~120)/30、(130~180)/36
M16	16	20	24	32	(30~38)/20、(40~55)/30、(60~120)/38、(130~200)/44
M20	20	25	30	40	(35~40)/25、(45~65)/35、(70~120)/46、(130~200)/52
(M24)	24	30	36	48	(45~50)/30、(55~75)/45、(80~120)/54、(130~200)/60
M30	30	38	45	60	(60~65)/40、(70~90)/50、(95~120)/66、(130~200)/72、(210~300)/85
M36	36	45	54	72	(65~75)/45、(80~110)/60、120/78、(130~200)/84、(210~300)/97
M42	42	52	63	84	(70~80)/50、(85~110)/70、120/90、(130~200)/96、(210~300)/109
l 系列	12、(14)、16、(18)、20、(22)、25、(28)、30、(32)、35、(38)、40、45、50、(55)、60、(65)、70、75、80、(85)、90、(95)、100~260（10 进位）、280、300				

注：1. 尽可能不采用括号内的规格，末端按 GB/T 2—2016 的规定。

　　2. $b_m = d$，一般用于钢对钢；$b_m = (1.25 \sim 1.5)d$，一般用于钢对铸铁；$b_m = 2d$，一般用于钢对铝合金。

附表 B–3　开槽圆柱头、盘头、沉头螺钉　　　　　　　（单位：mm）

开槽圆柱头螺钉（摘自 GB/T 65—2016）　开槽盘头螺钉（摘自 GB/T 67—2016）　开槽沉头螺钉（摘自 GB/T 68—2016）

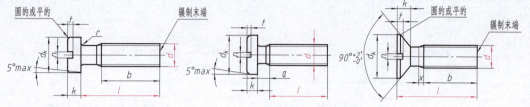

标记示例：螺钉　GB/T 67　M5×20

（螺纹规格 d = M5、公称长度 l = 20 mm、性能等级 4.8 级、不经表面处理的开槽盘头螺钉）

螺纹规格 d		M1.6	M2	M2.5	M3	(M3.5)	M4	M5	M6	M8	M10
P		0.35	0.4	0.45	0.5	0.6	0.7	0.8	1	1.25	1.5
a（max）		0.7	0.8	0.9	1	1.2	1.4	1.6	2	2.5	3
b（min）		25	25	25	25	38	38	38	38	38	38
n（公称）		0.4	0.5	0.6	0.8	1	1.2	1.2	1.6	2	2.5
GB/T 65	d_k	3	3.8	4.5	5.5	6	7	8.5	10	13	16
	k（公称）	1.1	1.4	1.8	2	2.4	2.6	3.3	3.9	5	6
	t	0.45	0.6	0.7	0.85	1	1.1	1.3	1.6	2	2.4
	商品规格长度 l	2~16	3~20	3~25	4~30	5~35	5~40	6~50	8~60	10~80	12~80
GB/T 67	d_k	3.2	4	5	5.6	7	8	9.5	12	16	20
	k（公称）	1	1.3	1.5	1.8	2.1	2.4	3	3.6	4.8	6
	t	0.35	0.5	0.6	0.7	0.8	1	1.2	1.4	1.9	2.4
	商品规格长度 l	2~16	2.5~20	3~25	4~30	5~35	5~40	6~50	8~60	10~80	12~80
GB/T 68	d_k	3	3.8	4.7	5.5	7.3	8.4	9.3	11.3	15.8	18.3
	k（公称）	1	1.2	1.5	1.65	2.35	2.7	2.7	3.3	4.65	5
	t	0.32	0.4	0.5	0.6	0.9	1	1.1	1.2	1.8	2
	商品规格长度 l	2.5~16	3~20	4~25	5~30	6~35	6~40	8~50	8~60	10~80	12~80

注：尽可能不采用括号内的规格。

附表 B–4　内六角圆柱头螺钉　　　　　　　　　（单位：mm）

内六角圆柱头螺钉（摘自 GB/T 70.1—2008）

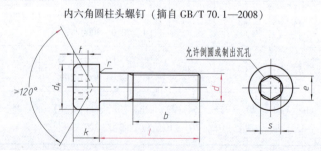

标记示例：螺钉　GB/T 70.1　M5×30

（螺纹规格 d = M5、公称长度 l = 30 mm，性能等级为 8.8 级、表面氧化的 A 级内六角圆柱头螺钉）

螺纹规格 d	M1.6	M2	M2.5	M3	M4	M5	M6	M8	M10	M12	(M14)	M16	M20	M24	M30	M36
P（螺距）	0.35	0.4	0.45	0.5	0.7	0.8	1	1.25	1.5	1.75	2	2	2.5	3	3.5	4
d_k	3①	3.8	4.5	5.5	7	8.5	10	13	16	18	21	24	30	36	45	54
	3.14②	3.98	4.68	5.68	7.22	8.72	10.22	13.27	16.27	18.27	21.33	24.33	30.33	36.39	45.39	54.46
k（max）	1.6	2	2.5	3	4	5	6	8	10	12	14	16	20	24	30	36
t	0.7	1	1.1	1.3	2	2.5	3	4	5	6	7	8	10	12	15.5	19
r（min）	0.1	0.1	0.1	0.1	0.2	0.2	0.25	0.4	0.4	0.6	0.6	0.6	0.8	0.8	1	1
S（公称）	1.5	1.5	2	2.5	3	4	5	6	8	10	12	14	17	19	22	27
e（min）	1.73	1.73	2.3	2.87	3.44	4.58	5.72	6.68	9.15	11.43	13.72	16.0	19.44	21.73	25.15	30.85
b（参考）	15	16	17	18	20	22	24	28	32	36	40	44	52	60	72	84
l	2.5~16	3~20	4~25	5~30	6~40	8~50	10~60	12~80	16~100	20~120	25~140	25~160	30~200	40~200	45~200	55~200
全螺纹长度 l	2.5~16	3~16	4~20	5~20	6~30	8~30	10~30	12~35	16~40	20~50	25~55	25~60	30~70	40~80	45~100	55~110
l 系列	2.5，3，4，5，6，8，10，12，16，20~70（5 进位），80~160（10 进位），180~300（20 进位）															

注：1. 尽可能不采用括号内的规格。

　　2. b 不包括螺尾。

①为光滑头部。

②为滚花头部。

附表 B-5　六角螺母　　　　　　　　　　（单位：mm）

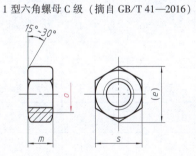
1 型六角螺母 C 级（摘自 GB/T 41—2016）

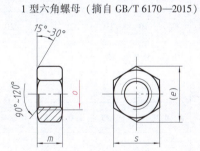
1 型六角螺母（摘自 GB/T 6170—2015）

标记示例：

螺母 GB/T 41 M10　（螺纹规格 D = M10、性能等级为 5 级、不经表面处理的 C 级 1 型六角螺母）

螺母 GB/T 6170 M12　（螺纹规格 D = M12、性能等级为 10 级、不经表面处理的 A 级 1 型六角螺母）

螺纹规格 D		M3	M4	M5	M6	M8	M10	M12	(M14)	M16	(M18)	M20	(M22)	M24	(M27)	M30	M36	M42	M48	M56	M64
e（min）	GB/T 41	—	—	8.6	10.9	14.2	17.6	19.9	22.8	26.2	29.6	33	37.3	39.6	45.2	50.8	60.8	71.3	82.6	93.6	104.9
	GB/T 6170	6	7.7	8.8	11	14.4	17.8	20	23.4	26.8											
S（min）	GB/T 41	—	—	8	10	13	16	18	21	24	27	30	34	36	41	46	55	65	75	85	95
	GB/T 6170	5.5	7																		
m（min）	GB/T 41	2.4	3.2	4.7	5.2	6.8	8.4	10.8	12.8	14.8	15.8	18	19.4	21.5	23.8	25.6	31	34	38	45	51
	GB/T 6170	1.8	2.2	2.7	3.2	4	5	6	7	8	9	10	11	12	13.5	15	18	21	24	28	32

附表 B－6　垫圈　　　　　　　　　　　　　（单位：mm）

平垫圈 C 级（摘自 GB/T 95—2002）　　　　平垫圈倒角型 A 级（摘自 GB/T 97.2—2002）

平垫圈 A 级（摘自 GB/T 97.1—2002）　　　标准型弹簧垫圈（摘自 GB/T 93—1987）

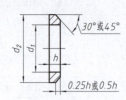
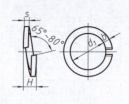

GB/T 95　GB/T 97.1　　GB/T 97.2　　　　GB/T 93—1987　　　　弹簧垫圈开口画法
平垫圈　　　　　　倒角型平垫圈　　　标准型弹簧垫圈

标记示例：

垫圈　GB/T 97.1　8（标准系列、规格 8 mm、钢制造的硬度等级为 200 HV 级、不经表面处理，产品等级为 A 级的平垫圈）

垫圈　GB/T 93　20（规格 20 mm、材料为 65 Mn、表面氧化的标准型弹簧垫圈）

公称规格 （螺纹大径 d）		4	5	6	8	10	12	16	20	24	30	36	42	48
GB/T 95 （C 级）	d_1	4.5	5.5	6.6	9	11	13.5	17.5	22	26	33	39	45	52
	$d2$	9	10	12	16	20	24	30	37	44	56	66	78	92
	h	0.8	1	1.6	1.6	2	2.5	3	3	4	4	5	8	8
GB/T 97.1 GB/T 97.2 （A 级）	d_1	4.3	5.3	6.4	8.4	10.5	13.0	17	21	25	31	37	45	52
	d_2	9	10	12	16	20	24	30	37	44	56	66	78	92
	h	0.8	1	1.6	1.6	2	2.5	3	3	4	4	5	8	8
GB/T 93	d_1	4.1	5.1	6.1	8.1	10.2	12.2	16.2	20.2	24.5	30.5	36.5	42.5	48.5
	$S = b$	1.1	1.3	1.6	2.1	2.6	3.1	4.1	5	6	7.5	9	10.5	12
	H	2.8	3.3	4	5.3	6.5	7.8	10.3	12.5	15	18.6	22.5	26.3	30

注：1. A 级适用于精装配系列，C 级适用于中等装配系列。

　　2. C 级垫圈没有 Ra 3.2 μm 和去毛刺的要求。

附表 B－7　普通平键及键槽的尺寸与公差　　　　　（单位：mm）

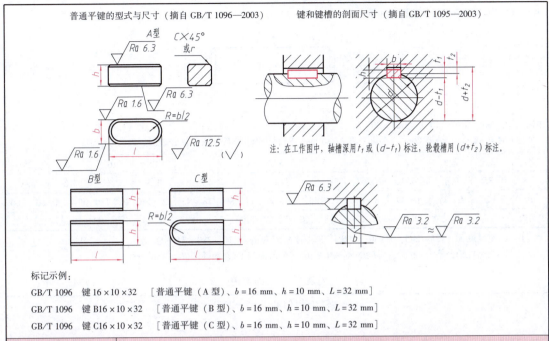

普通平键的型式与尺寸（摘自 GB/T 1096—2003）　　　键和键槽的剖面尺寸（摘自 GB/T 1095—2003）

注：在工作图中，轴槽深用 t_1 或 $(d-t_1)$ 标注，轮毂槽用 $(d+t_2)$ 标注。

标记示例：

GB/T 1096　键 16×10×32　［普通平键（A 型）、$b=16$ mm、$h=10$ mm、$L=32$ mm］

GB/T 1096　键 B16×10×32　［普通平键（B 型）、$b=16$ mm、$h=10$ mm、$L=32$ mm］

GB/T 1096　键 C16×10×32　［普通平键（C 型）、$b=16$ mm、$h=10$ mm、$L=32$ mm］

键		键槽										
		宽度 b					深度				半径 r	
			极限偏差				轴 t_1		毂 t_2			
键尺寸 $b×h$	长度 L	基本尺寸 b	松联结		正常联结		紧密联结	基本尺寸	极限偏差	基本尺寸	极限偏差	最小	最大
			轴 H9	毂 D10	轴 N9	毂 JS9	轴和毂 P9						
4×4	8~45	4	+0.030 0	+0.078 +0.030	0 −0.030	±0.015	−0.012 −0.042	2.5	+0.1 0	1.8	+0.1 0	0.08	0.16
5×5	10~56	5						3.0		2.3			
6×6	14~70	6						3.5		2.8		0.16	0.25
8×7	18~90	8	+0.036 0	+0.098 +0.040	0 −0.036	±0.018	−0.015 −0.051	4.0		3.3			
10×8	22~110	10						5.0		3.3			
12×8	28~140	12	+0.043 0	+0.120 +0.050	0 −0.043	±0.021 5	−0.018 −0.061	5.0		3.8			
14×9	36~160	14						5.5		4.3		0.25	0.40
16×10	45~180	16						6.0		4.4			
18×11	50~200	18						7.0	+0.2 0	4.9	+0.2 0		
20×12	56~220	20	+0.052 0	+0.149 +0.062	0 −0.052	±0.026	−0.022 −0.074	7.5		5.4			
22×14	63~250	22						9.0		5.4		0.40	0.60
25×14	70~280	25						9.0		6.4			
28×16	80~320	28						10		7.4			
键长 L 系列	6~22（2 进位）、25、28、32、36、40、45、50、56、63、70、80、90、100、110、125、140、160、180、200、220、250、280、320、360、400、450、500												

注：1. $(d-t)$ 和 $(d+t_2)$ 两组组合尺寸的极限偏差按相应的 t 和 t_2 的极限偏差选取，但 $(d-t)$ 极限偏差应取负号 $(-)$。

　　2. 键的宽度 b 的极限偏差为 h8；键的高度 h 的极限偏差矩形为 h11，方形为 h8；键长 L 的极限偏差为 h14。

附表 B－8　圆柱销　　　　　　　　　　　　　　　（单位：mm）

圆柱销　不淬硬钢和奥氏体不锈钢（摘自 GB/T 119.1—2000）

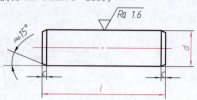

标记示例：销　GB/T 119.1　8m6×30

（公称直径 d＝8 mm、公差为 m6、公称长度 l＝30 mm、材料为钢、不经淬火、不经表面处理的圆柱销）

d	2	2.5	3	4	5	6	8	10	12	16	20	25
c	0.35	0.4	0.5	0.63	0.8	1.2	1.6	2.0	2.5	3.0	3.5	4.0
l	6～20	6～24	8～30	8～40	10～50	12～60	14～80	18～95	22～140	26～180	35～200	50～200
l 系列	（公称尺寸，单位 mm）：2、3、4、5、6～32（2 进位）、35～100（5 进位）、大于 100（20 进位）											

注：1. 钢硬度为（125～245）HV30，奥氏体不锈钢 A_1 硬度为（210～280）HV30。

　　2. 当圆柱销公差为 m6 时，粗糙度 Ra≤0.8 μm。公差为 h8 时，粗糙度 Ra≤1.6 μm。

附表 B－9　圆锥销　　　　　　　　　　　　　　　（单位：mm）

圆锥销（摘自 GB/T 117—2000）

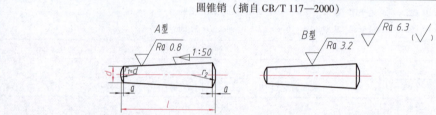

标记示例：销　GB/T 117　6×30

（公称直径 d＝6 mm、公称长度 l＝30 mm、材料为 35 钢、热处理硬度 28～38 HRC、表面氧化处理的 A 型圆锥销）

d	2	2.5	3	4	5	6	8	10	12	16	20	25
a≈	0.25	0.3	0.4	0.5	0.63	0.8	1.0	1.2	1.6	2.0	2.5	3.0
l	10～35	10～35	12～45	14～55	18～60	22～90	22～120	26～160	32～180	40～200	45～200	50～200
L 系列（公称尺寸）	2、3、4、5、6～32（2 进位）、35～100（5 进位）、大于 100（20 进位）											

注：1. A 型（磨削）：锥面表面粗糙度 Ra＝0.8 μm。B 型（切削或冷镦）：锥面表面粗糙度 Ra＝3.2 μm。

　　2. $r_2 = \dfrac{a}{2} + d + \dfrac{(0.02l)^2}{8a}$。

附表 B－10　滚动轴承　　　　　　　　　　　　　（单位：mm）

深沟球轴承（摘自 GB/T 276—2013）	圆锥滚子轴承（摘自 GB/T 297—2015）	推力球轴承（摘自 GB/T 301—2015）
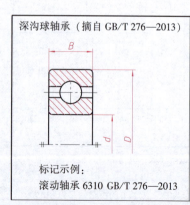	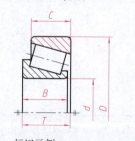	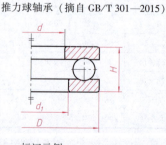
标记示例： 滚动轴承 6310 GB/T 276—2013	标记示例： 滚动轴承 30212 GB/T 297—2015	标记示例： 滚动轴承 51305 GB/T 301—2015

续表

轴承代号	尺寸			轴承代号	尺寸					轴承代号	尺寸			
	d	D	B		d	D	B	C	T		d	D	T	d
尺寸系列[(0) 2]				尺寸系列 [02]						尺寸系列 [12]				
6202	15	35	11	30203	17	40	12	11	13. 25	51202	15	32	12	17
6203	17	40	12	30204	20	47	14	12	15. 25	51203	17	35	12	19
6204	20	47	14	30205	25	52	15	13	16. 25	51204	20	40	14	22
6205	25	52	15	30206	30	62	16	14	17. 25	51205	25	47	15	27
6206	30	62	16	30207	35	72	17	15	18. 25	51206	30	52	16	32
6207	35	72	17	30208	40	80	18	16	19. 75	51207	35	62	18	37
6208	40	80	18	30209	45	85	19	16	20. 75	51208	40	68	19	42
6209	45	85	19	30210	50	90	20	17	21. 75	51209	45	73	20	47
6210	50	90	20	30211	55	100	21	18	22. 75	51210	50	78	22	52
6211	55	100	21	30212	60	110	22	19	23. 75	51211	55	90	25	57
6212	60	110	22	30213	65	120	23	20	24. 75	51212	60	95	26	62
尺寸系列[(0) 3]				尺寸系列 [03]						尺寸系列 [13]				
6302	15	42	13	30302	15	42	13	11	14. 25	51304	20	47	18	22
6303	17	47	14	30303	17	47	14	12	15. 25	51305	25	52	18	27
6304	20	52	15	30304	20	52	15	13	16. 25	51306	30	60	21	32
6305	25	62	17	30305	25	62	17	15	18. 25	51307	35	68	24	37
6306	30	72	19	30306	30	72	19	16	20. 75	51308	40	78	26	42
6307	35	80	21	30307	35	80	21	18	22. 75	51309	45	85	28	47
6308	40	90	23	30308	40	90	23	20	25. 25	51310	50	95	31	52
6309	45	100	25	30309	45	100	25	22	27. 25	51311	55	105	35	57
6310	50	110	27	30310	50	110	27	23	29. 25	51312	60	110	35	62
6311	55	120	29	30311	55	120	29	25	31. 50	51313	65	115	36	67
6312	60	130	31	30312	60	130	31	26	33. 50	51314	70	125	40	72
尺寸系列[(0) 4]				尺寸系列 [13]						尺寸系列 [14]				
6403	17	62	17	31305	25	62	17	13	18. 25	51405	25	60	24	27
6404	20	72	19	31306	30	72	19	14	20. 75	51406	30	70	28	32
6405	25	80	21	31307	35	80	21	15	22. 75	51407	35	80	32	37
6406	30	90	23	31308	40	90	23	17	25. 25	51408	40	90	36	42
6407	35	100	25	31309	45	100	25	18	27. 25	51409	45	100	39	47
6408	40	110	27	31310	50	110	27	19	29. 25	51410	50	110	43	52
6409	45	120	29	31311	55	120	29	21	31. 50	51411	55	120	48	57
6410	50	130	31	31312	60	130	31	22	33. 50	51412	60	130	51	62
6411	55	140	33	31313	65	140	33	23	36. 00	51413	65	140	56	68
6412	60	150	35	31314	70	150	35	25	38. 00	51414	70	150	60	73
6413	65	160	37	31315	75	160	37	26	40. 00	51415	75	160	65	78

注：圆括号中的尺寸系列代号在轴承型号中省略。

附录 C 极限与配合

附表 C-1 轴的基本偏差

| 公称尺寸 /mm | | 上极限偏差 es 所有标准公差等级 | | | | | | | | | | | js | 基本偏 IT5 和 IT6 | IT7 | IT8 |
大于	至	a	b	c	ed	d	e	ef	f	fg	g	h	js	j	j	j
—	3	−270	−140	−60	−34	−20	−14	−10	−6	−4	−2	0		−2	−4	−6
3	6	−270	−140	−70	−46	−30	−20	−14	−10	−6	−4	0		−2	−4	
6	10	−280	−150	−80	−56	−40	−25	−18	−13	−8	−5	0		−2	−5	
10	14	−290	−150	−95	—	−50	−32	—	−16	—	−6	0		−3	−6	—
14	18	−290	−150	−95	—	−50	−32	—	−16	—	−6	0		−3	−6	—
18	24	−300	−160	−110	—	−65	−40	—	−20	—	−7	0		−4	−8	
24	30	−300	−160	−110	—	−65	−40	—	−20	—	−7	0		−4	−8	
30	40	−310	−170	−120	—	−80	−50	—	−25	—	−9	0		−5	−10	—
40	50	−320	−180	−130	—	−80	−50	—	−25	—	−9	0		−5	−10	—
50	65	−340	−190	−140		−100	−60		−30		−10	0	偏差=±(ITn)/2，式中 ITn 是 IT 数值	−7	−12	
65	80	−360	−200	−150		−100	−60		−30		−10	0		−7	−12	
80	100	−380	−220	−170	—	−120	−72	—	−36	—	−12	0		−9	−15	
100	120	−410	−240	−180	—	−120	−72	—	−36	—	−12	0		−9	−15	
120	140	−460	−260	−200		−145	−85		−43		−14	0		−11	−18	
140	160	−520	−280	−210	—	−145	−85		−43		−14	0		−11	−18	
160	180	−580	−310	−230		−145	−85		−43		−14	0		−11	−18	
180	200	−660	−340	−240		−170	−100		−50		−15	0		−13	−21	
200	225	−740	−380	−260	—	−170	−100	—	−50	—	−15	0		−13	−21	
225	250	−820	−420	−280		−170	−100		−50		−15	0		−13	−21	
250	280	−920	−480	−300	—	−190	−110	—	−56	—	−17	0		−16	−26	—
280	315	−1 050	−540	−330		−190	−110		−56		−17	0		−16	−26	—
315	355	−1 200	−600	−360		−210	−125		−62		−18	0		−18	−28	—
355	400	−1 350	−680	−400		−210	−125		−62		−18	0		−18	−28	—
400	450	−1 500	−760	−440	—	−230	−135	—	−68	—	−20	0		−20	−32	—
450	500	−1 650	−840	−480		−230	−135		−68		−20	0		−20	−32	—

数值（摘自 GB/T 1800.2—2020）　　　　　　　　　　　　　　　　　　　　（单位：μm）

差数值															
下极限偏差 ei															
IT4 至 IT7	≤IT3 >IT7	所有标准公差等级													
k		m	n	p	r	s	t	u	v	x	y	z	za	zb	zc
0	0	+2	+4	+6	+10	+14	—	+18	—	+20	—	+26	+32	+40	+60
+1	0	+4	+8	+12	+15	+19	—	+23	—	+28	—	+35	+42	+50	+80
+1	0	+6	+10	+15	+19	+23	—	+28	—	+34	—	+42	+52	+67	+97
+1	0	+7	+12	+18	+23	+28	—	+33	—	+40	—	+50	+64	+90	+130
									+39	+45	—	+60	+77	+108	+150
+2	0	+8	+15	+22	+28	+35	—	+41	+47	+54	+63	+73	+98	+136	+188
							+41	+48	+55	+64	+75	+88	+118	+160	+218
+2	0	+9	+17	+26	+34	+43	+48	+60	+68	+80	+94	+112	+148	+200	+274
							+54	+70	+81	+97	+114	+136	+180	+242	+325
+2	0	+11	+20	+32	+41	+53	+66	+87	+102	+122	+144	+172	+226	+300	+405
					+43	+59	+75	+102	+120	+146	+174	+210	+274	+360	+480
+3	0	+13	+23	+37	+51	+71	+91	+124	+146	+178	+214	+258	+335	+445	+585
					+54	+79	+104	+144	+172	+210	+254	+310	+400	+525	+690
+3	0	+15	+27	+43	+63	+92	+122	+170	+202	+248	+300	+365	+470	+620	+800
					+65	+100	+134	+190	+228	+280	+340	+415	+535	+700	+900
					+68	+108	+146	+210	+252	+310	+380	+465	+600	+780	+1 000
+4	0	+17	+31	+50	+77	+122	+166	+236	+284	+350	+425	+520	+670	+880	+1 150
					+80	+130	+180	+258	+310	+385	+470	+575	+740	+960	+1 250
					+84	+140	+196	+284	+340	+425	+520	+640	+820	+1 050	+1 350
+4	0	+20	+34	+56	+94	+158	+218	+315	+385	+475	+580	+710	+920	+1 200	+1 550
					+98	+170	+240	+350	+425	+525	+650	+790	+1 000	+1 300	+1 700
+4	0	+21	+37	+62	+108	+190	+268	+390	+475	+590	+730	+900	+1 150	+1 500	+1 900
					+114	+208	+294	+435	+530	+660	+820	+1 000	+1 300	+1 650	+2 100
+5	0	+23	+40	+68	+126	+232	+330	+490	+595	+740	+920	+1 100	+1 450	+1 850	+2 400
					+132	+252	+360	+540	+660	+820	+1 000	+1 250	+1 600	+2 100	+2 600

附表 **C-2**　孔的基本偏差

基本偏（差）　单位：μm

公称尺寸/mm 大于	至	下极限偏差 EI 所有标准公差等级 A	B	C	CD	D	E	EF	F	FG	G	H	JS	J IT6	J IT7	J IT8	K ≤IT8	K >IT8	M ≤IT8	M >IT8
—	3	+270	+140	+60	+34	+20	+14	+10	+6	+4	+2	0	偏差=±(ITn)/2，式中 ITn 是 IT 值数	+2	+4	+6	0	0	−2	−2
3	6	+270	+140	+70	+46	+30	+20	+14	+10	+6	+4	0		+5	+6	+10	−1 +Δ	—	−4 +Δ	−4
6	10	+280	+150	+80	+56	+40	+25	+18	+13	+8	+5	0		+5	+8	+12	−1 +Δ	—	−6 +Δ	−6
10	14	+290	+150	+95	—	+50	+32	—	+16	—	+6	0		+6	+10	+15	−1 +Δ	—	−7 +Δ	−7
14	18																			
18	24	+300	+160	+110		+65	+40		+20		+7	0		+8	+12	+20	−2 +Δ	—	−8 +Δ	−8
24	30																			
30	40	+310	+170	+120		+80	+50		+25		+9	0		+10	+14	+24	−2 +Δ	—	−9 +Δ	−9
40	50	+320	+180	+130																
50	65	+340	+190	+140		+100	+60		+30		+10	0		+13	+18	+28	−2 +Δ	—	−11 +Δ	−11
65	80	+360	+200	+150																
80	100	+380	+220	+170		+120	+72		+36		+12	0		+16	+22	+34	−3 +Δ	—	−13 +Δ	−13
100	120	+410	+240	+180																
120	140	+460	+260	+200		+145	+85		+43		+14	0		+18	+26	+41	−3 +Δ	—	−15 +Δ	−15
140	160	+520	+280	+210																
160	180	+580	+310	+230																
180	200	+660	+340	+240		+170	+100		+50		+15	0		+22	+30	+47	−4 +Δ	—	−17 +Δ	−17
200	225	+740	+380	+260																
225	250	+820	+420	+280																
250	280	+920	+480	+300		+190	+110		+56		+17	0		+25	+36	+55	−4 +Δ	—	−20 +Δ	−20
280	315	+1 050	+540	+330																
315	355	+1 200	+600	+360		+210	+125		+62		+18	0		+29	+39	+60	−4 +Δ	—	−21 +Δ	−21
355	400	+1 350	+680	+400																
400	450	+1 500	+760	+440		+230	+135		+68		+20	0		+33	+43	+66	−5 +Δ	—	−23 +Δ	−23
450	500	+1 650	+840	+480																

注：1. 公称尺寸小于或等于 1 mm 时，基本偏差 A 和 B 及大于 IT8 的 N 均不采用。

　　2. 对于公差带 JS7～JS11，若 ITn 值数是奇数，则取偏差 = ±(ITn)/2。

　　3. 对于小于或等于 IT8 的 K、M、N 和小于或等于 IT7 的 P 至 ZC，所需 Δ 值从表内右侧选取。例如：18～30 段的 K7，Δ = 8 μm，所以 ES = (−2 + 8) μm = +6 μm；18～30 段的 S6，Δ = 4 μm，所以 ES = (−35 + 4) μm = −31 μm。

　　4. 特殊情况：250～315 段的 M6，ES = −9 μm（代替 −11 μm）。

数值（摘自 GB/T 1800. 2—2020）　　　　　　　　　　　　　　　　　（单位：μm）

差数值															Δ 值					
上极限偏差 ES															标准公差等级					
≤IT8	>IT8	≤IT7	标准公差等级大于IT7												标准公差等级					
N	N	P至ZC	P	R	S	T	U	V	X	Y	Z	ZA	ZB	ZC	IT3	IT4	IT5	IT6	IT7	IT8
−4	−4	在大于IT7的相应数值上增加一个Δ值	−6	−10	−14	—	−18	—	−20	—	−26	−32	−40	−60	0	0	0	0	0	0
−8 +Δ	0		−12	−15	−19	—	−23	—	−28	—	−23	−42	−50	−80	1	1.5	1	3	4	6
−10 +Δ	0		−15	−19	−23	—	−28	—	−34	—	−42	−52	−67	−97	1	1.5	2	3	6	7
−12 +Δ	0		−18	−23	−28	—	−33	—	−40	—	−50	−64	−90	−130	1	2	3	3	7	9
								−39	−45	—	−60	−77	−108	−150						
−15 +Δ	0		−22	−28	−35	—	−41	−47	−54	−63	−73	−98	−136	−188	1.5	2	3	4	8	12
						−41	−48	−55	−64	−75	−88	−118	−160	−218						
−17 +Δ	0		−26	−34	−43	−48	−60	−68	−80	−94	−112	−148	−200	−274	1.5	3	4	5	9	14
						−54	−70	−81	−97	−114	−136	−180	−242	−325						
−20 +Δ	0		−32	−41	−53	−66	−87	−102	−122	−144	−172	−226	−300	−405	2	3	5	6	11	16
				−43	−59	−75	−102	−120	−146	−174	−210	−274	−360	−480						
−23 +Δ	0		−37	−51	−71	−91	−124	−146	−178	−214	258	−335	−445	−585	2	4	5	7	13	19
				−54	−79	−104	−144	−172	−210	−254	−310	−400	−525	−690						
−27 +Δ	0		−43	−63	−92	−122	−170	−202	−248	−300	−365	−470	−620	−800	3	4	6	7	15	23
				−65	−100	−134	−190	−228	−280	−340	−415	−535	−700	−900						
				−68	−108	−146	−210	−252	−310	−380	−465	−600	−780	−1 000						
−31 +Δ	0		−50	−77	−122	−166	−236	−284	−350	−425	−520	−670	−880	−1 150	3	4	6	9	17	26
				−80	−130	−180	−258	−310	−385	−470	−575	−740	−960	−1 250						
				−84	−140	−196	−284	−340	−425	−520	−640	−820	−1 050	−1 350						
−34 +Δ	0		−56	−94	−158	−218	−315	−385	−475	−580	−710	−920	−1 200	−1 550	4	4	7	9	20	29
				−98	−170	−240	−350	−425	−525	−650	−790	−1 000	−1 300	−1 700						
−37 +Δ	0		−62	−108	−190	−268	−390	−475	−590	−730	−900	−1 150	−1 500	−1 900	4	5	7	11	21	32
				−114	−208	−294	−435	−530	−660	−820	−1 000	−1 300	−1 650	−2 100						
−40 +Δ	0		−68	−126	−232	−330	−490	−595	−740	−920	−1 100	−1 450	−1 850	−2 400	5	5	7	13	23	34
				−132	−252	−360	−540	−660	−820	−1 000	−1 250	−1 600	−2 100	−2 600						

附表 C-3 标准公差数值（摘自 GB/T 1800.2—2020）

公称尺寸 /mm		标准公差等级																	
大于	至	IT1	IT2	IT3	IT4	IT5	IT6	IT7	IT8	IT9	IT10	IT11	IT12	IT13	IT14	IT15	IT16	IT17	IT18
		μm											mm						
—	3	0.8	1.2	2	3	4	6	10	14	25	40	60	0.1	0.14	0.25	0.4	0.6	1	1.4
3	6	1	1.5	2.5	4	5	8	12	18	30	48	75	0.12	0.18	0.3	0.48	0.75	1.2	1.8
6	10	1	1.5	2.5	4	6	9	15	22	36	58	90	0.15	0.22	0.36	0.58	0.9	1.5	2.2
10	18	1.2	2	3	5	8	11	18	27	43	70	110	0.18	0.27	0.43	0.7	1.1	1.8	2.7
18	30	1.5	2.5	4	6	9	13	21	33	52	84	130	0.21	0.33	0.52	0.84	1.3	2.1	3.3
30	50	1.5	2.5	4	7	11	16	25	39	62	100	160	0.25	0.39	0.62	1	1.6	2.5	3.9
50	80	2	3	5	8	13	19	30	46	74	120	190	0.3	0.46	0.74	1.2	1.9	3	4.6
80	120	2.5	4	6	10	15	22	35	54	87	140	220	0.35	0.54	0.87	1.4	2.2	3.5	5.4
120	180	3.5	5	8	12	18	25	40	63	100	160	250	0.4	0.63	1	1.6	2.5	4	6.3
180	250	4.5	7	10	14	20	29	46	72	115	185	290	0.46	0.72	1.15	1.85	2.9	4.6	7.2
250	315	6	8	12	16	23	32	52	81	130	210	320	0.52	0.81	1.3	2.1	3.2	5.2	8.1
315	400	7	9	13	18	25	36	57	89	140	230	360	0.57	0.89	1.4	2.3	3.6	5.7	8.9
400	500	8	10	15	20	27	40	63	97	155	250	400	0.63	0.97	1.55	2.5	4	6.3	9.7
500	630	9	11	16	22	32	44	70	110	175	280	440	0.7	1.1	1.75	2.8	4.4	7	11
630	800	10	13	18	25	36	50	80	125	200	320	500	0.8	1.25	2	3.2	5	8	12.5
800	1 000	11	15	21	28	40	56	90	140	230	360	560	0.9	1.4	2.3	3.6	5.6	9	14
1 000	1 250	13	18	24	33	47	66	105	165	260	420	660	1.05	1.65	2.6	4.2	6.6	10.5	16.5
1 250	1 600	15	21	29	39	55	78	125	195	310	500	780	1.25	1.95	3.1	5	7.8	12.5	19.5
1 600	2 000	18	25	35	46	65	92	150	230	370	600	920	1.5	2.3	3.7	6	9.2	15	23
2 000	2 500	22	30	41	55	78	110	175	280	440	700	1 100	1.75	2.8	4.4	7	11	17.5	28
2 500	3 150	26	36	50	68	96	135	210	330	540	860	1 350	2.1	3.3	5.4	8.6	13.5	21	33

注：1. 公称尺寸大于 500 mm 的 IT1～IT5 的标准公差数值为试行的。

    2. 公称尺寸小于或等于 1 mm 时，无 IT4～IT8。

参 考 文 献

[1] 秦大同，谢里阳. 现代机械设计手册（第 1 卷）[M]. 2 版. 北京：化学工业出版社. 2019.

[2] 刘小年，郭克希. 工程制图 [M]. 2 版. 北京：高等教育出版社. 2010.

[3] 曾红. 画法几何及机械制图 [M]. 2 版. 北京：北京理工大学出版社. 2022.

[4] 郭克希，王建国. 机械制图 [M]. 3 版. 北京：机械工业出版社. 2014.

[5] 王丹虹，宋洪侠，陈霞. 现代工程制图 [M]. 2 版. 高等教育出版社. 2017.

[6] 张京英，杨薇，佟献英. 机械制图及数字化表达 [M]. 北京：机械工业出版社. 2021.

[7] 胡建生. 机械制图 [M]. 5 版. 北京：机械工业出版社. 2023.

[8] 徐文胜. 机械制图及计算机绘图 [M]. 北京：机械工业出版社. 2015.

[9] 侯洪生. 机械工程图学 [M]. 2 版. 北京：科学出版社. 2008.